実践的指導力をつける
家庭科教育法

多々納道子・伊藤圭子　編著

大学教育出版

まえがき

　人工知能の飛躍的な進化に代表されるように，家庭生活や社会生活は急激に変化している．平成28年12月21日付け中央教育審議会答申「幼稚園，小学校，中学校，高等学校及び特別支援学校の学習指導要領の改善及び必要な方策等について」によれば，予測困難な社会の変化に主体的に関わり，感性を豊かに働かせながら，どのような未来を創っていくのかを考え，自らの可能性を発揮し，よりよい社会と幸福な人生の創り手となる力を身に付けられるようにすることが重要であるとされている．

　すなわち，「生きる力」の育成である．家庭科はもとより「生きる力」の育成にかかわってきているが，教科全体として「何を理解しているか，何ができるか」，「理解していること・できることをどう使うか」，「どのように社会・世界と関わり，よりよい人生を送るか」の資質・能力の育成が問われている．

　一方，子ども達を取り巻く環境変化によって，家庭科で学習したことを実生活に活かそうとしない，活かせないという状況が一段と進んできている．家庭や地域と連携を図った生活の課題と実践に関する指導の工夫が求められる．

　本書は，このような家庭科を指導できる実践的指導力を身につけた教員の養成や再教育のためのテキストとして，さらに家庭科教育研究の資料などにも使用いただければ，幸いである．

　家庭生活の営みは，この世に生を受けてから，まさに一生涯に渡って続くものである．家庭生活を主対象とする家庭科教育は，小学校，中学校と高等学校において個々ばらばらではなく，内容の系統性や接続を明確化することが必要である．それゆえ，本書では家庭科を小学校から高等学校まで継続して学ぶという学習者の視点にたって，初等と中等家庭科教育法関係の授業に使用できるようしている．

　内容は，家庭科教育学の理論と実践の結合を目指して，第Ⅰ部（1章〜3章）家庭科ってどんな教科？では，理論編として，家庭科教育の意義，家庭科のあゆみや児童・生徒の発達を踏まえた家庭科の内容についての理解を深める．第Ⅱ部（4章〜8章）では家庭科の授業づくりの基礎として，家庭科の目標や評価をどう設定するのか，家庭科の授業の組み立てについて，家庭科の特性を活かしたアクティブ・ラーニング，ユニバーサルデザインによる家庭科の授業と家庭科の学習環境をどのように整備するのか，から構成されている．第Ⅲ部（9章〜14章）は実践編として生活実践と家庭科の授業についてである．具体的には家庭科を構成する衣・食・住生活，消費生活と環境，家族，保育・子どもの成

長について，子どもを取り巻く状況，生活実践に必要となる能力と内容について，授業づくりのための基礎知識と授業実践例を提示している．

また，各章ごとにアクティビティをもうけ，学習によって得られた課題の追究や発展的な学習をすすめるために工夫している．

なお，本書はこれまでの『教育実践力をつける家庭科教育法』（大学教育出版）を今度の学習指導要領の改訂を機に，新たな執筆者を加えて大幅改訂したものである．執筆者は大学において家庭科教育法や専門科目を指導している教員や高等学校で実際に家庭科を指導している教員である．執筆にあたっては，一同で検討し，共通理解のもとに進めてきた．本書が家庭科教育の充実と発展に寄与できることを願っている．

本書の出版にあたっては，大学教育出版の佐藤守社長にご尽力いただいた．記して感謝申しあげる．

2020年7月

著者一同

実践的指導力をつける家庭科教育法

目　次

まえがき ……………………………………………………………………………… i

第Ⅰ部　家庭科ってどんな教科？

第1章　家庭科をなぜ学ぶのか ……………………………………………… 福田公子…2
 第1節　家庭科を学ぶにあたって　2
  1. 家庭科授業の省察　2
  2. 家庭科の理解　3
  3. 家庭科を学ぶ意義　6
 第2節　現代社会における家庭科教育　7
  1. 現代社会における課題　7
  2. 家庭科教育の使命　9

第2章　家庭科のあゆみ ……………………………………………………… 多々納道子…13
 第1節　家事・裁縫科の時代　13
  1. 裁縫科への期待　13
  2. 家事・裁縫科と良妻賢母教育　14
 第2節　家庭科の誕生　15
  1. 家庭科の基本的性格　15
  2. 内容と方法の特徴　16
 第3節　社会の変化と家庭科のあゆみ　17
  1. 小学校　17
  2. 中学校　18
  3. 高等学校　20
  4. 生涯学習の観点から小・中・高等学校の系統性の重視　23

第3章　児童・生徒の発達を踏まえた家庭科の内容
   ── 家庭科で何を教えるか ── …………………………………… 鈴木明子…25
 第1節　生活者としての子どもの発達と課題　25
  1. 子どもの学力及び生活環境の実態と課題　25
  2. 子どもの生活者としての実態と課題　26
 第2節　家庭科で育む資質・能力　29
  1. 学習指導要領における資質・能力　29

		2. 家庭科で育む資質・能力　*30*

		3. 家庭科の独自性　*32*

	第3節　小・中・高等学校の学習内容の系統性　*33*

		1. 小・中・高等学校の学習内容の3つの捉え方　*33*

		2. 小・中・高等学校の系統性の明確化　*34*

第Ⅱ部　家庭科の授業づくりの基礎

第4章　家庭科の目標や評価をどう設定するのか
　　　　── 家庭科の目標，指導と評価の一体化 ── ……………………… 川邊淳子…*38*

	第1節　家庭科における評価　*38*

		1. 評価とは何か　*38*

		2. 評価の種類と特徴　*39*

		3. 評価方法の種類と特徴　*40*

	第2節　教科および分野の目標と目標に準拠した評価　*41*

		1. 目標に準拠した評価　*41*

		2. 指導および目標と評価の一体化　*42*

	第3節　家庭科の授業実践と評価　*43*

		1. 観点別学習状況の評価　*43*

		2. 授業と評価計画　*44*

	第4節　新たな評価方法と家庭科　*46*

		1. パフォーマンス評価　*46*

		2. ルーブリック評価　*47*

		3. ポートフォリオ評価　*49*

第5章　家庭科の授業をどう組み立てるのか ── 授業設計 ── …………………… 西敦子…*50*

	第1節　授業のストーリーづくり　*50*

		1. 年間指導計画の作成　*50*

		2. 学習指導案　*51*

		3. 題材の指導計画　*54*

		4. 本時案（授業の展開）　*55*

	第2節　教材研究　*56*

		1. 教材の要件　*56*

　　　　　2. 教材研究の方法　*57*
　第3節　授業観察の視点　*58*
　第4節　模擬授業　*59*
　　　　　1. 模擬授業の意義　*59*
　　　　　2. 模擬授業の方法　*59*
　　　　　3. 模擬授業の評価　*60*

第6章　家庭科の特性を生かしたアクティブ・ラーニング
　　　　──家庭科の主体的な学び──……………………………………………多々納道子…*61*
　第1節　家庭科の学びの構造　*61*
　　　　　1. 小学校家庭科　*62*
　　　　　2. 中学校家庭科　*63*
　　　　　3. 高等学校家庭科　*63*
　　　　　4. アクティブ・ラーニングの視点からの家庭科授業改善の効果　*64*
　第2節　アクティブ・ラーニングの視点からみた教員の指導環境 ─ 国際教員指導環境調査（TALIS）結果から ─　*64*
　　　　　1. 指導・学習に関する信念について　*66*
　　　　　2. 指導実践について　*66*
　第3節　学習動機と学習方法　*67*
　第4節　ICT 活用の授業例　*68*
　　　　　1. ICT 活用の必要性　*68*
　　　　　2. 家庭科における ICT 教育の内容　*69*

第7章　ユニバーサルデザインによる家庭科の授業　………………………齋藤紀子…*72*
　第1節　家庭科におけるインクルーシブ教育　*72*
　　　　　1. インクルーシブ教育の推進　*72*
　　　　　2. 家庭科におけるインクルーシブ教育の必要性　*73*
　　　　　3. ユニバーサルデザインによる家庭科の授業　*74*
　第2節　ユニバーサルデザインの授業の実際　*76*
　　　　　1. 発問　*76*
　　　　　2. 板書　*79*

第8章　家庭科の学習環境をどのように整備するか ……………………………… 伊藤圭子…83

　第1節　子どもの「つまずき」からみる学習環境　*83*

　第2節　家庭科授業における学習環境　*84*

　　　　1．人的学習環境としての教師　*84*

　　　　2．学びを支援する物的教室環境　*86*

　第3節　他教科や総合的な学習（探求）の時間等とのかかわり　*89*

　第4節　家庭・地域との連携　*91*

第Ⅲ部　生活実践と家庭科の授業

第9章　共に暮らす ― 家族・家庭生活と福祉 ― ……………………………… 河崎智恵…*94*

　第1節　子どもを取り巻く状況と課題　*94*

　　　　1．多様化する家族・社会　*94*

　　　　2．少子高齢社会の中で　*95*

　第2節　生活実践に必要な能力と内容　*95*

　　　　1．児童・生徒につけたい能力　*95*

　　　　2．家族・家庭生活と福祉に関する学習内容　*96*

　第3節　授業づくりのための基礎知識　*99*

　　　　1．人の一生と生涯発達　*99*

　　　　2．家族の機能と家庭・地域・職業生活　*101*

　　　　3．子育てと福祉　*101*

　第4節　授業実践　*102*

　　　　1．授業づくりの視点　*102*

　　　　2．授業の実際　*102*

第10章　育てられる・育てる ― 保育・子どもの成長・発達 ― ……………… 伊藤　優…*106*

　第1節　子どもを取り巻く状況と課題　*106*

　第2節　生活実践に必要となる能力と内容　*107*

　　　　1．学習指導要領における内容構成　*107*

　　　　2．児童・生徒につけたい能力　*109*

　第3節　授業づくりのための基礎知識　*110*

　　　　1．乳幼児の成長と発達　*110*

　　　　2．子どもの成長を支える環境と役割　*111*

第 4 節　授業実践　*111*
　　1．授業づくりの視点　*111*
　　2．授業の実際　*114*

第 11 章　食べる ― 食生活の自立 ― ……………………………… 中村喜久江…*118*

第 1 節　子どもを取り巻く状況と課題　*118*
第 2 節　生活実践に必要な能力と内容　*119*
　　1．児童・生徒につけたい能力　*119*
　　2．食生活に関する内容　*119*
第 3 節　授業づくりのための基礎知識　*122*
　　1．生活実践力を育成する知識の様相　*122*
　　2．栄養的バランスのよい食事に関する知識　*123*
　　3．思考力，判断力としての思考スキル　*123*
　　4．教材の位置づけ　*124*
第 4 節　授業実践　*125*
　　1．授業づくりの視点　*125*
　　2．授業の実際　*125*
　　3．評価　*128*

第 12 章　着る ― 衣生活と自立 ― ……………………………………… 森　千晴…*129*

第 1 節　子どもを取り巻く衣生活の現状と課題　*129*
　　1．現代人の被服に対する意識　*129*
　　2．子どもの衣生活の実態　*130*
　　3．国際的な衣生活問題の現状　*132*
第 2 節　衣生活実践に必要な能力と内容　*132*
　　1．衣生活実践に必要な内容　*132*
　　2．衣生活実践に必要な能力　*133*
第 3 節　授業づくりのための基礎知識　*134*
　　1．被服材料について　*134*
　　2．被服構成について　*135*
　　3．被服管理について　*136*
　　4．衣生活の計画について　*137*
第 4 節　授業実践（高等学校）　*137*

1. 題材名「和服を世界に発信するキャッチコピーを考えよう」　*137*
2. 題材の目標　*137*
3. 題材の評価規準　*138*
4. 指導と評価の計画（4時間）　*138*
5. 本時の目標　*139*
6. 過程（全50分）　*139*

第13章　住まう ― 住生活と自立 ― ……………………………… 正保正恵…*141*

第1節　子どもを取り巻く状況と課題　*141*
1. 住まいの歴史と文化　*141*
2. 生きる力を育む防災学習　*142*
3. 持続可能な社会・環境に配慮して住まうことの課題　*143*
4. 家庭科で住生活を学ぶ意義　*143*

第2節　生活実践に必要となる能力と内容　*144*
1. 健康・快適・安全な生活のための能力　*144*
2. 新しい防災学習の考え方と備える力　*145*

第3節　授業づくりのための基礎知識　*145*

第4節　授業実践　*147*

第14章　持続可能な暮らし ― 消費と環境 ― …………………… 三宅元子…*150*

第1節　子どもを取り巻く状況と課題　*150*
1. 消費生活の問題と課題　*150*
2. 環境問題の特徴と課題　*151*

第2節　生活実践に必要な能力と内容　*151*
1. 児童・生徒につけたい能力　*151*
2. 消費生活・環境に関する学習内容　*153*

第3節　授業づくりのための基礎知識　*157*
1. 持続可能な消費生活・環境の基礎知識　*157*

第4節　授業実践　*158*
1. 授業づくりの視点　*158*
2. 授業の実際　*159*

資　料 ………………………………………………………………………… *163*

　学校教育法（抄）　*164*

　学校教育法施行規則（抄）　*166*

　小学校学習指導要領（抄）　*168*

　中学校学習指導要領（抄）　*172*

　高等学校学習指導要領（抄）　*180*

　学習指導要領の変遷　*190*

執筆者一覧 ………………………………………………………………………… *194*

第Ⅰ部

家庭科ってどんな教科？

第1章　家庭科をなぜ学ぶのか

第1節　家庭科を学ぶにあたって

1. 家庭科授業の省察

　第二次世界大戦後の教育を受けた国民は，どの学校教育段階で学んだのか，学んだのは何年間なのかという教育年限等は異なっていても，誰もが家庭科を学んできた．それは小学校の家庭科が，男女とも学ぶという制度を維持し続けてきたことによる．ただ，そのあゆみを振り返ると，中等教育では半世紀近くは女子を主対象とし発達してきたが，今や時代を変革する教科として発展してきている．家庭科教師を目指す人は，家庭科を学ぶから指導する立場への転換を図ることが重要で，例えば「私の学んだ家庭科」というようなテーマで，楽しかった学習経験，苦い思い出，失敗から学んだことや家庭科授業への疑問や期待などさまざまな思い出の意味を考えてみよう．

　家庭科免許取得に必須の家庭科教育法を受講した大学生達の「私の学んだ家庭科」から見えてくる家庭科像は，次のようであった[1]．

---

(1) 調理実習や被服製作などの実習や実験をやった．
(2) 製作したおもちゃやおやつ作りなどを通して，幼児とふれあい体験をした．
(3) 家庭の仕事の役割分担や家族関係を捉えなおすために，ロール・プレイングのシナリオを作り，実際に演じた．
(4) 自分の住みたい家や理想の家を考え，発表した．
(5) 全て女性の先生であったが，小学校6年生の折には，担任の男性の先生とTT形式で，指導してもらった．
(6) 先生の実際の生活上の課題を取り上げて話をしてくれたので，よく理解できた．
(7) これまで学んで身に付けてきたことは，現在の生活に役立っている．

　これら大学生の学習体験の中で，主に調理実習や被服製作等の実習に取り組んだという人が多いのは，家庭科では知識のみでなく，身体や手などを使って，道具や材料に働きか

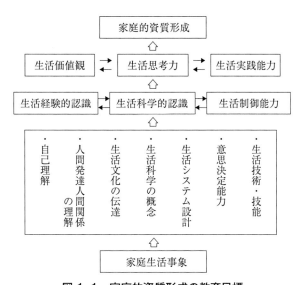

図 1-1　家庭的資質形成の教育目標
出所）広島大学教科教育学研究会『教科教育学 I ― 原理と方法』1986，p.160.

けるといういわば人間的な作業をしており，学習したという実感が鮮明に残ることによるものであろう．教師と生徒が，また生徒同士が協働してものを作る学習体験は，家庭科のイメージを形成するものとなっていた．また，指導者である家庭科教師の人柄や指導の仕方によって，家庭科の好き嫌いに影響を与えており，教師の役割の大きさを再認識させるものであった．

　家庭科は家庭を中心にした人間の生活そのものを学習内容としており，家庭生活は誰もが日常的に体験している生活そのものである．誰にとっても家庭は基本的な要求を満たす生活の場であると同時に，地球市民の育成の場でもある．家庭科は図1-1に示したように，家庭生活事象を取り上げて教育し，生活科学的認識や生活思考力等を育成しつつ，家庭的資質形成を目指すものである．このように，家庭科は複雑な生活の諸関係を自覚し，生活者を育てる教科でもあり，家庭生活の営みを可能にする社会化の機能を発揮するものである[2]．

　第1章では，「家庭科をなぜ学ぶのか」について，自分の生活経験に立ち返りながら，教師の立場から家庭科教育についての考えを深めていこう．

2. 家庭科の理解

　家庭科を理解するには，まず基礎となる概念を共通に理解しておく必要がある．よく知っている現象も，概念を明確にして，相互の関係性を説明できなければ教育はできない．家庭科は学校という制度の中で指導される教科なので，独自に用いられる諸概念がある．

本書の巻末資料に掲載している教育諸規定や，教職教養で学ぶ諸科目と関連づけて理解するとよい．

（1） 教育制度・教育課程・学習指導要領

わが国では，教育は学校を中心に制度化されている．日本国憲法には，教育を受ける権利と子どもを教育する義務が規定されている．それを受けて，教育基本法には，教育の目的など教育の基本方針が示されている．学校は発達段階に沿って，初等・中等・高等教育に組織化される．子ども達は初等教育の小学校では児童，中等教育の中学校と高等学校では生徒，高等教育の大学と大学院では学生と呼ばれる．その他，幼児教育の幼稚園，専門教育をする専門学校も学校に含まれる．

学校制度に関しては，学校教育法および同施行規則の法律によって規定されている．教育課程は教科と教科外活動からなり，子どもの学習経験を規定する．それらの経験の全体を組織化したものをカリキュラムといい，時代の変化や関連学問の成果によってその内容は変化していく．図1-2に示すように，児童・生徒の学びを決定づける学習指導要領は，有識者からなる中央教育審議会によって方針が示されて，告示されたものである．この学習指導要領には，教科の最低基準が示されるとともに，発展的な指導が認められている．教科書はこの学習指導要領に沿って作られ，検定に合格したものが「文部科学省検定済教科書」として使用される．

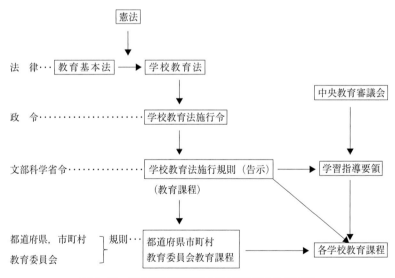

図1-2　教育課程設定のための教育法令の関係

（2）教科・家庭科

　学校における各教科は，児童・生徒に身に付けさせたい文化的価値をもつ内容を，教育的観点から系統立てて組織したものである．それぞれの教科は独自の学習対象者，目標や内容，その学習を進めていくための固有の方法（学び方や考え方）をもっている．学校教育のカリキュラムの中では，こうした教科の学習が大きな意味づけと役割をもっている．

　教科として成立するには，学ぶにふさわしい内容を備えていることが要件となる．子ども達が，一人前の人間となっていくために必要不可欠な内容を備えているかどうか，それが絶えず問い直されるなかで，教科のあり方や内容が不断に改革されている．また，それぞれの教科は，その学習において目指すべき（獲得されるべき）固有の目標をもっており，その目標はだれもが共通に獲得し，達成すべきものとして示されている．

　家庭科は，家庭生活に関する内容の系統からなっている教科である．家庭生活には，学校よりも家庭で指導すべき内容や，他教科や特別活動で学習される内容もある．その中で家庭科は，人間の生命と健康を守る家庭と社会の仕組みの理解，衣食住の生活に関する文化と科学の知識や技能の獲得，家族を中心とした人間関係の構築，人間の発達と子どもや高齢者の福祉や人権への配慮，消費生活と環境問題の解決と実践等の内容からなる．それらを自己の生活に統合して遂行する生活実践能力を，適時性を考慮して，系統的に習得するように構成されている．

　教科の名称は，小学校は「家庭」で5年生から学習が始まる．中学校では「技術・家庭」であるが，家庭分野と技術分野に分かれ各々の学習を行う．高等学校では「家庭」という教科となっている．そして，一般教養としての普通教育「家庭」は2科目（家庭基礎，家庭総合）からの選択必修である．また職業としてのスペシャリストを志向する専門教育に関する教科「家庭」には21科目があり，各学校が特色ある生活関連産業のキャリア教育を目指している．

（3）家庭科教育学・家政学

　学校の教育課程を編成している各教科の歴史や本質，学習内容の範囲や体系および学習の適時性，あるいは教科の目標や評価，指導の方法や教材開発等を研究する学問を教科教育学という．家庭科教育学は，教科教育学を構成する一部で，家庭科教育の理論と実践について，実証的かつ客観的に研究する学問である．家庭科教育学とは「家庭生活を中心とする人間生活を総合的にとらえ，これを創造・発展させる人間形成の学問である．」[3]と規定されている．

　なお，家庭生活を中心とした人間生活の諸事象を研究する学問として，家政学がある．家政学は，アメリカ合衆国にて20世紀の初頭にレイク・プラシッド会議を経て成立した

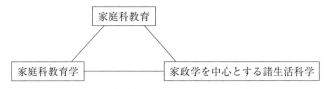

図1-3 家庭科教育の発展を支える科学

学問である．エレン・リチャーズ（Richard, E.H.1842～1911）がアメリカ家政学会の初代会長であり，その功績は大である．家政学は「家庭生活を中心とした人間生活における人と環境との相互作用について人的・物的両面から，自然・社会・人文の諸科学を基盤として研究し，生活の充実向上を図るとともに人類の福祉増進に貢献する実践的総合科学」[4]とされている．家政学は実践的総合科学であるが，現今ではより個別な，例えば食品化学，アパレル科学，家族社会学等と，視点や領域を細分化する方向に向かっている．いずれにしても，家庭科教育学と家政学を中心とする諸生活科学は，直接的に家庭科教育の発展を支える車の両輪であり，指導者には十分な理解が求められる．

3．家庭科を学ぶ意義

「家庭科をなぜ学ぶのか？」という問いに，簡潔に答えるならば，「よりよく生きるために」といえるであろう．では，「よりよく生きるとはどのように生きることなのか」という問いが生じる．この人間としての根源的な問いは，家庭科を学ぶ人の共通の問いであり，生涯にわたり日常的な生活の場で当事者として求め続けることが重要である．

さらに，よりよく生きることは，当事者の課題であるばかりでなく，社会を構成している市民全体あるいは家族みんなの課題でもある．そして，今日の民主主義社会においては，個人と個人，個人と社会がどのように調和すればよいのか，市場経済社会において人権や平等をどのように守るのかという問題が最重要課題となる．

また，今日では人間社会内の問題ばかりでなく，地球規模の自然環境の保全も課題となっている．私達が文化的な生活を営むために使用する資源の多くは，無尽蔵ではない．廃棄物，例えば化石燃料からでるCO_2は，次の世代の地球環境に影響を及ぼすものである．そのような複雑な社会システムの中で，私達はよりよく生きようとしているのである．そのため，複雑な生活の問題の発見や科学知識およびその解決のための方法を学ぶ必要がある．

第2節　現代社会における家庭科教育

1. 現代社会における課題

（1）高度経済成長がもたらした暮らしの変化

いつでもどこでも手に入る食べ物，溢れる食材，便利な加工食品等，一見食生活は豊かに見える．中食といわれる弁当や総菜の持ち帰り，ファミリーレストラン等の利用によって食事をする機会が増えてきた．家庭で料理する場合も，インスタント食品，レトルト食品や冷凍食品等の袋を開けて，電子レンジで温めるだけという光景がみられる．料理ができなくても，食事はいつでもどこでもできるようになった．しかし一方で，食品の汚染，食料自給率の低下，栄養バランスの崩れ等の新たな問題が生じてきている．

衣服の場合も大部分は既製品で賄われている．店頭には大量の衣服が並び，インターネット通販等により，流行のものを安価に入手できる．また，耐久消費財といわれてきた電化製品は，高度経済成長を牽引した商品であるが，電気掃除機，電気洗濯機，冷蔵庫等は家事労働を軽減した．そして，それらの電化製品はますます進化して家事技能を不要にしつつある．家事技能を不要にしたのは，家事の外注もあげられる．種々のサービス産業が盛んになり，クリーニングや高齢者介護あるいは保育等も専門家に任すことが選択されるようになった．

このようにわが国では1960年代以降の高度経済成長により，大量生産・大量消費の時代を迎えて，家庭生活は大きく変貌した．家事労働は著しく軽減され，家事技能の習得は必ずしも必須ではないように思われる．その代わり，家庭は商品やサービスの消費の場となり，家計の支出が著しく増大するとともに，家族のあり方も変化した．一方，大量生産・大量消費の文明は，地球の資源や化石燃料を浪費し，自然環境の破壊をもたらした．

このような状況から，私達の家庭生活は社会のあり方と深く関わっていることに気づかされる．さらに，消費社会においては，地球の自然環境を保全し，持続可能な社会システムを構築することが急務の課題であることが認識されるようになった．「もったいない」という言葉が蘇ったように，便利さとか省力化という価値観は，立ち止まって考え直すべき時にきている．

（2）情報社会への変革

情報と通信（IT）産業の爆発的な進展は，携帯電話やコンピュータの普及とともに暮らしに大きな影響を与えている．今やインターネットは，世界の隅々にまで張り巡らされ

て，あらゆる企業や機器類に取り込まれ，24時間稼働している．子どもの生活空間にも入り込んでいる．ネット上のメール交換，SNSやLINE等を通して，殺人事件や集団自殺事件等が起こった．

さらに，AI（人口知能）の進化によって，これまで人間が行っていた仕事の半分は10年後にはAIを搭載したロボットに取って代わり，ホワイトカラーの半数が消えると予測されている[5]．このことは，家庭の仕事の在り方にも大きな変革をもたらすものとなろう．これまでの社会常識が覆される事態が進行しているように思える．

そもそも情報社会は，瞬時性と匿名性，非現実性およびグローバル化という特徴をもつ．急激に社会が変動しており，その変動の速度と規模や影響が，人間のコントロールの限界を超えて進行している．そのため，一寸先は闇というように，何が起きるか分からない不安な気分に襲われている．加えて，グローバル化した社会では，競争原理が台頭し，人びとの有能性が求められ，知識社会を到来させている．勝ち組と負け組という言葉が流行語となり，一方で無力感やあきらめが蔓延している．

情報社会になればなるほど，生活の現実性を取り戻し，情報社会に流されない生活者としての生き方が問われねばならない．

（3）男女共同参画社会への取り組み

近代家族は，性別役割分業観のもとに成り立っていたといっても過言ではない．産業革命によって家庭と仕事が分離され，労働者の賃金によって家族は養われ，家庭は労働力再生産の場となり，家事労働はアンペイドワーク（無償労働）となった．そして，「男は社会，女は家庭」というジェンダー観が形成された．近代の資本主義社会は，男性優位の社会構造となっていた．

1960年代のアメリカにおける公民権運動に連動して，男女平等の理論的・実践的な運動が生まれた．そして1975年の国際女性年に端を発する世界女性会議から，男女平等の実現という人類的課題に取り組む世界的潮流が生まれた．

日本では，1985年の「女子差別撤廃条約」の批准を機に，国内の女子差別状況の見直しが始まった．1999年には，男女共同参画社会基本法が成立した．それによると，①男女の人権の尊重，②社会における制度または慣行についての配慮，③政策等の立案および決定への共同参画，④家庭生活における活動と他の活動の両立，⑤国際的協調という5つの理念が掲げられている．この法律は，男女平等を前進させる画期的な取り組みであり，国や地方自治体，国民の役割が明記されている．

これまで日常生活で常識となっていた性別役割分業観を転換することには，多くの摩擦も生じている。「性」という違いを理由に，個人の生き方を制限したり，個性や能力の発

揮を制限したりしてきた差別的な習慣や制度を見直すことが進行している．

　女性の差別撤廃の要求から始まった運動は，いまや男女の人権の尊重，さらには家庭生活の家事労働と仕事の職業労働との調和が求められるまでになった．そのためにも家庭科教育は，男女の家事労働の遂行能力を身につけさせるとともに，生活に関連した職業労働に目を向けたキャリア教育も求められる．そして，男女平等な社会において，男女とも生活者としての生活実践力を育成することが課題である．

2. 家庭科教育の使命

（1）家庭生活の見方と考え方

　これまでみてきたように，社会の変革は，家庭生活に直接的に，また間接的に多大な影響を及ぼしている．私達はそれらの影響を抵抗無く受け入れるか，阻止するか，選択の余地がある．各自の家庭の問題については，その当事者が最もよく状況を把握し，解決の方向を見定めて意思決定を行い，実行しなければならない．家庭生活は，私的領域として自己責任のもとに，当事者の考え方と実行力にまかされている数少ない場である．それは人間の実存的存在の砦でもある．また子どもの保育や高齢者の介護等のように，相互依存関係を受け入れる親密な人間関係の場としても機能している．

　私達は，家庭生活の見方や考え方にも，産業社会の西洋の世界観を受け入れ，機械論的世界観を受け入れてきた．ややもすれば，人間についても，脳による知性の力を何にもまして重視する傾向がみられる．しかし，近年の学問の進歩は，システム論的世界観への移行を促している．システム論世界観とは，現象やできごとを，ダイナミックに関連し合うことがらとして捉える．すべてのものは重層的，多面的な相互依存の網の目の中に組み込まれていると考えられている．そして人間は，責任と意志をもって自己組織していく存在である．自己中心か全体かの葛藤を乗り越え，個や部分だけでなくシステム全体としての生存を追求していかなければならないことを示唆している．

（2）家庭科教育の役割

　家庭科は，家庭生活を中心にした生活を学習内容として，よりよく生きることを目指している教科である．家庭生活は，社会の変動の影響を受けて変化し，家族の構成員，職業あるいはライフステージによっても変わる．そしてその家族システムやそのマネジメントの仕方によって，私たちの毎日の家庭生活が安定したり，危機に陥ったりしている．

　家庭科教育では，児童・生徒の現実の生活に目を向けて，家庭生活を中心とした人間の生活の本質を理解し実践できるように，体験的・実践的に指導しているのである．図1-4

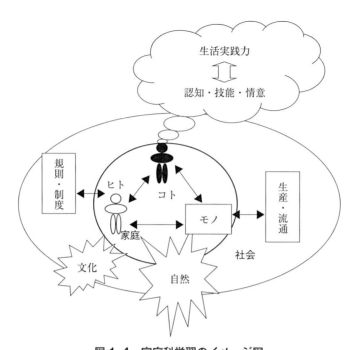

図 1-4 家庭科学習のイメージ図
出所）多々納道子・福田公子『教育実践力をつける家庭科教育法［第3版］』大学教育出版，2011，p.9.

のようなイメージで説明しよう．家庭科を学習する子どもは，学習以前から家庭生活を経験しているし，現在も経験している．しかし，経験はしていても，概念化されない限り自覚されない．家族や生活のシステムを構成するモノやヒトは，見慣れたものであっても，それらの関係や価値操作の仕方などは，問題が発生しない限り学ぶ機会はない．問題を意識しなければ，子ども達の生活経験は非常に乏しいものになる．

学習者としての子どもは，自分の家族と関係を結んでいる．両親の養育行為は必ずしも適切とはいえないとしても，その現実から学びははじまる．コミュニケーションによって，家族との関係をつくる技能を獲得し，それは社会的な人間関係をつくる基礎となる．家庭生活では，多くのモノを消費している．それらのモノは，衣・食・住等の生活財であり，今日ではほとんどを商品として購入し消費し廃棄する．その過程に家事労働を必要とするが，材料を見分けたり道具を用いて働きかけたりする技能や思考を伴う生活実践の活動が行われる．これが，他人や自然環境に配慮した視点を育む原点となる．

今日の家庭生活のように，単なる商品サービスの消費活動のみでは，生活実践力は身につかない．家庭と緊密な関係にある分業化した社会で行われている生産や流通の過程に目を向け，関係づけられなければならない．先進国と発展途上国における経済格差や矛盾，そこで働く人々の人権などについても事実関係などの現実世界がある．

家庭科は身近なモノやコトによって現実の世界と向き合って，知性はもちろん，身体や

感情の全体を活動させて学ぶ．このような学びは，情報社会や知識社会になればなるほど，今後ますます重視されなければならない．そして，子ども達は現実社会のなかで，自分のライフスタイルを創造し，社会に向かって情報を発信し，他者と連絡して未来社会を創れるような生活者になることを期待されている．

（3）生活者としての生活実践力の育成

　未来社会に生きる児童・生徒は，生活者としての視点と生活実践力をもつことが要求されよう．ここでは，生活者を「日常的な生活に価値を見出し，自分の人権を守り他人の人権を尊重し，社会や自然環境および未来について見通しをもって，よりよい人生をめざして生活実践している人」と定義する．このような生活者は，近代社会の市民（公共性の形成に自律的・自発的に参加する人）をより個人的レベルで捉えたものである．生活者は家庭生活と職業生活との調和を求め，日常的な家庭生活に幸せを求めることを正当化し，職業的行為においては直接的・間接的に他の生活者への影響を考慮して社会的活動をする．また，このような生活者が持続可能な社会や自然，将来の世代の健康や安全について配慮ができる人である．

　また，生活実践力とは，「学習者の家庭生活を中心として現実生活世界の中で，福祉および自己実現を目指して，生活環境や生活文脈を考慮し，より適切な生活行為を遂行する能力」と広く定義したい．すなわち，人間が生活行為を通して環境を意識的に変化させるための諸能力の統合をいう．生活行為は広義には人間のあらゆる動作や活動を指すが，ここでは，日常生活において明らかな目的意識または動機をもって，思慮・選択・意思決定を経て意識的に行われる活動をいい，善悪の判断の対象となる．すなわち，生活実践力は，人間の認知的・運動技能的・情意的な諸能力の全体をもって，ヒト・モノ・コトと関わり，自分と環境を変化させ続けていく過程とその結果を見通す力をいう．

　生活実践力を分析的にみると，まず情動的反応が先行する．生理的反応や欲求あるいはストレスなどは，情動として現れる．人間の情動は，もともと生き延びるために進化してきた．恐怖は危険を避けようとして身を守る．怒りを感じることで，エネルギーを発揮し障害を取り除く．喜びや快の情動が成長を促進し人間関係を築く．その基本的な感情として自尊感情をもつことが大切であろう．一方，認知的な側面は，状況を理解したり，言葉によって概念化された知識を操作して思考したり，情報を選択したり，結果を予測したり，判断や決断をしたりしている側面である．科学的な知識は，正しく結果を予測するのに有効である．そして，私達は身体でもって移動したり，考えを伝えたり，動作をしたりする．手でもってモノに働きかけたり，ヒトにモノを手渡したり，作品を作ったりする．運動技能は，身体と手足の運動神経と技術的認知との関係が熟達することであろう．ともあれ，

身体こそは存在そのものである．

　人間のあらゆる能力は，使うことによって発達する．そして，人間には，自分にもわからない様々な能力が潜在的に備わっている．新しい能力の開発や技能の上達は，快感を得て夢中になれる．自分の生活実践力を日々発達させることは楽しい．これからの情報社会・知識社会を健全に発達させるのは，熟達した生活実践力をもった生活者であるといってもよいであろう．

アクティビティ
1. 自分の家庭科授業を思い出して，①最も楽しかった授業，②最も無意味に思えたこと等について話し合い，その教育的意義を考えよう．
2. 家庭科の先生として見習うべき点と絶対にしてはいけない点や，大学生として自分の生活習慣について課題をあげて，改善すべきことを実行しよう．

注・参考文献
注
1） 多々納道子が島根大学教育学部にて 2010 年から 2016 年までに担当した，中等家庭科教育法概説を受講した 143 人の調査結果に基づいている．

参考文献
2） 刈谷剛彦・濱名陽子他著『教育の社会学 新版』有斐閣アルマ，2010，pp.72-76.
3） 日本家庭科教育学会編『家庭科教育の構想』日本家庭科教育学会，1977，p.18.
4） 日本家政学会編『家政学将来構想 1984』光生館，1984，p.31.
5） 新井紀子『コンピュータが仕事を奪う』日本経済新聞出版社，2010，pp.1-5.

第2章　家庭科のあゆみ

第1節　家事・裁縫科の時代

1. 裁縫科への期待

　1872（明治5）年に，日本で初めて近代学校教育制度の教育法令となる学制が公布された．この学制に先立って布告された「学事奨励ニ関スル被仰出書」には，「一般ノ人民ハ必ス邑ニ不学ノ戸ナク家ニ不学ノ人ナカラシメント事ヲ期ス」と記され，身分，階層，性別を問わず全国民を対象とする制度が構想された．この学校教育制度は，欧米の近代思想である個人主義，実学主義の教育観や学問観に基づくものであった．

　学制は上下2等に分けた8年制の尋常小学を「男女共必ス卒業スヘキモノ」とし，村落小学，小学私塾や貧人小学等多種類の小学校を設け，国民皆学を実現しようとした．このとき設けられた女児小学で一般教育の他に，「女子ノ手芸ヲ教フ」として，裁縫や行儀作法を指導したことが，今日の家庭科教育の始まりであるとみなせる．

　ただ，学制当時の教科編成は確定しておらず，また国民皆学を目標にしたものの，1877（明治10）年に小学校の就学率は表2-1に示すように，男子は56.0％，女子が22.5％と極めて低いものであった．そこで就学率を向上させるため，教育要求を取り入れて小学校で女子を対象に裁縫科を設けることとし，1879（明治12）年の教育令において教育課程を整備した[1]．しかし，教師，教材，指導方法，施設や設備等に多くの課題があった．文部省は1900（明治33）年に各府県に女子師範または師範女子部を設置することを決定し，裁縫科教員養成に本格的に取り組んだ．この時期には裁縫科の指導に関する研究が進み，多くの教科書が出版された．

　全国的な裁縫科の実施率をみると，明治30年に18.2％であったものが，明治40年には40.0％

表2-1　小学校の就学率（％）

（年）	男子	女子	平均
明治6	39.9	15.1	28.1
10	56.0	22.5	39.9
14	60.0	24.7	43.0
18	65.8	32.1	49.6
25	71.7	36.5	55.1
30	80.7	50.9	66.7
40	98.5	96.1	97.4
45	98.5	97.6	98.2

出所）文部省『学制百年史』帝国地方行政学会，1973，p.321．に基づき筆者作成

と2倍以上になる等の効果を上げてきた．そこで，同年の小学校令改正において裁縫科は必修科目となり，女子教育の中核を担うことになった．

2．家事・裁縫科と良妻賢母教育

一方，家事教育の始まりは，学制期の下等小学の教科目「読本」において，「西洋衣食住」（片山淳之助著）（図2-1）を教科書として使用したことといえる．これは，福沢諭吉が渡米の経験に基づき，米国の衣食住の様式を絵入りで説明したものであった．男女とも教科書として使用したが，日本の家庭生活の実情に合うものではなかった．

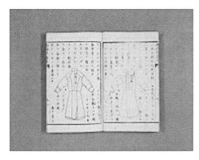

図2-1　西洋衣食住（衣之部）
出所）片山淳之助『西洋衣食住』1867，pp.10-11．（多々納道子撮影）

家事科は，1881（明治14）年5月に小学校教則綱領に示された「小学校中等科ハ…殊ニ女子ノ為ニハ裁縫等…」「小学高等科ハ…殊ニ女子ノ為ニハ家事経済ノ大意ヲ…」によって，「家事経済ノ大意」が小学高等科に置かれたことによる．その内容は表2-2のように，家庭生活全般に及ぶものであった．その後，家事科を独立した教科として置かない時期があったり，明治後期には理科と国語に含めて指導したり，理科家事と称して理科の中に家事科を位置づけるという方法をとったこともあった．

表2-2　小学校教則綱領に示された「家事経済」の内容

家事経済ハ高等科ニ至テ之ヲ課シ，衣服，洗濯，住居，什器，食物，割烹，理髪，出納等一家ノ経済ニ関スル事項ヲ授クヘシ，凡裁縫家事経済ヲ授クルニハ民間日用ニ応用センコトヲ要ス

出所）埼玉県師範学校（編）『小学校教則綱領教科書用学則編纂』1884，p.18．

1918（大正7）年に臨時教育会議において，女子教育では家族制度に適する素養を養い，理科的な家事教育を重視するという答申が出された．このような趣旨を生かすため，1919（大正8）年2月「小学校令中改正」，同年3月「小学校令施行規則」で理科に含まれていた家事が独立して1科目となった．高等小学の教科目として再び家事科が設けられたことにより，家事科は教科としての地位を確立していった．

女子中等教育としての高等女学校は，1872（明治5）年に東京と京都に設けられたのが，最初であった．その後，1882（明治15）年には女子師範学校附属高等女学校が設けられた．ただ，同年に文部省は，学制以降実施してきた女子教育が，男子と対等の教育目標

の下に婦徳の養成を目標にしなかったことを振り返り，将来賢婦となるための教育の必要性を指摘した．また，中等教育を受ける女子の増加によって，普通教育を尊重しながら，女子の役割を考慮した教科を重視する高等女学校の設置が強く求められるようになったことも影響している．

　1891（明治24）年12月「中学校令中改正」に，高等女学校の目的，性格が示され，女子中等教育機関の代表といわれる高等女学校の性格が明確になった[2]．1895（明治28）年には，表2-3のように高等女学校規定で教育課程や内容に関して詳細に定められた．それによると，高等女学校の全科目中最も多くの時間を占めるのが裁縫，次いで家事であった．裁縫と家事を学ぶことは，女子の教育要求に合致するものであった．しかし男子中学校の内容と比較すると，高等女学校ではこれら家政教育科目が全体の1/4を占め，その分，普通教育の程度は低くなった．

表2-3　高等女学校規程における「家事」の内容

衣食住家計簿記家事衛生育兒其ノ他一家ノ整理經濟等ニ關スル事項ヲ授ク 家事ヲ授クルニハ成ルヘク實習セシメ務メテ實用ニ適セシメンコトニ注意スヘシ

出所）　文部省内教育史編纂会『明治以降教育制度発達史第4巻』教育資料調査会，1964，p.287．

　わが国の家制度は男女の明確な性役割分業の上に成り立っており，男女別学教育は，男女それぞれの性役割遂行能力の育成を担うものであった．このことから，国の教育政策として良妻賢母を養成することが目指され，裁縫科と家事科が女子教育の中心に位置づけられた．

第2節　家庭科の誕生

1．家庭科の基本的性格

　日本は第2次世界大戦の敗戦によって，連合国軍の占領下に民主的国家建設を目指して，民主化を進める教育を実践していった．文部省は1945（昭和20）年12月に「女子教育刷新要綱」を発表し，①男女間における教育機会均等，②男女間における教育内容の平準化，③男女の相互尊重の促進を実現することによって，男女平等教育を実現しようとした．

　戦後教科と称される社会科は社会の民主化に，家庭科は家庭生活の民主化の一翼を担う教科として誕生した．1947（昭和22）年3月学習指導要領一般編（試案），同年5月には

学校教育法施行規則で，小学校の家庭科は5，6年で男女が学ぶことが規定された．中学校では職業科の中に農業，工業，商業，水産および家庭を設け，男女とも少なくとも1科目もしくは数科目を選択履修する．高等学校家庭科は，昭和22年4月の通達では選択教科「実業」の一つであり，1948（昭和23）年度より男女とも自由選択するという履修形態をとった．

1947（昭和22）年には家庭科として初めての学習指導要領家庭科編（試案）が出され，小・中・高等学校を通しての目標，内容や学習方法などが示された．その中のはじめのことばは，次のように記されている[3]．

> 家庭科すなわち家庭建設の教育は，各人が家庭の有能な一員となり，自分の能力にしたがって，家庭に社会に貢献できるようにする全人教育の一分野である．この教育は家庭内の仕事や，家族関係に中心を置き，各人が家庭建設に責任をとることができるようにするのである．
> 家庭における生活は各人の生活にとって，大きなまた重要な部分であるので，おのおのは家庭生活において，知的な，能率の高い一役をなすのでなければならない．このために，学校において，家庭建設に必要な要素を改善し，のばしていくような指導を与える必要がある．

このように，家庭建設について学ぶことは全人教育の一部であるという理解のもとに，女子だけでなく男女が学ぶことができるというシステムを成立させた．そして家庭科の総目標として，次のことを掲げ，家庭科の進むべき方向性を示した．

① 家庭において（家族関係によって）自己を成長させ，また家庭および社会の活動に対し自分の受けもつ責任のあることを理解すること．
② 家庭生活を幸福にし，その充実向上を図っていく常識と技能とを身につけること．
③ 家庭人としての生活上の能率と教養を高めて，いっそう広い活動や奉仕の機会を得るようにすることの3つである．

2. 内容と方法の特徴

家庭科の目標を受けて設定した第5学年から第12学年までの内容は，児童・生徒の興味，活動，心身の発達や将来の活動等をふまえて構成されたものである．調理や被服製作を上手にするための技能の習得や習熟だけではなく，家庭生活の重要性を理解し，民主的な家庭や家族生活を築くために家族関係の学習を重視したことが大きな特徴といえる．加えて学習指導要領ではあるが，試案と記されていることから「教師は地方の特殊な環境を考慮に入れて，さらによい計画を立て新しい単元をつくるようにしてほしい」[4]というように，地域の実態を考慮してよりよい家庭科をつくるという意気込みが強く感じとれる．

例えば第7学年（中学校1年）の家庭生活については，次のようであった[4]．

① 幸福な家庭の建設に，自分がどんな役割をもつべきか理解する．
② 家族のものと意見が違った場合どうして解決していくか，また家族とお互いに協力して美しい間柄を持ち続けるにはどうしたらよいかを学ぶ．
③ このような努力が，わが国の家庭の向上に貢献することを理解する．

学習方法については，題材（単元）どうしが有機的に関連をもって発展できるようにと，問題発見，調査，話し合い，観察，記録および実習などの方法が提案された．

第3節　社会の変化と家庭科のあゆみ

1. 小　学　校

家庭科は，①家事科と裁縫科をあわせた教科ではない，②技能教科ではない，③女子だけが学ぶ教科ではない普通教育として発足した[5]．小学校では，教科の基本的な性格をめぐって存廃論が起こったが，1950（昭和25）年の教育課程審議会の答申で存置することが決定された．しかし衣・食・住生活については，身の回りの処理の仕方や基本的な家庭技術を習得することに主眼を置くこととし，発足当初の目標からずれることになった．しかも家庭科のよりよい指導方法を求めて，教科として特設してもよいし，あるいは小学校教育全体で指導してもよいとして，1951（昭和26）年には，「小学校における家庭生活の指導の手引き」[6]が出された．ところが実際には，教育課程全体で指導することのあいまいさや難しさ等があって，次第に教育実践が行われなくなった反面で，家庭科として特設するところが多くあった．

1956（昭和31）年には「小学校学習指導要領家庭科編」が発行され，目標や内容を規定し，再び家庭科として特設されることが決定した．内容は，家族関係，生活管理，被服，食物，住居の5分野に整理した．続いて1958（昭和33）年には中学校とともに改訂が行われ，1961（昭和36）年度から実施された．被服，食物，すまいおよび家庭の4領域構成となり，領域構成の原型ができあがった．

その後，小学校家庭科の学習指導要領は，1968（昭和43）年，1977（昭和52）年，1989（平成元）年，1998（平成10）年，2008（平成20）年，2017（平成29）年とほぼ10年ごとに改訂を行ってきたが，一貫して男女がともに学んできた．

2017年の全国調査によると[7]，男女児童とも「家庭科学習は好き」で「だいたいわかる」という者の方が多く，小学校家庭科は教科として教育課程に定着し，学習効果を上げている．

2. 中　学　校

（1） 職業，職業および家庭，職業・家庭

中学校では職業科の中に家庭を含むことの十分な理解が得られないので，1949（昭和24）年5月の通達で，「職業および家庭」となった．さらに，職業科学習指導要領審議委員会の審議の結果，職業と家庭を一教科として結合することや仕事を学ぶことにより実生活の充実発展を目指すことなどを重視すること，そして何よりも委員長である海後宗臣の「家庭科が独立すると女子用教科になる」という懸念から，1951（昭和26）年には「職業・家庭」と変更された[8]．家庭科関係者は女子の家庭科学習は必要だと捉えて，小～高等学校までそれぞれの段階で家庭科として独立することを強く求めたが，実現できなかった．

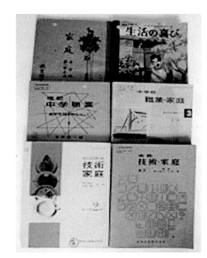

写真2-1　職業，職業・家庭，技術・家庭の教科書
（多々納道子撮影）

職業・家庭科の目標は，「家庭および社会の一員として，その家庭や社会の発展のために力を合わせることの意義を自覚し，それに必要な知識・技能・態度を身につけ，自らの能力に応じた分野を受けもって，その力を十分発揮するようになる」であった．内容は「仕事」「技能」「技術に関する知識・理解」および「家庭生活・職業生活についての社会的・経済的な知識・理解」からなる．職業・家庭科の内容は，地域社会の必要と生徒の実情によって特色をもたせるという理由から，男子向きと女子向きに分け，それぞれ農村や都市商業地域向きというように，地域性も重視して指導計画例が示された．

男女別に指導計画が例示されたものの，第1学年は男女共通の内容，第2，3学年では学校による自由選択履修制という構造であった．実際にも男子が家庭科を，女子が職業的な内容を履修する実態がみられ，この期に家庭科の男子履修を可能にしたことは，高く評価されてよい．

（2） 技術・家庭科

戦後における日本経済の復興はめざましく，1950～1960年代にかけて（昭和30年代）高度経済成長期を迎えることになった．家庭生活には家事を省力化する電気製品やミシンなどの機械類が大いに使用されるようになり，よりよい家庭経営には，電気や機械に関す

る知識や技術が必要になってきた．また旧ソ連の人工衛星スプートニクの打ち上げが成功し，スプートニクショックという言葉で示されるように，科学技術教育に重点を置いた教育改革が世界的規模で展開されるようになった．

わが国においても技術革新に対応して，経済成長を支える人材の養成が急務となった．日本経営者団体連盟は1956（昭和31）年に「新時代の要請に対応する技術教育に関する意見書」および1957（昭和32）年には「科学技術教育振興に関する意見書」を政府に提出し，教育改革の必要性を訴えた．

文部省から「科学技術教育の振興方策について」の諮問を受けた中央教育審議会は，1957年11月に「小・中学校を通じて，基礎学力ないし科学技術の基礎である数学・理科教育を強化すること，中学校においては職業に関する基礎教育を強化する必要があること」などを，1958（昭和33）年には「中学校においては，数学科および理科の指導時間数を増加し，かつ技術科を新たに設けて，科学技術に関する指導を強化すること，現行の職業・家庭科を改め，技術科を編成すること，技術科の内容には二系列を設け，男子向きには工作的内容を中心とする系列，女子向きには家庭的内容を中心とする系列を学習させる」ことなどを答申した．

この答申を受けて「技術・家庭」が設けられ，1958年10月には技術・家庭科の学習指導要領の告示，1962（昭和37）年度から実施された．この技術・家庭科は，男子向きは工的内容が93.7%，栽培が6%を占めた．女子向きは，家庭工作，家庭機械，設計・製図という工的内容が1/3で，残りの2/3が家庭科的内容であった[9]．工的内容をみると，女子は男子よりも著しく水準が低くなっており，批判の対象となった．しかも，これまで教育改革の理念や社会的要請を受けて家族関係や家庭生活に関する内容を重視してきたが，科学技術重視によって，家族や家庭経営に関する内容が削除された．男子向きと女子向きの学習内容は，固定的な性別役割に基づいて全く異なっており，家庭科は女子が学ぶ教科に逆戻りしてしまったといえる．

1979年に国際連合の総会において，「女子に対するあらゆる形態の差別を撤廃する条約」が採択された．これと連動して国連婦人の10年の活動が始まり，固定的な性別役割意識や行動を変革するための取り組みが開始され，教育面では家庭科の男女必修が求められた．1977（昭和52）年の中学校学習指導要領によって，技術と家庭について，いわゆる相互乗り入れが実施された．すなわち男子はA～Eから5領域，F～Iから1領域を，女子はF～Iから5領域，A～Eから1領域を含む7以上の領域が必修となり，部分的であるが男女が学ぶことになった．

さらに1989（平成元）年（1993（平成5）年度実施）には，男女とも「家庭生活」「食物」「木材加工」「電気」の4領域が必修，「被服」「住居」「保育」「金属加工」「機械」「栽培」

および「情報基礎」の7領域は，3領域以上を選択履修することになり，中学校の教育課程では男女同一教育が実現した．このように教員は家庭科を男女に指導することによって，男女の特性よりも家庭科を学ぶ能力は男女同じだという理解をもつようになった[10]．

3. 高等学校

（1） 男女平等教育

新制高等学校は1948（昭和23）年に発足した．普通教科としての家庭科は，「一般家庭」と「家族」や「保育」等6科目から編成された．1949（昭和24）年1月に「新制高等学校教科課程中職業教科の改正について」の通牒が出され，「家庭技芸」に関する教科が示された．職業教科としての家庭技芸に関する教科は，「保育」や「栄養」等17科目からなるものであった．1949～1955（昭和24～昭和30）年度までは普通教科と職業教科の教科に分かれていた．

高等学校家庭科の特徴として，学校での学習と日常生活とを結びつけて課題を設定し，体験や活動を通して学んだことを身につけるというプロジェクト・メソッドによるホームプロジェクトと学校家庭クラブ活動の導入をあげることができる．これらは，GHQ／SCAP（連合国軍最高司令官総司令部）のCIE（民間情報教育局）家庭科担当官であったルイス教授の指導のもとに，1949（昭和24）年から「一般家庭」に取り入れられた．そして学校・家庭・地域社会の連携を図る主体的な活動として，全国の高校に広まっていった[11]．

では，この時期に選択科目である家庭科を，どのくらいの生徒が履修したであろうか．1952（昭和27）年に公表された，公立全日制高等学校の普通課程のみを対象とした調査結果によると[12]，女子が「一般家庭Ⅰ」を履修した割合は26.0％，「一般家庭Ⅱ」が15.0％であった．男女全員の履修を要望する家庭科関係者からみると極めて低い割合といわざるを得ない．このような事態に対して，1952年には全国家庭科教育協会等から，高等学校家庭科の女子必修を求める請願書が提出されるに至った．その後も全国高等学校長協会等を中心として，家庭科の女子必修を求めて継続的な取り組みが行われた．

（2） 女子の特性を重視した教育

社会経済情勢の変化によって，産業界から女子に対して家庭生活を営む能力を重点的に育成することへの強い要請があったことなどから，教育課程審議会や中央産業教育審議会で，高校家庭科は女子必修という方向が出された．

1956（昭和31）年改訂実施の高等学校学習指導要領家庭科編において，従来「家庭」

と「家庭技芸」の2教科であったのを，「家庭」の1教科にまとめた．また，全日制の普通課程のすべての生徒に，芸術科，家庭科，職業に関する教科のうちから，6単位以上履修させる．この場合女子については，家庭科の4単位を履修させることが望ましいとされた．

1960（昭和35）年告示，1963（昭和38）年実施の高等学校学習指導要領では，「女子について『家庭一般』4単位，ただし，特別の事情がある場合には，2単位まで減ずることができる」とした．

1970（昭和45）年告示，1973（昭和48）年実施の高等学校学習指導要領では，「『家庭一般』は，すべての女子に履修させるものとし，その単位数は，4単位をくだらないようにすること」というように矢継ぎ早に方針が出され，高等学校の家庭科は女子必修へと大きく方向転換を図ることになった．

このように，高校家庭科が女子必修となることには，当時の一般的な女子の生き方からみて，国民が違和感をもつということはあまりなかったといえる．

（3） 男女共学家庭科

女子必修という流れの中で，家庭や社会および女子の生き方の変化に伴って，家庭生活について男女がともに学ぶことの重要性が議論されるようになった．1972（昭和47）年には「家庭科の男女共修をすすめる会」が発足し，活発に運動を展開した．女子必修の家庭科は高校三原則にある男女共学制に反するとして疑問をもつ家庭科教師達は，家庭科の男女共修を進める運動に取り組んだ．特に京都府では男女共修について積極的な取り組みがなされ，京都府高校教育課程編成要領の中で「家庭一般」4単位のうち，2単位を男女共修とすることを明示し，1974（昭和49）年4月から実施した．

一方，1979（昭和54）年の国際連合による「女子に対するあらゆる形態の差別を撤廃する条約」を批准するための法的整備として，家庭科学習の男女差を解消することが求められた．文部省は1984（昭和59）年に「家庭科教育に関する検討会議」を設け，「『家庭一般』と新しいタイプの家庭に関する科目をいくつか設け，その組み合わせの中から選択履修させる方法」と，「『家庭一般』と他教科の科目を組み合わせ，その中からいずれかの科目を選択させる方法」の両論が併記された提言を得た．

21世紀の活力ある社会の形成者を養成する教育のあり方を検討した内閣総理大臣の諮問機関である臨時教育審議会は，1986（昭和61）年の第2次答申第2章「家庭の教育力の回復」の中で，「親となるための教育を充実する．この観点から家庭科等を見直す．」ことを提言した．これらの提言は教育課程審議会において総合的に検討され，1987年12月の最終答申において，中学校と高等学校の家庭科の履修のさせ方に男女差を設けないこと

が決定された．

　この答申を受けて1989（平成元）年3月告示の学習指導要領では，男女とも「家庭一般」「生活技術」および「生活一般」の中から1科目4単位を選択必修するという形態をとることになった．ここにおいて長年の願いであった，小学校から高等学校まで男女ともに学ぶ家庭科が実現したことになる．ただ3科目の目標をみると，家庭一般は「家庭経営の立場から」，生活技術と生活一般は「生活を合理的にあるいは健康な生活を管理する立場から」となっており，「家庭一般」は依然として女子向きに設定されていることが明らかで，男女がともに学ぶという観点からの再検討が求められるものであった．

　21世紀を目前にして，豊かな人間性をはぐくむとともに，一人ひとりの個性を生かしてその能力を十分に伸ばす新しい時代の教育を実現するため，教育課程審議会は1998（平成10）年10月に，ゆとりの中で自ら学び自ら考える力などの生きる力の育成を基本とし，教育内容の厳選と基礎・基本の徹底を図ること，一人ひとりの個性を生かすための教育を推進することを提言した．

　このような観点から高等学校家庭科については，普通教科「家庭」と専門教科「家庭」の性格を明確にすることとした．普通教科の「家庭」は，「家庭基礎」（2単位），「家庭総合」（4単位），「生活技術」（4単位）の中からを選択履修することとなった．男女ともに家庭科を4単位必修で学ぶという制度が定着するか否かの段階で，2単位必修に削減されたことは，内容の厳選を求める処置とはいえ，家庭科の魅力や有用感を十分理解させるには，厳しい状況にあるといわざるを得ない．

　専門教科「家庭」は，社会の変化や産業の動向等に適切に対応するため，「家庭経営」と「被服管理」を削減する代わりに，「生活産業基礎」や「食文化」を新設する等整理統合を図り，23科目から19科目の構成にした．専門教科としての役割を十分果たすことが期待された．

　家庭生活に関する教育すなわち家庭科は，戦前と戦後を通して，社会や家庭の変化に伴う人間形成の目標に敏感に反応してあゆんできたといえる．その変化は家庭科そのものよりも，国家の論理によるものであったといわざるを得ない．われわれが今後形成する社会は，男女の定型化した役割を見直し，社会的・文化的な行動様式を修正した男女共同参画社会であるというのは，異論はないと思われる．従って，これからの家庭科では，「学習者の家庭生活を中心として現実生活世界の中で，福祉および自己実現を目指して，生活環境や生活文脈を熟慮し，より適切な生活行為を遂行する能力」の育成を実現することを目標とすることが重要となる．

4. 生涯学習の観点から小・中・高等学校の系統性の重視

　2008（平成20）年3月の小学校と中学校，2009年3月の高等学校学習指導要領の改訂によって，家庭科，技術・家庭科家庭分野は，人の一生を時間軸として捉えるとともに，生活活動に関わる金銭，時間，人間関係や衣食住，保育や消費などの事柄を空間軸として捉え，各ライフステージの課題と関連づけて理解させることとした．すなわち，家庭科は生涯学習の観点から，小・中・高等学校の体系化，一貫性を重視し，われわれの生活者としての実態により近づくものとなった．

　2017（平成29）年3月の小学校と中学校及び2018（平成30）年3月の高等学校学習指導要領改訂に伴って，高等学校は「家庭基礎」と「家庭総合」の2科目に統合された．それとともに，小・中・高等学校の系統性を明確にするため，小・中の内容は「家族・家庭生活」「衣食住の生活」「消費と環境」の3領域に，また，時間軸と空間軸の2つの視点から学校段階に応じた学習対象を明確化した．空間軸の視点からは，家庭，地域，社会という空間的な広がり，空間軸の視点で，これまでの生活，現在の生活，これからの生活と生涯を見通した生活という時間的な広がりから学習対象者を捉えて指導内容を整理するものである．すなわち，生涯の見通しをもって，よりよい生活を送るための能力と実践的な態度を育成することにより一層重点をおき，学習効果を上げることが期待されるのである．

[アクティビティ]
1. 家庭科を男女が共に学ぶ意義を考えてみよう．
2. 家庭科のあゆみからみて，21世紀に生きる子ども達には，どのような能力を育成するとよいか考えてみよう．

引用・参考文献
1) 多々納道子「性役割による家事労働と教育」岩垂芳男・福田公子編『家政教育学』福村出版，1990，pp.26-27.
2) 常見育男『家庭科教育史増補版』光生館，1972，pp.126-128.
3) 文部省『学習指導要領家庭科編（試案）』1947，pp.1-2.
4) 前掲書3) p.49.
5) 中間美砂子編著『小学校家庭科授業研究』学術図書出版社，1991，p.10.
6) 文部省『小学校の家庭生活の指導の手引き』1951.
7) 全国小学校家庭科教育研究会編『全国調査のまとめNo.54』睦美マイクロ株式会社，2017，pp.19-21.
8) 朴木佳緒留・鈴木敏子共編『資料からみる戦後家庭科のあゆみ―これからの家庭科を考えるために―』学術図書出版社，1990，pp.50-51.

9)　前掲書8）p.102.
10)　日本家庭科教育学会編『家庭科教育50年 ― 新たなる軌跡に向けて』建帛社，2000, pp.43-44.
11)　福田公子・山下智恵子・林未和子編著『生活実践と結ぶ家庭科教育の発展』大学教育出版，2004, pp.400-402.
12)　前掲書8）p.58.

第3章　児童・生徒の発達を踏まえた家庭科の内容
― 家庭科で何を教えるか ―

第1節　生活者としての子どもの発達と課題

1．子どもの学力及び生活環境の実態と課題

　国際教育到達度評価学会（IEA）が平成27年に実施した国際数学・理科教育動向調査（TIMSS2015）においては，小・中学校ともに，全ての教科において引き続き上位を維持しており，平均得点は有意に上昇している．また，経済協力開発機構（OECD）が平成27年に実施した生徒の学習到達度調査（PISA2015）においても，科学的リテラシー，読解力，数学的リテラシーの各分野において，国際的にみると引き続き平均得点が高い上位グループに位置している[1]．

　しかしながら，判断の根拠や理由を明確に示しながら自分の考えを述べたり，実験結果を分析して解釈・考察し説明したりすることなどについては課題が指摘されている[2]．また，学ぶことの楽しさや意義が実感できているかどうか，自分の判断や行動がよりよい社会づくりにつながるという意識をもてているかどうかという点では，肯定的な回答が国際的にみて総体的に低いことも指摘されている[3]．

　これらの調査結果から，学ぶことと自分の人生や社会とのつながりを実感しながら，自らの能力を引き出し，学習したことを活用して，生活や社会の中で出会う課題の解決に主体的に生かしていくという面からみた学力には課題があることが分かる．

　生活経験についても同様であり，直接経験の中で五感を使ったり，状況を察知したりしながら，その経験の中で行われる活動や行動の意味や背景を考えたり，複雑な行動要因やそれらの関連性を捉えたりすることも少なくなっている．子ども達が様々な体験活動を通じて，生命や自然の大切さ，自分の価値を認識しつつ他者と協働することの重要性などを，実感しながら理解できるようにする機会を確保していくことが重要な課題である[4]．

　健康に関しては，性や薬物等に関する情報の入手が容易になるなど，子ども達を取り巻く環境が大きく変化している．また，食を取り巻く社会環境の変化により，栄養摂取の偏りや朝食欠食といった食習慣の乱れ等に起因する肥満や生活習慣病，食物アレルギー等の

健康課題がみられる．さらに，多くの自然災害の発生や，情報化やグローバル化等の社会の変化に伴い，子どもを取り巻く安全に係る環境も変化している．必要な情報を自ら収集し，適切な意思決定や行動選択を行うことができる力を子ども達一人ひとりに育むことが求められている[4]．

さらに，子どもの貧困が課題となる中，家庭の経済事情が，進学率や学力，子どもの体験の豊かさなどに大きな影響を及ぼしていることが指摘されている．学校教育が個に応じた指導や学び直しの充実等を通じ，一人ひとりの学習課題に応じて，育むべき力を確実に身に付けられるようにしていくことも期待されている[4]．

社会の変化はますます速くなり，それとともにライフスタイルも多様化し，それを決定する要素や要因も複雑化している．社会生活や家庭生活の変化を自分なりに受け止め積極的に対処していくために，身近な日常の生活を人間ならではの感性や創造性を働かせてより豊かなものにしたり，未来の生活設計を柔軟に構想したりすることが必要である．

人工知能がいかに進化しようとも，それが行っているのは所与の目的の中での処理に限られている．人間は，試行錯誤しながら，あるいは意思決定を繰り返しながら，どのような未来の生活を創っていくのか，どのように生活や人生をよりよいものにしていくのかという目的を自ら考え出すことができる．多様な価値観や情報が混在している環境の中でも，場面や状況を理解して自ら目的を設定し，その目的に応じて必要な情報を見いだし，情報を基に深く理解して自分の考えをまとめたり，臨機応変に適切な表現を工夫したり，答えのない課題に対して多様な他者と協働しながら目的に応じた納得解を見いだしたりすることができる．生活者としての自立，共生の理念を踏まえて，生活を創造することを目標としてきた家庭科は，教育課程の中で，今重い責任を担っている．

2．子どもの生活者としての実態と課題

（1） 小・中・高校生の生活実態

東京大学社会科学研究所・ベネッセ教育総合研究所共同研究「子どもの生活と学びに関する親子調査2015」によって，小・中・高校生の生活実態は次のように報告されている．

まず生活時間については，小学生の9割以上は「11時ごろ」までに就寝するが，中学生では約6割，高校生では約2割程度に減少し，高校生の約6割は「12時ごろ」以降に就寝している．学校段階が上がるにつれて就寝時刻は遅くなり，起床時刻は早くなる．メディアの利用時間については，表3-1に示すとおりである．

生活習慣については，高校生の4人に1人は「夜ごはんを1人で食べる」ことが週に2〜3日以上あり，学校段階が上がるほど，日常の生活や食生活に乱れがみられるようにな

表 3-1 小・中・高校生のメディアの利用時間（学校段階別／平均時間）

	テレビや DVD を観る	テレビゲームや携帯ゲーム機で遊ぶ	携帯電話やスマートフォンを使う	パソコンやタブレットを使う	音楽を聴く	本を読む	マンガや雑誌を読む	新聞を読む
小4～6生	1時間35分	44分	11分	16分	11分	22分	17分	2分
中学生	1時間24分	47分	44分	28分	32分	20分	17分	2分
高校生	1時間10分	40分	1時間36分	21分	55分	15分	14分	3分

出所）東京大学・ベネッセ共同研究調査 2015[5] より筆者作成

る．また，中学生と高校生の女子では「たくさん食べすぎる」「ダイエットで食べる量を減らす」ことが「ある」の割合が男子よりも高く，「たくさん食べすぎる」は4割台，「ダイエットで食べる量を減らす」は高校生女子で約3割であった．

手伝いについては，家の仕事や手伝いをする割合がもっとも高いのは小4～6年生で，「洗濯をする」を除いて，学校段階が上がるほど手伝いをしなくなる．また，どの学校段階でも「食器を並べる・片づける」の割合がもっとも高かった．多くの項目で女子の方が手伝いをする傾向にあるが，「ゴミを出す」だけはどの学校段階でも男子の方が高かった．

遊びについては，図3-1に示すように，学校段階が上がると，身近な場所だけでなく，店や街で遊ぶようになる実態がみられる．また，学校段階が上がると，「屋外の遊び」より「屋内の遊び」が，「みんなで楽しむ遊び」より「一人で楽しむ遊び」が「好き」という回答が増えている．

小・中・高校生の発達段階における特徴や性差，親や友人との関係性，家庭生活や社会生活の多様で複雑な背景の中で，子ども達の生活者としての自立に対する意識は多様であり，生活への関心は高学年になるにつれて薄くなる傾向が見て取れる．

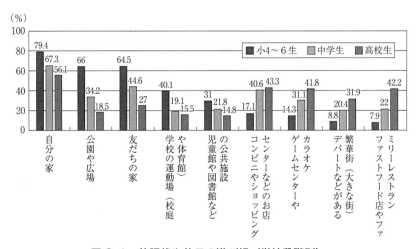

図3-1 放課後や休日の遊び場（学校段階別）
出所）東京大学・ベネッセ共同研究調査 2015[5] より筆者作成

（2） 家庭科の学びにみる課題

一方，国立教育政策研究所が平成24年度及び25年度に行った小学校及び中学校学習指導要領実施状況調査報告書における家庭科の結果の概要は表3-2に示す通りである．

概要として，家庭科は，普段の生活や社会に出て役立つ，将来生きていく上で重要であるなど，児童生徒の学習への関心や有用感が高いなどの成果が見られた一方で，家庭生活や社会環境の変化によって，家庭や地域の教育機能の低下等も指摘される中，家族の一員として協力することへの関心が低いこと，家族や地域の人々と関わること，家庭での実践

表3-2　家庭科の学びにみる成果と課題

		成　果	課　題
小学6年生	家庭	家庭の仕事と分担に関する知識・理解，家族との触れ合いや団らんを楽しくするための工夫や，近隣の人々とのかかわりを考えた家庭生活の工夫については多くの児童ができると回答している．	自分の生活時間を見直し，家族の一員として協力することへの関心については課題がある．
	食	食事の役割，こんろの安全な取扱いに関する知識・理解，材料や目的に応じた野菜のいため方の工夫については多くの児童ができると回答している．	食品の栄養的な特徴，材料の洗い方，我が国の伝統的な日常食であるご飯とみそ汁の調理に関する知識・理解，一食分の献立の工夫については課題がある．
	衣・住	衣服の働きや洗濯などの手入れ，整理・整頓，掃除等に関する知識・理解，場面に応じた日常着の着方や，快適な住まい方を考えた季節に応じた着方の工夫については多くの児童ができると回答している．	製作における縫い代やゆとりの必要性，ミシン等用具の使い方に関する知識・理解，製作する物に必要な布の大きさの工夫ついては課題がある．
	消・環	購入する物の選択に関する知識・理解，物や金銭の計画的な使い方，目的に合ったものの選び方の工夫については多くの児童ができると回答している	環境に配慮して物（食品）を無駄なく使うための工夫や使い終わった物を再利用するための工夫については課題がある．
中学3年生	家庭	家庭の基本的な機能や幼児の基本的な生活習慣に関する知識・理解については多くの生徒ができると回答している	地域の人々と関わることへの関心や幼児の心身の発達の特徴（個人差）に関する知識・理解については課題がある．
	食	中学生に必要な栄養の特徴（カルシウム），食品群（6つの基礎食品群における1群）に分類される食品（魚，肉，卵，豆・豆製品）の栄養的特質（たんぱく質），生鮮食品（魚）の鮮度の見分け方，食品（肉）の調理上の性質に関する知識・理解，健康によい食習慣の工夫については多くの生徒ができると回答している．	食品（穀類，いも類，砂糖）の食品群（5群）への分類，加工食品の表示の意味，肉の加熱調理に関する知識・理解，材料の種類や加熱のしやすさを考えた切り方の工夫などについては課題がある．
	衣・住	衣服の社会生活上の機能，衣服の計画的な活用と入手，住居の基本的な機能，幼児の家庭内事故の防ぎ方に関する知識・理解，目的に応じた着用の工夫や衣服の汚れ方に応じた洗濯の工夫及び家庭内事故の防ぎ方の工夫や騒音防止の工夫については多くの生徒ができると回答している．	衣服の材料（毛）や状態に応じた手入れ（洗濯，ズボンの裾の補修），製作に必要なミシンの調整に関する知識・理解，洗濯の手順（仕分け）の工夫については課題がある．
	消・環	販売方法（通信販売）の特徴に関する知識・理解，商品の選択，購入に必要な情報を収集・整理する技能，消費者トラブル（架空請求）の回避の工夫については多くの生徒ができると回答している．	契約（通信販売）に関する知識・理解，商品の選択，購入の工夫については課題がある．

出所）　小学校及び中学校学習指導要領実施状況調査報告書[6)7)]より筆者作成

や社会に参画することが十分でないことなどに課題がみられた．また，家族・家庭生活の多様化や消費生活の変化等に加えて，グローバル化や少子高齢社会の進展，持続可能な社会の構築等，今後の社会の変化に主体的に対応することにおいて，家庭科の今後の展開が期待されている．

第2節　家庭科で育む資質・能力

1. 学習指導要領における資質・能力

資質・能力の在り方については，OECDにおけるキーコンピテンシーの議論や，問題発見・解決能力，21世紀型スキルなど，これまでも多くの提言がなされてきた．これらはすべて，社会において自立的に生きるために必要とされる力とは何かを具体的に特定し，学校教育の成果をそのような力の育成につなげていこうとする試みである．文部科学省は，それらの検討を重ね，その成果を平成26年3月に論点整理として示した．そこでは，資質・能力を，教育の目標や内容の在り方として捉え，Ⅰ　問題解決能力や論理的思考力，メタ認知など，教科を横断して育成されるもの，Ⅱ　各教科等で育成されるもの（教科ならではの見方・考え方など教科等の本質に関わるものや，教科等固有の知識やスキルに関するもの）といった2つの視点を相互に関連付けながら位置づけたり明確にしたりすることが提言された．

教育課程とは，学校教育を通じて育てたい姿に照らしながら，必要となる資質・能力を，一人ひとりの子どもにいわば全人的に育んでいくための枠組みであり，特定の教科等や課題のみに焦点化した学習プログラムを提供するものではない．必要な資質・能力が確実に育まれるようにしていくことが必要となる．このような資質・能力に共通し，それらを高めていくために重要となる要素は，教科等や直面する課題の分野を越えて，今回の学習指導要領の改訂では，次の3要素に整理された．

(1)　「何を理解しているか，何ができるか（生きて働く「知識・技能」の習得）」
(2)　「理解していること・できることをどう使うか（未知の状況にも対応できる「思考力・判断力・表現力等」の育成）」
(3)　「どのように社会・世界と関わり，よりよい人生を送るか（学びを人生や社会に生かそうとする「学びに向かう力・人間性等」の寛容）」

(1) は，各教科等において習得する知識や技能であるが，個別の事実的な知識のみを指すものではなく，それらが相互に関連付けられ，さらに社会の中で生きて働く知識となるものを含むものである．子ども達が学ぶ過程の中で，新しい知識が，既にもっている知識

や経験と結び付けられることにより，各教科等における学習内容の本質的な理解に関わる主要な概念として習得され，そのような概念がさらに，社会生活において活用されるものになることが重要である．前回の改訂においても，各教科の基本的な概念などの理解は，これらの概念などに関する個々の知識を体系化することを可能にし，知識・技能を活用する活動にとって重要な意味をもつものであるとされた．今回の改訂では，さらに「主体的で・対話的で深い学び」を通じて，このような各教科における概念の習得を確実なものにするとともに，各教科の本質をとらえる「見方・考え方」として，生活や社会の中で活用されるものになることを目指している．

技能についても同様に，一定の手順や段階を追って身に付く個別の技能のみならず，獲得した個別の技能が自分の経験や他の技能と関連付けられ，変化する状況や課題に応じて主体的に活用できる技能として習熟・熟達していくことが重要である．

（2）の思考・判断・表現の過程には，次の3つがある．物事の中から問題を見いだし，その問題を定義し解決の方向性を決定し，解決方法を捜して計画を立て，結果を予測しながら実行し，振り返って次の問題発見・解決につなげていく過程，精査した情報を基に自分の考えを形成し，文章や発話によって表現したり，目的や場面，状況等に応じて互いの考えを適切に伝え合い，多様な考えを理解したり，集団としての考えを形成したりしていく過程，思いや考えを基に構想し，意味や価値を創造していく過程である．

（3）は，（1）及び（2）の資質・能力を，どのような方向性で働かせていくかを決定付ける重要な要素であり，情意や態度等に関わるものが含まれる．情意や態度を育んでいくためには，体験活動も含め，社会や世界との関わりの中で，学んだことの意義を実感できるような学習活動を充実させていくことが重要となる．

2. 家庭科で育む資質・能力

家庭科の資質・能力については，実践的・体験的な学習活動を通して，家族・家庭，衣食住，消費や環境等についての科学的な理解を図り，それらに係る技能を身に付けるとともに，生活の中から問題を見いだして課題を設定し，それを解決する力や，よりよい生活の実現に向けて，生活を工夫し創造しようとする態度等を育成することを基本的な考え方とし，小・中・高等学校の発達段階ごとに，表3-3のように整理することができ，3つの資質・能力別にその目標が示されている．

「知識・技能」については，家族や家庭，衣食住，消費や環境などに関する内容を取り上げ，個別の事実的な知識のみではなく，既存の知識や経験と結び付けて学習内容の本質を深く理解するための概念として習得し，様々な場面で活用される概念となることを意図

表 3-3 家庭科，技術・家庭科（家庭分野）において育成を目指す資質・能力

	知識・技能	思考力・判断力・表現力等	学びに向かう力・人間性等
小学校 家庭	日常生活に必要な家族や家庭，衣食住，消費や環境等についての基礎的な理解と技能 ・家庭生活と家族についての理解 ・生活の自立の基礎として必要な衣食住についての理解と技能 ・消費生活や環境に配慮した生活の仕方についての理解と技能	日常生活の中から問題を見出して課題を設定し，課題を解決する力 ・日常生活の中から問題を見いだし，課題を設定する力 ・生活課題について自分の生活経験と関連付け，様々な解決方法を構想する力 ・実習や観察・実験，調査，交流活動の結果等について，考察したことを根拠や理由を明確にしてわかりやすく表現する力 ・他者の思いや考えを聞いたり，自分の考えをわかりやすく伝えたりして計画・実践等について評価・改善する力	家族の一員として，生活をよりよくしようと工夫する実践的な態度 ・家庭生活を大切にする心情 ・家族や地域の人々と関わり，協力しようとする態度 ・生活を楽しもうとする態度 ・日本の生活文化を大切にしようとする態度
中学校 技術・家庭 家庭分野	生活の自立に必要な家族・家庭，衣食住，消費や環境等についての基礎的な理解と技能 ・家庭の基本的な機能及び家族についての理解 ・幼児，高齢者についての理解と技能 ・生活の自立に必要な衣食住についての理解と技能 ・消費生活や環境に配慮したライフスタイルの確立についての基礎的な理解と技能	家族・家庭や地域における生活の中から問題を見出して課題を設定し，これからの生活を展望して課題を解決する力 ・家族・家庭や地域における生活の中から問題を見いだし，課題を設定する力 ・生活課題について他の生活事象と関連付け，これからの生活を展望して多角的に捉え，解決策を構想する力 ・実習や観察・実験，調査，交流活動の結果等について，考察したことを根拠や理由を明確にして論理的に表現する力 ・他者の意見を聞き，自分の意見との相違点や共通点を踏まえ，計画・実践等について評価・改善する力	家族や地域の人々と協働し，よりよい生活の実現に向けて，生活を工夫し創造しようとする実践的な態度 ・家庭生活を支える一員として生活をよりよくしようとする態度 ・地域の人々と関わり，協働しようとする態度 ・生活を楽しみ，豊かさを味わおうとする態度 ・日本の生活文化を継承しようとする態度 ・将来の家庭生活や職業との関わりを見通して学習に取り組もうとする態度
高等学校 家庭 （共通教科）	自立した生活者に必要な家族・家庭，衣食住，消費や環境等についての科学的な理解と技能 ・家族・家庭についての理解 ・乳幼児の子育て支援等や高齢者の生活支援等についての理解と技能 ・生涯の生活設計についての理解 ・各ライフステージに対応した衣食住についての理解と技能 ・生活における経済の計画，消費生活や環境に配慮したライフスタイルの確立についての理解と技能	家族・家庭や社会における生活の中から問題を見いだして課題を設定し，生涯を見通して課題を解決する力 ・家族・家庭や社会における生活の中から問題を見いだし，課題を設定する力 ・生活課題について他の生活事象と関連付け，生涯を見通して多角的に捉え，解決策を構想する力 ・実習や観察・実験，調査，交流活動の結果等について，考察したことを科学的な根拠や理由を明確にして論理的に表現する力 ・他者の立場を考え，多様な意見や価値観を取り入れ，計画・実践等について評価・改善する力	相互に支え合う社会の構築に向けて，主体的に地域社会に参画し，家族や地域の生活を創造しようとする実践的な態度 ・男女が協力して主体的に家庭や地域の生活を創造しようとする態度 ・様々な年代の人とコミュニケーションを図り，主体的に地域社会に参画しようとする態度 ・生活を楽しみ味わい，豊かさを創造しようとする態度 ・日本の生活文化を継承・創造しようとする態度 ・自己のライフスタイルの実現に向けて，将来の家庭生活や職業生活を見通して学習に取り組もうとする態度

出所）平成 28 年 12 月中央教育審議会答申資料[1]に基づいて筆者作成

している．技能についても，獲得した個別の技能が自分の経験やほかの技能と関連付けられ，変化する状況や課題に応じて主体的に活用できる技能として習熟・定着することを意図している．これらの理解や習得は，生活の自立に必要であるとともに，よりよい家庭生活での実践にもつながる．

「思考力・判断力・表現力等」は，課題の設定，解決策の構想，実践の評価・改善と考察の論理的表現という問題解決的な学習過程を通して習得した知識及び技能を活用して育成され，生活の課題を解決する力を養うことにつながる．

「学びに向かう力・人間性等」については，前述の2つの資質・能力を活用して，家族や地域の人々と協働し，よりよい生活の実現に向けて，生活を工夫し創造しようとする実践的な態度を養うことが求められる．

3. 家庭科の独自性

（1） 生活の営みに係る見方・考え方

家庭科は，人の生活の営みに係る多様な生活事象を学習対象としている．今回の改訂では，生涯にわたって自立し共に生きる生活を創造するために，「家族や家庭，衣食住，消費や環境などに係る生活事象を，協力・協働，健康・快適・安全，生活文化の継承・創造，持続可能な社会の構築等の視点で捉え，よりよい生活を営むために工夫すること」を「生活の営みに係る見方・考え方」として整理し，家庭科の本質を示す「見方・考え方」とした．家庭科で育成する資質・能力は，この「生活の営みに係る見方・考え方」を働かせつつ，生活の中の様々な問題の中から課題を設定し，その解決を目指して解決方法を検討し，計画を立てて実践するとともに，その結果を評価・改善するという活動の中で育成できると考えられる．

先述したように，各教科で何を教えるかを明確にすることが改めて重要になっている．同時に，その内容を学ぶことを通して，何ができるようになるかを意識した指導が求められている．それは，情報活用能力や問題発見・解決能力，現代的諸課題への対応に必要な汎用的資質・能力の育成を各教科から支えるための方略とも言え，教科独自の資質・能力を追究することは不可欠である．小・中・高等学校の家庭科の目標では，育成する資質・能力に係る3つの柱を示すにあたり，いずれも冒頭で「生活の営みに係る見方・考え方を働かせる」ことが強調されている．このことは，家庭科の「生活をよりよくしようと工夫する」資質・能力を育成する際に，「生活の営みに係る見方・考え方」を働かせることを意識する重要性を示している．汎用的資質・能力とそれを支える家庭科独自の資質・能力を結ぶ視点とも考えられる．

（2） 家庭科における生活の捉え方

ここで，「生活」の捉え方を明確にしておく必要がある．生活を構成する要素は多様であるが，ここではそれらの集合体としてではなく，それら要素の相互作用によって変化する総体として生活を捉える必要がある．すなわち，個人から家族・友人などの人間的環境，衣食住生活などの社会的環境，エネルギーなどの自然的環境が相互に作用し合って生活は成り立っていると考える．そのため，個人がどのように周囲の環境に関わるかによって生活の総体は変化する．

このような「生活」の捉え方に依拠して，高等学校共通教科「家庭」の目標の中では，「人間の生涯にわたる発達と生活の営みを総合的に捉え，家族・家庭の意義，家族・家庭と社会との関わりについて理解を深め，自分や家庭，地域の生活を主体的に創造しようとする実践的な態度を養う」こととしている[8]．見方・考え方の4視点は，これらの資質・能力を鍛える視点であるとともに，深い学びによって生活概念の形成を助ける視点でもある．

一方，「生活の営みに係る見方・考え方」に示される視点は，家庭科で扱う全ての内容に共通する視点であり，相互に関わり合うものである．したがって，児童・生徒の発達の段階を踏まえるとともに，取り上げる内容や題材構成等によって，いずれの視点を重視するのかを適切に定めることが大切である．しかしながら，見方・考え方を働かせる際の4視点を学習内容ごとに単独で対応させて強調することが「生活の営みを総合的に捉える」という家庭科の独自の使命を見失うことにならないよう留意しなければならない．主として捉える視点が示されているが，生活事象によって捉える視点や捉える重さが決まっているわけではない．

家庭科で育成する資質・能力や学習対象を俯瞰しつつ，4視点を意識することによって，知識を相互に関連付けてより深く理解したり，情報を精査して考えを形成したり，問題を見いだして解決策を考えたり，思いや考えを基に創造したりすることが可能になる．

第3節　小・中・高等学校の学習内容の系統性

1．小・中・高等学校の学習内容の3つの捉え方

今回の改訂学習指導要領では，小・中・高等学校の学習内容を次の3点から捉えて，内容の系統性が明確になるように示されている．

まず，児童生徒の発達を踏まえ，小・中・高等学校の各内容の接続が見えるように，小・中学校においては，「A家族・家庭生活」「B衣食住の生活」「C消費生活・環境」の同じ3つの枠組みに整理された．この枠組みは，上述した「生活の営みに係る見方・考え方」

も踏まえたものである．中学校で学習する知識及び技能が小学校での学習とつながり，高等学校の学習に発展していくものとして，各内容各項目の指導が系統的に行えるように設定されている．

また，空間軸と時間軸という2つの視点から学校段階に応じて学習対象が明確になるように示されている．空間軸の視点では，家庭，地域，社会という空間的な広がりから，時間軸の視点では，これまでの生活，現在の生活，これからの生活，生涯を見通した生活という時間的な広がりから学習対象を捉えて，指導内容が整理された．

さらに，生活の中から問題を見いだし，課題を設定し，解決方法を検討し，計画・実践，評価・改善するという一連の学習過程を重視し，この過程を踏まえて基礎的な知識・技能の習得に係る内容と，それらを活用して思考力・判断力・表現力等の育成に係る内容が整理して示された．

2. 小・中・高等学校の系統性の明確化

各学校段階の特徴は次の通りである．小学校は，家族の一員として家庭の仕事に協力するなど，家庭生活を大切にする心情を育むための学習活動や，家族や地域の異世代の人々と関わるなど，人とよりよく関わる力を育成するための学習活動，食育を一層推進するための食事の役割や栄養・調理に関する学習活動を充実する．また，消費生活や環境に配慮した生活の仕方に関する内容を充実するとともに，他の内容との関連を図り，実践的な学習活動を一層充実する．さらに，主として衣食住の生活において，日本の生活文化の大切さに気付く学習活動を充実する．さらに，学習した知識・技能を実生活で活用するために，家庭や地域と連携を図った生活の課題と実践に関する指導事項を設定することや，基礎的な知識・技能を確実に身に付けるために，一部の題材を指定している．

中学校は，家庭の機能を理解し，家族や地域の人々と協働することや，幼児触れ合い体験，高齢者との交流等，人とよりよく関わる力を育成するための学習活動，食育を一層推進するための中学生の栄養と献立，調理や食文化などに関する学習活動を充実する．また，金銭の管理に関する内容や，消費生活や環境に配慮したライフスタイルの確立の基礎となる内容を充実するとともに，他の内容との関連を図り，実践的な学習活動を一層充実する．主として衣食住の生活において，日本の生活文化を継承する学習活動を充実する．さらに，学習した意識・技能を実生活で活用するために，家庭や地域社会と連携を図った「生活の課題と実践」に関する内容を充実する．

高等学校では，少子高齢化等の社会の変化や持続可能な社会の構築，食育の推進等に対応し，男女が協力して主体的に家庭を築いていくことや親の役割と子育て支援等の理解，

高齢者の理解，生涯の生活を設計するための意思決定や消費生活や環境に配慮したライフスタイルを確立するための意思決定，健康な食生活の実践，日本の生活文化の継承・創造等に関する学習活動を充実する．また，これらの学習により身に付けた知識・技能を活用して，「ホームプロジェクト」や「学校家庭クラブ活動」等，主体的に取り組む問題解決的な学習を一層充実する．

「家庭基礎」では，子どもを産み育てることや子どもと関わる力を身に付けるなどの乳児期に関する内容や，高齢者の生活支援技術の基礎に関する内容を充実する．また，自立した生活者として必要な衣食住の生活や生活における経済の計画などの実践力の定着を図るための学習活動を充実する．「家庭総合」では，乳児との触れ合いや子どもとのコミュニケーション，高齢者の生活支援技術，グローバル化に対応した日本の生活文化等に関する内容を充実する．また，生活を総合的にマネジメントできるように，健康や安全等を考慮するとともに生活の価値や質を高める豊かな生活を創造するための実践力を身に付ける学習活動を充実する．

アクティビティ

1. 現代の子ども達が抱えている生活課題とその要因について調べてみよう．
2. 子ども達と関わり，彼らが何に関心をもっているか，現在どのような衣食住生活を送っているのか，将来の生活についてどのように考えているのか，直接知る機会をつくって記録しよう．

引用・参考文献

1) 中央教育審議会『幼稚園，小学校，中学校，高等学校及び特別支援学校の学習指導要領等の改善及び必要な方策等について（答申）平成28年12月21日』p.5
2) 同上1) p.455（国立教育政策研究所『平成26，27，28年度全国学力・学習状況調査』）
3) 同上1) p.459（(独) 国立青少年教育振興機構『高校生の生活と意識に関する調査報告書』（2015年8月）より文部科学省作成）
4) 同上1) pp.7-8
5) 東京大学社会科学研究所・ベネッセ教育総合研究所共同研究『子どもの生活と学びに関する親子調査2015』 https://berd.benesse.jp/shotouchutou/research/detail1.php?id=3333
6) 国立教育政策研究所　教育課程研究センター『平成24・25年度小学校学習指導要領実施状況調査報告書』
7) 国立教育政策研究所　教育課程研究センター『平成25年度中学校学習指導要領実施状況調査報告書』
8) 文部科学省『高等学校学習指導要領　家庭編』文部科学省HP　2018
9) 文部科学省『小学校学習指導要領解説　家庭編』東洋館出版社　2018
10) 文部科学省『中学校学習指導要領解説　技術・家庭編』開隆堂　2018

第Ⅱ部

家庭科の授業づくりの基礎

第4章　家庭科の目標や評価をどう設定するのか
―家庭科の目標，指導と評価の一体化―

第1節　家庭科における評価

1．評価とは何か

　学習評価の意義については，2016（平成28）年12月に出された中央教育審議会での答申「幼稚園，小学校，中学校，高等学校及び特別支援学校の学習指導要領等の改善及び必要な方策等について」の中に，以下の3点について述べられている．
　○学習評価は，学校における教育活動に関し，子ども達の学習状況を評価するものである．「子ども達にどういった力が身に付いたか」という学習の成果を的確に捉え，教員が指導の改善を図るとともに，子ども達自身が自らの学びを振り返って次の学びに向かうことができるようにするためには，この学習評価の在り方が極めて重要であり，教育課程や学習・指導方法の改善と一貫性を持った形で改善を進めることが求められる．
　○子ども達の学習状況を評価するために，教員は，個々の授業のねらいをどこまでどのように達成したかだけではなく，子ども達一人ひとりが，前の学びからどのように成長しているか，より深い学びに向かっているかどうかを捉えていくことが必要である．
　○また，学習評価については，子どもの学びの評価にとどまらず，「カリキュラム・マネジメント」の中で，教育課程や学習・指導方法の評価と結び付け，子ども達の学びに関わる学習評価の改善を，更に教育課程や学習・指導の改善に発展・展開させ，授業改善及び組織運営の改善に向けた学校教育全体のサイクルに位置付けていくことが必要である．

　家庭科においては，児童・生徒の日々の家庭生活から学習課題を設定するために，子ども達が有している価値観や課題意識はもちろんのこと，生活経験などの違いによっても身に付いている知識や技能にも差のあることが考えられる．ゆえに，授業前にはその状況をしっかりと確認することが求められ，その上での目標設定が不可欠である．また，実

践的・体験的な活動を通して学習活動が行われることが多いことから，その方法が目標と同義で捉えられがちなところもあるが，どのような力を身に付けるための学習活動であったのか，また学習活動を通してどのような力が身に付いたのかを，常に照らし合わせながら見取ることが重要である．

2. 評価の種類と特徴

評価は長い間，相対評価（集団に準拠した評価）が主として用いられてきたが，2000（平成12）年12月の教育課程審議会答申の「児童生徒の学習と教育課程の実施状況の評価の在り方について」で，絶対評価（目標に準拠した評価）に改められた．その理由として，基礎的・基本的な学習内容の確実な習得を図る観点から，児童一人ひとりの学びの状況や目標実現を的確に把握すること，また教師自身が自らの学習指導の改善に生かすことなどが挙げられる．さらに，最近では，個に応じた指導の充実が重視され，少子化などの影響等により，学校はもちろん学年や学級の規模スケールが小さくなることなどから，評価の客観性や信頼度を持たせるためであるとも言われている．絶対評価における目標とは，学習指導要領に示す目標に照らし合わせ，その達成状況を見取る評価である．したがって，目標設定をいかなるところにおくか，その的確な設定が重要である．

以下では，2つの視点から，評価の種類を分類し，その特徴を記すこととする．

評価者が誰かという視点からは，自己評価，他者（相互）評価，個人内評価の3つの評価がある．

表4-1 評価者による評価の種類

自己評価	学習者自身が自らの学習状況などを振り返り評価すること．学習者自身が授業を振り返り，自らの問題点や課題を見い出すために行う．学習者が自らの適切な目標を設定でき，さらに主体的な学びを促していくことが重要である．
他者（相互）評価	学習者同士がお互い学習状況を評価するもの．自分でも気付かなかった改善点のみならず，自らの成長や学びの深まりなどを知ることにもなり，客観的な評価の視点を持つことにもつながる．
個人内評価	観点別学習状況の評価や評定には示しきれない児童・生徒たちの一人ひとりのよい点や可能性，進歩の状況について評価するもの．

また，診断時期の視点からは，次にあげる3つの評価がある．

表 4-2　評価時期による評価の種類

授業前	診断的評価	新しい単元や題材の学習指導に入る前に行う評価である．レディネステストや事前（プリ）テストなどで実施する場合が多い．どのように学習指導を行っていくのか，児童・生徒の授業前の状況を判断し，学習指導の目標を定めその方向性を定めるために行われる．
授業過程において	形成的評価	単元や題材の間に指導の段階において，児童・生徒の知識・技能等の習得状況を診断し，指導の方法や方向性の修正に生かされるものである．児童・生徒にとって，自らのつまずきに気づき，場合によってはつまずき箇所に戻り，その問題を解決して，学習をさらに進めるために行われるものである．フィードバック機能を持っている．
授業後	総括的評価	事後（ポスト）テストとして，単元・学期・学年末に実施されるものである．学習指導によって児童・生徒の知識・技能等の獲得がどの程度されたのか，学習前後でどのように変化したのかを明らかにするために行われる．

3. 評価方法の種類と特徴

評価方法においては，表 4-3 に示したように様々な方法がある．

「筆記による評価」は，さらに，誰が評価をしても同じ結果が出せる一斉テストなどに用いられるような「客観テスト」式と，児童・生徒が問いに対して解答などを考えて自由に記述する「自由記述式」がある．

一方，「筆記による評価」に対して，「パフォーマンスにもとづく評価」がある．「パフォーマンス課題による評価」としては，レポートや実習での作品などによる「完成作品の評価」，口頭発表やディベート，実技試験など「実演の評価（実技試験）」がある．さらに，「観察や対話による評価」としては，学習活動の観察や発問・口頭試問など学びの「プロセスに焦点をあてる評価」がある．課題によっては，「完成作品の評価」「実演の評価（実技試験）」「プロセスに焦点をあてる評価」を総合的に取り入れることもある．

表 4-3　様々な評価方法

筆記による評価 （筆記試験・ワークシートなど）		「客観テスト」式	多肢選択問題，正誤問題 順序問題，組み合わせ問題 穴埋め問題　　　　　　　　　など	ポートフォリオ評価法
		自由記述式	短答問題，KJ法，イメージマップ，文章，絵　　　　　　　　　　　など	
パフォーマンスにもとづく評価	パフォーマンス課題による評価	完成作品の評価	レポート，製作物 小論文，図表　　　　　　　　　　など	
		実演の評価（実技試験）	口頭発表，ディベート 実技試験　　　　　　　　　　　　など	
	観察や対話による評価	プロセスに焦点をあてる評価	活動の観察，発問 口頭試問，発表 話し合い　　　　　　　　　　　　など	

出所）田中耕治編著『新しい教育評価の理論と方法 第Ⅰ巻 理論編』日本標準，2002，p.3．筆者一部改変

しかし，最近では，「筆記による評価」においても，一問一答で解答できるものだけではなく，「この課題を解決するために，あなたが知っておかなければならないこと，またできるようになっていたらよいことなどを具体的にあげながら，その解決方法とその工夫点について解答しなさい．」等といった，様々な問題や課題が開発され，「筆記による評価」と「パフォーマンスにもとづく評価」の違いは明確ではなく，むしろ「筆記による評価」も「パフォーマンスにもとづく評価」の一部と考えられることもある．さらに，上記の評価方法を総合的に用いる「ポートフォリオ評価法」もある．

第2節　教科および分野の目標と目標に準拠した評価

学習指導要領においては，小学校・中学校・高等学校いずれの校種の家庭科の目標において，「生活の営みに係る見方・考え方」という言葉が新たに入り，それらを働かせた上で，従来からの教科目標到達に臨んでいくこととされている．この「生活の営みに係る見方・考え方」の視点は，さらに家庭科という教科においては，「協力・協働」「健康・快適・安全」「生活文化の継承・創造」「持続可能な社会の構築」の4つの視点を示している．具体的にいえば，家族・家庭生活に関する内容においては，主として「協力・協働」，衣食住の生活に関する内容においては，主として「健康・快適・安全」や「生活文化の継承・創造」，さらに，消費生活・環境に関する内容においては，主として「持続可能な社会の構築」の視点から物事を捉えていくことと述べられている．

また，現在，学習状況を捉える上で，観点別学習状況の評価と，総括的に捉える評定とが，絶対評価（目標に準拠した評価）として実施することが明確にされている．評価の観点については，学習指導要領では，家庭科における目指す資質・能力を（1）「知識及び技能」，（2）「思考力，判断力，表現力等」，（3）「学びに向かう力，人間性等」と3つの柱として再整理された．

1．目標に準拠した評価

小学校，中学校，高等学校における，上記の3観点に基づく，家庭科，技術・家庭科（家庭分野）において育成を目指す資質・能力は，第3章第2節表3-3に示した通りである．以下では，それぞれの観点では何を見取るのか，またどのような方法で評価するのが適切なのかを概観することとする．

(1)「知識及び技能」

学習を通して習得した知識は，単にそれを再生するだけでなく，一定の文脈の中で再構成して再び表すことができるかどうかを評価するものである．それには，ワークシートなどで概念の再構成化や概念図のようなもので知識の関連付けを行う．また，技能においても，単にできるかできないかを見取るのではなく，様々な資料から情報を収集・選択して，読み取ったりする「技能」と，それらを用いて図表や作品などにまとめたりする際の「表現」とをまとめて見取る観点である．

(2)「思考力・判断力・表現力等」

従前からの，基礎的・基本的な知識・技能を活用しつつ，各教科の内容に即して考えたり，判断したりしたことを，児童・生徒の説明・論述・討論などの言語活動等を通じて評価するものである．つまり，思考・判断した過程や結果を，様々な学習活動等を通じて児童・生徒がどのように表出しているかについて見取る観点である．

(3)「学びに向かう力，人間性等」

その単元や題材における「知識及び技能」および「思考力・判断力・表現力等」の観点の定着に密接に関係する重要な要素の育成に対して，主体的に取り組むかを評価するものである．つまり，1時間の授業で育成されるものではなく，単元や題材を通して学習全体に関わるものである．単元や題材の最初に解決すべき課題や評価規準・評価方法の概要の理解し，単元や題材の学習を通して行う学習や目的・課題と内容の理解をし，単元や題材終了時に学習の振り返りとして，学習した意義や学びの意義，自分自身への気付き・変容に気付き，新たな疑問や課題がさらに生じたこと等を見取る観点である．ただし，「学びに向かう力・人間性等」に示された資質・能力には，感性や思いやりなど幅広いものが含まれ，これらは観点別学習状況の評価になじむものではないことから，注意が必要である．

2. 指導および目標と評価の一体化

学習評価をする場合，評価が単なる児童・生徒の値踏みとして終わるのではなく，教師にとっても，学習指導の善し悪しを検証し，その後の指導にフィードバックされ改善に生かされるものでなければならない．つまり指導計画を立案する場合には，学習者の学びを的確に見取れる場面とその最善の方法を精査した評価計画も同時に立案することが重要となる．家庭科においては，実践的・体験的な学習活動を通して授業を行うことが多いので，ともすると，学習方法が学習目標となりがちではあるが，題材や毎時間ごとのゴー

ルである目標をしっかり立てて，指導と評価の一体化を目指していくことが大切である．

2020（令和2）年3月には，国立教育政策研究所から，小学校，中学校の学習指導要領に対応した「『指導と評価の一体化』のための学習評価に関する参考資料」が公表された．この中では，評価規準の作成および評価の実施などについて示され，「内容のまとまりごとの評価規準」による学習評価の進め方が具体的に提案されている．表4-4には，学習指導要領の内容と内容のまとまりごとの評価規準の関係について，一例として，「A 家族・家庭生活」の（2）幼児の生活と家族の場合について示した．

表4-4　学習指導要領の「2 内容」及び「内容のまとまりごとの評価規準（例）」
〜「A 家族・家庭生活」(2) 幼児の生活と家族 の場合〜

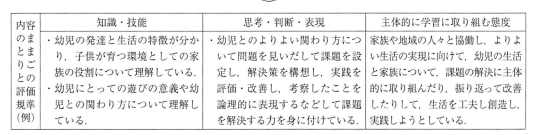

学習指導要領2内容	知識及び技能	思考力，判断力，表現力等	学びに向かう力，人間性等
	ア　次のような知識を身に付けること． （ア）幼児の発達と生活の特徴が分かり，子供が育つ環境としての家族の役割について理解すること． （イ）幼児にとっての遊びの意義や幼児との関わり方について理解すること．	イ　幼児とのよりよい関わり方について考え，工夫すること．	※内容には，学びに向かう力，人間性等について示されていないことから，該当分野の目標（3）を参考にする．

内容のまとまりごとの評価規準（例）	知識・技能	思考・判断・表現	主体的に学習に取り組む態度
	・幼児の発達と生活の特徴が分かり，子供が育つ環境としての家族の役割について理解している． ・幼児にとっての遊びの意義や幼児との関わり方について理解している．	・幼児とのよりよい関わり方について問題を見いだして課題を設定し，解決策を構想し，実践を評価・改善し，考察したことを論理的に表現するなどして課題を解決する力を身に付けている．	家族や地域の人々と協働し，よりよい生活の実現に向けて，幼児の生活と家族について，課題の解決に主体的に取り組んだり，振り返って改善したりして，生活を工夫し創造し，実践しようとしている．

出所）国立教育政策研究所「『指導と評価の一体化』のための学習評価に関する参考資料 中学校 技術・家庭」（2020）をもとに筆者作成

第3節　家庭科の授業実践と評価

1．観点別学習状況の評価

それぞれの校種ごとの教科および分野の目標に照らし合わせながら，評価の観点が3つの視点から立てられる．学習指導要領の内容のまとまりごとに評価規準に盛り込むべき事項及び評価規準の設定例が示されている．つまり，学習指導案における本時の学習の「目標」や「評価」として記すのは，この評価規準に沿って設定され，評価規準で書かれて内

容を本時の授業に照らし合わせて，より具体的な表現として記す．

また，観点別学習状況について，観点ごとにその実現状況を，毎回の授業ごとに題材のまとまりごとに蓄積していくことになる．その実現状況は，「十分満足できる」状況と判断されるものを「A」，「おおむね満足できる」状況と判断されるものを「B」，「努力を要する」状況と判断されるものを「C」と，3段階で評価する．この場合，授業における立てる目標を「B」と判断し，「C」となる児童・生徒が出る場合は，その後の手立てが必要になる．

2．授業と評価計画

表4-5は，中学校「技術・家庭」家庭分野の「B 衣食住の生活」(1)～(3)の指導計画案の例である．第2節の2で述べたように，指導計画を立てる場合に，評価計画も綿密に立てることが重要である．また，一つの内容のかたまりといった題材ごとに，3観点の学習状況が揃っていることが求められる．1時間の授業のみで複数の評価規準を立て，それを見取ることはかなり難しいので，1時間の授業では，1～2観点を評価規準とするのが望ましい．

表4-5 中学校「技術・家庭」家庭分野の「B 衣食住の生活」
(1)～(3)の指導計画案（22時間扱い）

	時数	段階 ○ねらい ・学習内容	☆目指す生徒の姿【評価の観点】
健康と食生活 ①	7	○自分の食生活と健康のかかわりに気付かせる． ・前日の食事を思い出し書かせ，栄養バランスの適否を見直しながら，自分の食事と健康について振り返りをさせる．	☆食事の役割や健康とのかかわりについて関心をもっている．【学・人】
		○小学校で学習した3色食品群と6つの基礎食品群の関連を考えることを通して，栄養素の働きや栄養素と食品とのかかわりを理解させる． ・5大栄養素と6つの基礎食品群との関連をまとめさせる． ・食品に含まれる栄養素と水のはたらきをまとめさせる．	☆3色食品群と6つの基礎食品群の関連や，5大栄養素などの働きを理解している．【知・技】 ☆6つの基礎食品群の各群で摂取できる栄養素の特徴をまとめることができる．【知・技】
		○献立に用いられた食品を，食品成分表を用いて，6つの基礎食品群に分けることができるようにする． ・食品成分表を用いて，その食品に含まれる栄養素の特徴を見つけ，6つの基礎食品群に分類させる． ・食事記録を食品群に分類し，栄養バランスの点検をさせる．	☆食品を6つの基礎食品群に分類し，さらに「穀類」「乳類」などの食品群に分けることができる【知・技】 ☆6つの基礎食品群を用いて，自分の食事記録を点検することができる．【知・技】
		○中学生に必要な栄養の特徴を理解させる． ・一汁三菜の食膳形式で摂取できる栄養素を見つけさせ，食膳形式の役割をまとめさせる． ・自分の1日の食事記録を伝統的な食膳形式にあてはめ，栄養のバランスを見直させ，改善案を考えさせる．	☆自分の食事記録を一汁三菜の食膳形式に振り分けることができる．【知・技】 ☆自分の食事記録を伝統的な食膳形式にあてはめ，栄養のバランスがよい献立を考えることができる．【思・判・表】

題材名	時数	ねらい・学習活動	評価規準
食品の調理①	2	○野菜を用いた基礎的な日常食の調理ができるようにする． ・実習1（きゅうりのおかか和え） ・実習2（ほうれん草の卵とじ）	☆食塩による野菜の変化を理解して調理ができる．【知・技】 ☆安全な加熱調理の重点を理解して調理ができる．【知・技】
健康と食生活②	2	○食事記録の見直しを通して，自分の食事の改善方法を考えさせる． ・不足しがちな3群4群を摂取するための工夫を考えさせる． ・中学生向けの1食分の献立を考えさせる．	☆中学生に必要な1日の食事の量をふまえて，献立を工夫することができる．【思・判・表】 ☆栄養のバランスがよい中学生向けの1日分の献立を考えることができる．【思・判・表】
食品の調理②	4	○野菜を用いた基礎的な日常食の調理ができるようにする． ・実習3（ジャガイモのきんぴら） ・実習4（けんちん汁）	☆安全な包丁の使い方や加熱調理の重点を理解して調理ができる．【知・技】
		○肉を用いた基礎的な日常食の調理ができるようにする． ・実習5（ハンバーグ）	☆安全な包丁の使い方や加熱調理の重点を理解して調理ができる．【知・技】 ☆加熱による肉のたんぱく質の変化について理解して調理ができる．【知・技】
		○魚を用いた基礎的な日常食の調理ができるようにする． ・実習6（鮭のムニエル）	☆加熱による魚のたんぱく質の変化について理解して調理ができる．【知・技】
食品の選択	2	○用途に応じて食品を選択できるようにする． ・様々な食品を衛生的に保存するための工夫を見つけさせ，生鮮食品や加工食品の良否を見分けさせる． ・様々な食品のラベル表示を読んで，食品添加物の用途や役割を推測させる．	☆生鮮食品や加工食品の表示の意味を読み取り，食品の保存方法について理解している．【知・技】
地域の食文化	3	○地域の食文化について理解させる． ・地域または季節の食材を用いること，地産地消の意義について考えさせる．	☆地域または季節の食材を用いることの意義について理解している．【知・技】
		○地域の食材を用いた和食の調理が適切にできるようにする． ・実習7（三平汁）	☆だしを生かした和食の煮物または汁物の調理ができる．【知・技】
これからの食生活	2	○自分の食生活の改善したいところを明確にして，中学生向けの献立と食生活について考えさせる． ・食事記録をもとに，献立の課題と改善案を見つけさせる． ・中学生の時期に特に必要な栄養素を摂ることができるハンバーグを主菜として献立を考えさせる．	☆自分の考えた献立の課題を見付け，改善案を考えることができる．【思・判・表】 ☆中学生の時期の栄養の摂り方の特徴について，今後の自分の食事とかかわらせて考えることができる．【学・人】

出所）「教育実習の手引き 平成29年度」北海道教育大学旭川校, p.139, 筆者一部改変

第4節　新たな評価方法と家庭科

1. パフォーマンス評価

　パフォーマンス評価をする上で重要になるのが，「パフォーマンス課題（performance task）」である．西岡[6]によると，パフォーマンス課題とは，リアルな文脈の中で，様々な知識やスキルを応用・総合しつつ何らかの実践を行うことを求める課題である．従前からの筆記テストなどは，幅広い知識を覚えているかを評価するには適している．しかし，文脈の中で知識やスキルを使いこなす能力を評価しようと思えば，パフォーマンスの評価の必要性が出てくる．ゆえに，パフォーマンス課題には，「本質的な問い」と「永続的理解」に対応させて作られることが有効だと指摘されている．「本質的な問い」とは，カリキュラムや教科の中心にあり，探究を促したり，本質的な内容を看破することを促進したりするような問いである．また，「永続的理解」とは，数年たって詳細を忘れた後でも身に付けておいて欲しい重要な理解である．「永続的理解」は，学問の中心にあり，新しい状況に転移可能なものである．また，学校の授業だけでなく，生活や社会などの様々な場面や状況において価値をもつような理解となる．

　表4-6には，馬越教諭による中学校第2学年の生徒を対象とした，「補修の目的と布地に適した方法を選択し，丈夫できれいに補修ができている」で設定されたパフォーマンス課題を一例として挙げた．この場合，先に述べた内容的な「本質的な問い」とは，「どうすれば，快適な衣生活を送ることができるのか」であり，より具体的になると「快適な衣生活を送るための衣服の補修とはどのようなものなのか」となる．それを踏まえた上で，「永続的な理解」とは，丈夫できれいに仕上げる補修において，どのような「縫い方」「糸の種類」「（必要な）道具の扱い」「ほどけている部分の処理」が必要かということになる．

　上記のようなパフォーマンス課題を題材において課す場合は，より実際の生活に照らし合わせた場面を設定し，知識や技能を使いこなす（活用・応用・統合する）ことを求めるような評価方法である．第1節の3の様々な評価方法でも述べたように，レポートや小論文，製作物，発表やプレゼンテーションなど，児童・生徒達が協同での問題解決や実技など実演いったパフォーマンスを，総合的に評価しようとするものである．

　また，パフォーマンス評価を実施する場合には，その評価のための評価規準が必要となる．それがルーブリックである．

第4章　家庭科の目標や評価をどう設定するのか―家庭科の目標，指導と評価の一体化―　47

表 4-6　パフォーマンス課題の一例

> ズボンの補修をしよう
>
> 　日曜日，家でテレビを観てくつろいでいると，先ほど出かけたはずの家族が困った顔をして帰ってきました．どうしたのか聞いてみると，バスに乗るために急いで道路を走っていたらつまずいて転んでしまい，お気に入りのズボンが破れてしまったというのです．家族はあなたに補修を頼んできました．次の条件を考えながら補修をしてあげましょう．
> 1　次のバスの時間に間に合わせるために，30分以内に仕上げる．
> 2　補修した部分が再び破れないように，丈夫に仕上げる．
> 3　補修した部分が目立たないように，きれいに仕上げる．
>
> 【注意事項】上記の3つの条件を考えながら補修をしてください．道具は以下のものがあります．使用するかしないかは自分で判断してください．
> 〈作業台に用意しているもの〉ミシン，裁縫道具，ゴミ箱
> 〈教卓に用意しているもの〉アイロン，アイロン台，ミシン糸，ボビン，しつけ糸，手縫い糸

出所）広島県立教育センター　平成27年度教員長期研修（前期）各研修内容
　　　http://www.hiroshima-c.ed.jp/center/wp-content/uploads/kenkyu/choken/h27_zennki/zen11.pdf
　　　「生活の中で活用できる技能を育成する家庭科学習指導の工夫―パフォーマンス課題を取り入れた衣服の補修の学習を通して―」大竹市立大竹中学校馬越幸子

2．ルーブリック評価

　成功の度合いを示す数レベル程度の尺度と，それぞれのレベルに対応するパフォーマンスの特徴を示した記述語（評価規準）からなる評価規準表を指す．ルーブリックは，自由記述問題やパフォーマンス課題など，○×で評価できない評価方法で採点指針として用いられる．パフォーマンスの質のレベルを規定する基準（criteria）を示すものであり，場合によっては徴候（indicators）を含む．評価される特定のパフォーマンスに典型的な行動や形跡，基準が満たされた状況を具体的に示す特徴の例を指すものである．

　以下には，先にあげた馬越教諭による中学校第2学年の生徒を対象とした，パフォーマンス課題を取り入れた衣服の補修の学習，「補修の目的と布地に適した方法を選択し，丈夫できれいに補修ができている」で用いられたルーブリックの一例である．第1時と第6時に，パフォーマンス課題に取り組ませ，その変容を分析している．この場合のパフォーマンス課題は，ズボンの股上の縫い目と，裾のまつり縫いがほどけている状態となっており，ルーブリックを基に股上と裾を評価している．また，パフォーマンス課題取組後は，提示された条件を満たして補修するために思考し判断したことをワークシートに記述させている．パフォーマンス課題として用いられたワークシートを図4-1に，ルーブリックを表4-7に示した．

1 補修した部分を○で囲み,縫った順番に①②③…の番号を書いてください.

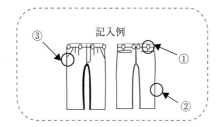
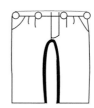

2 丈夫できれいに仕上げるためにどのようなことを考えて補修をしましたか.下の表に,補修した部分ごとに,したことと,その理由を,様々な視点(縫い方,糸の種類,道具類の扱い,ほどけている部分の状態など)から考えて書いてください.

図 4-1 パフォーマンス課題取組後のワークシート

出所) 広島県立教育センター 平成 27 年度教員長期研修(前期)各研修内容
http://www.hiroshima-c.ed.jp/center/wp-content/uploads/kenkyu/choken/h27_zennki/zen11.pdf
「生活の中で活用できる技能を育成する家庭科学習指導の工夫 ― パフォーマンス課題を取り入れた衣服の補修の学習を通して ―」大竹市立大竹中学校馬越幸子

表 4-7 中学校家庭科衣生活分野におけるルーブリックの一例

観点		技 能
具体的な評価の観点		補修の目的と布地に適した方法を選択し,丈夫できれいに補修ができている.その際,次の①②③を満たしている. ①補修の目的と布地に適した方法で補修ができている. ②日常の動作で簡単にほどけないよう丈夫に縫われている. ③縫い目が整っており,衣服の表・裏のどちらから見てもきれいに仕上がっている.
評価	A+	①②③を満たし,非常にきれいな縫い目で,丈夫に仕上げる工夫がされている.
	A	①②③を十分満たし補修ができている.
	B	縫い目が多少乱れているところはあるが,①②③を概ね満たし補修ができている.
	C	補修の目的と布地に適した方法で補修をしているが,縫い目が目立つ,引きつりがある,糸が目立つなど,見た目の悪い点がある.または,少しの力で簡単にほどけてしまうなど,丈夫さに欠ける.
	D	裾をミシンで縫う,表裏を間違えるなど,補修の目的と布地に適さない方法で補修している.または,補修の途中である.
	E	縫えていない.
観点		思考・判断
具体的な評価の観点		補修の目的と布地に適した丈夫できれいに仕上がる方法を思考し判断したことの理由を明確にして,次の4つの視点で記述できている. ①縫い方(ミシン縫いとまつり縫いの区別をする.裏返して中表で縫う.) ②糸の種類(布地の色と似た色の糸を選択する.) ③道具の扱い(チャコペン,まち針,アイロンなどを適切に使用する.) ④ほどけている部分の処理(もとの縫い目に1~2cm重ねて縫う.ほどけている部分の糸を始末する.)
評価	A+	①~④の視点で,適切に思考し判断したこととその理由を明確に記述している.さらに,自分なりに考えて工夫したことが記述できている.
	A	①~④の視点で,適切に思考し判断したこととその理由を明確に記述している.
	B	適切に思考し判断したこととその理由を明確に①~④の中で三つ記述できている.

	C	適切に思考し判断したこととその理由を明確に記述できていない視点が①～④の中で二つある.
	D	①～④の視点で,適切に思考し判断したこととその理由を明確に記述できていない視点が三つある.
	E	記述できていない.

出所) 広島県立教育センター　平成 27 年度教員長期研修（前期）各研修内容
http://www.hiroshima-c.ed.jp/center/wp-content/uploads/kenkyu/choken/h27_zennki/zen11.pdf
「生活の中で活用できる技能を育成する家庭科学習指導の工夫 ― パフォーマンス課題を取り入れた衣服の補修の学習を通して ― 」大竹市立大竹中学校馬越幸子

3. ポートフォリオ評価

　児童・生徒の作品，自己評価の記録，教師の指導と評価の記録などを，系統的に蓄積していくものである．ポートフォリオ評価とは，ポートフォリオ制作を通して，児童・生徒の学習に対する自己評価を促すとともに，教師も児童・生徒の学習活動と自らの教育活動を評価するアプローチのことを指す．

　家庭科においては，従前からも授業などで配布するワークシートや製作した作品などの記録を残したり，問題解決的な学習を進めていく上で，実践的・体験的な活動を通して，意見交流や様々な試行錯誤をしていく過程での記録を残し，知識・理解や技能だけに偏らない学習評価をしてきた．しかし，その蓄積したものを，教師にとっての学習指導や，学習者の児童・生徒にとって学びの過程が見え，それを振り返りながら自身の軌道修正などを行うなど，学習活動にさらに生かしていくという点では，まだ改善の余地がある．今後，パフォーマンス課題を課して行く中で，従前からの筆記による評価と共に複合的な評価を行っていく上で，有効な評価方法である．

|アクティビティ|

1. 高等学校「家庭」の題材を一つ選択し，指導計画を評価計画が十分生きるように立ててみましょう．
2. 中学校「技術・家庭」家庭分野の消費生活・環境分野におけるパフォーマンス課題を挙げ，それに必要な評価方法とルーブリックを作成してみましょう．

引用・参考文献
1) 田中耕治編著『新しい教育評価への挑戦 新しい教育評価の理論と方法 第Ⅰ巻 理論編』日本標準，2002．
2) 西岡加名恵・石井英真・田中耕治『新しい教育評価入門 ― 人を育てる評価のために』有斐閣，2015．
3) 梶田叡一『教育評価＝学びと育ちの確かめ＝』放送大学教育振興会，1995．
4) 文部科学省『小学校学習指導要領（平成 29 年告示）解説 家庭編』東洋館出版社，2018．
5) 文部科学省『中学校学習指導要領（平成 29 年告示）解説 技術・家庭編』開隆堂，2018．
6) 西岡加名恵編著『「資質・能力」を育てるパフォーマンス評価 アクティブ・ラーニングをどう充実させるか』明治図書，2016．
7) 馬越幸子『平成 27 年度教員長期研修（前期）各研修内容』，広島県立教育センター，2015．
8) 国立教育政策研究所「『指導と評価の一体化』のための学習評価に関する参考資料」，2020．

第5章 家庭科の授業をどう組み立てるのか
― 授業設計 ―

第1節 授業のストーリーづくり

　授業は，一つの流れの中で作るものである．1時間の授業が単独で存在するわけではない．したがって，授業を組み立てる前に，教師は授業のストーリーづくりを行うこととなる．基本となる柱は，家庭科の教科理念に基づいて設定された小・中・高等学校の各学校段階における目標である．そして，どのような教育内容で目標を達成するのか，あるいは，どのような内容を教える必要があるのかを検討し，それぞれ小・中・高等学校の内容を構成する．隣接する学校段階等との関連を考慮することも忘れてはならない．本章では，具体的な手順を追って，授業設計について見ていく．

1. 年間指導計画の作成

　年間指導計画とは，1年を通じて，どの時期に，どういった内容を，どの程度の時間を使って学習していくかを記した計画書である．例えば中学校の場合，年間の指導時数は1年次35時間，2年次35時間，3年次17.5時間とされている．それを，どういった題材（単元）構成でどのように時数配分し，どの学年のどの時期に位置づけるか，3年間を見通した計画書を作成するのである．題材とは，ひとまとまりの指導内容と考えてよい．題材はいくつかの小題材で構成されるものである．表5-1は，河村尚代教諭作成の中学校家庭科年間指導計画である[1]．年間指導計画を作成するにあたっては，次のようなことを考慮する．
　○家庭科の目標との合致．どのような子どもを育てるか，具体的な子ども像を描く．
　○学習指導要領及び教科書と照らし合わせ，学習内容を列記する．
　○学習内容を組み合わせ，題材を設定する．
　○題材の配列及び，題材ごとの時間数の配分を行う．
　○題材の配列は，児童生徒の実態，季節や学校行事を考慮しながら，決定する．
　○学校目標との整合性や関連などを照合する．

表 5-1 中学校家庭科年間指導計画（河村尚代作成）

	1年			2年			3年		
	題材名	小題材名	時数	題材名	小題材名	時数	題材名	小題材名	時数
4月	家族・家庭と地域	・ガイダンス ・家庭や家族の機能 ・中学生としての自立	1 1 1	衣生活と自立	・衣服の働き ・目的に応じた着用 ・個性を生かす服装 ・衣服の計画的な活用 ・既製服の選択と購入 ・衣服の手入れ ・和服	8	幼児の生活と家族	・幼い頃の振り返り ・幼児の体の発達 ・幼児の心の発達 ・幼児の生活習慣の習得 ・ワッペンづくり	6
5月	食生活と栄養	・食事の役割 ・健康に良い食習慣 ・栄養素の種類と働き ・中学生に必要な栄養素 ・食品に含まれる栄養素	7						
6月		・6つの食品群 ・食品群別摂取量の目安		生活を豊かにするために	・生活を豊かにする工夫 ・製作の計画 ・布を用いた物の製作 （衣生活の課題と実践）	7			
7月	献立作り	・1日分の献立 ・生鮮食品 （食生活の課題と実践）	3						
9月	調理と食文化	・日常食の調理（魚・野菜）	4	私たちの消費生活	・消費者としての自覚 ・販売方法と支払方法 ・商品の選択と購入 ・消費者トラブル ・消費者の権利と責任 ・よりよい消費生活を目指して	7	幼児の生活と家族	・幼児の生活と遊び ・幼児のためのおやつ作り	3
10月									
11月		・地域の食文化 ・地域の食材を生かした調理 （食生活の課題と実践）	8	環境に配慮した消費生活	・エネルギー消費と環境 ・持続可能な社会を目指そう	3		・幼児との触れ合い ・子どもにとっての家族	6
12月				調理	調理実習（肉）	3			
1月	食品の選択	・加工食品 ・食品の選択と購入 ・食品の保存と食中毒の防止	8	住生活と自立	・住まいの役割 ・生活行為と住空間 ・日本の住まいと住まい方 ・安全で安心な住まい ・健康でよりよい住生活を目指して	7	家族・家庭と地域	・これからの私と家族 ・家庭生活と地域との関わり	3
2月									
3月	よりよい食生活を目指して	・よりよい食生活を目指して	2						

出所）山口大学教育学部附属光中学校　河村尚代教諭より提供を得た

2. 学習指導案

　学習指導案とは，教師が授業をどのように進めていくかを記した学習指導の計画書である．授業者にとっては，これから行おうとする授業のねらいや学習方法，使用する教材などを明らかにすることで，はっきりとした授業イメージを持って授業に臨むことができる．また同時に，授業参観者が，授業者の意図や学習の流れを知ることができ，授業評価

表 5-2　学習指導案

技術・家庭科学習指導案

2015年11月27日（金）2校時　1年A組　指導者　中井克美

1　題　材　健康な食習慣
2　ねらい　○食塩の効果と問題点を知る．（知識技能）
　　　　　○健康な食習慣を実現させるための家族の食事計画を立てることができる．（創意工夫）
　　　　　○健康な生活のために食習慣を改善していこうとする．（主体的に学習に取り組む態度）
3　学習のとらえ方（題材設定の理由）
(1)　生徒は栄養のバランスのとれた食事の大切さを感じているが，実践力は備わっていない．

　修学旅行中の出来事である．朝食のバイキングで，ロールパンばかり，鶏のから揚げばかりを山盛りにして食事をする生徒が何人もいたことに愕然とした．一方で，生徒は健康な日常生活を営むためには何が大切かと尋ねると，栄養のバランスがとれた食事と答える．そして，授業で栄養の過不足がみられる献立例を示すと，おおむね問題点を指摘することができる．このように頭の中ではバランスのとれた食事の大切さを感じているのだが，実際には，体調を管理するために野菜を多く食べたり，栄養のバランスをよく考えて食べたりする生徒は少ないのかもしれない．これは，ほとんどの生徒の食事を保護者が管理し，生徒自身が食事計画に関わることが少ないため，知識と生活がまだ十分に結びついていないからだと考える．そのため，生徒は，いざ一人で食事を摂るとなると，食事に無頓着でその時満たされれば満足し，健康を考えた食事からはほど遠くなってしまっていると考えた．

(2)　食塩の適切な摂取量を考えることで，将来の健康を意識することができる．

　日本人の食文化は，食塩の恩恵を受けてきた．海産物などの海からの恵みに始まり，食品の貯蔵や発酵にも食塩は欠かすことのできないものである．また誰もが田畑を耕し重労働を強いられた時代は，食塩を摂取しなければ命を落とすことさえあった．しかしながら，現代は生活スタイルの変化から減塩の食生活に移行していく必要がある．2015年度「食事摂取基準」によれば，18歳以上のナトリウム（食塩相当量）の目標値が，高血圧予防の観点から男女ともにこれまでより低く設定されるとともに，小児期からの生活習慣病予防のため，食物繊維とカリウムについて，新たに6～17歳における目標値を設定している．これは，若いうちから意識的に食物繊維やカリウムを多く摂り，将来健康を脅かす可能性がある食塩の過剰摂取を防ぐ食生活を習慣づけることを目的としている．このように日本人の食文化に重要な役割を果たしてきた食塩に着目することで過去を学び，食事摂取基準の改訂から生徒自身や家族の食生活を振り返ることで，将来の健康のための食事を考えることができる．

(3)　食事摂取基準の実態把握と減塩方法に気づくことから，望ましい食習慣を身につけさせたい．

　本題材では，食塩を摂り過ぎになりがちな現代の食生活を意識することで，減塩しながらも豊かな食生活を営むことができる工夫を探り，家族のために実際に調理して検証するといった実践力を磨くことをねらいとした．まず，本時では，食品成分表から食塩相当量を算出し，自分が摂取基準に比べて過剰に摂取している現実を理解させることから始める．生徒は，食品にどの程度ナトリウム（食塩相当量）が入っているか，また1日にどれくらいの食塩を摂っているか，実感がない．そこで，調理済み食品やレトルト食品などに含まれる食塩相当量を知り，調理済み食品やレトルト食品を摂り続けると過剰なナトリウム（食塩相当量）摂取につながることに気づかせる．これにより，食事摂取基準のナトリウム（食塩相当量）の量との差を実感できると考えた．また，年齢別エネルギー消費量や日本の産業構造の変化のグラフから20年後の生活状況を予測し，将来健康のために減塩が必要になってくることを気づかせる．次に，過剰な食塩を摂取しないための工夫を，試飲調査から探る．さらに食事計画では，家族の健康のためにすぐにでも実践できる減塩食を考える．このように，生徒の食習慣の中に減塩の意識を育み，将来自分や家族が生活習慣病にならないようにするためにどのように食塩と付き合っていくのかを考えるきっかけとしたい．

4　学習計画（全6時間）
(1)　食品の保存や加工の技術を知る．……………………………………………………………………1時間
(2)　食塩測定から望ましい食習慣を考える．……………………………………………………2時間（本時1/2）
(3)　家族の健康を考えた食事計画を立て実践する．……………………………………………………3時間

5　本時の学習指導
(1)　主眼　日頃摂取しているナトリウム（食塩相当量）量を知ることで，将来の減塩に備えた生活を考えることができる．

(2) 授業の過程（学習過程表）

学習活動	生徒の反応	指導上の留意点
① 塩の効果について確認し，望ましい食生活について学ぶことを確認する．	・塩は加工時や調理時にさまざまな効果を示している． ・食塩は体に必要な物だ． ・1日に必要な量は分かったが，普段どのくらい摂取しているのか分からない．	① 1日でどれくらい食塩を摂っているか予想させる．
<center>1日にどれくらいの食塩を摂取しているのだろうか</center>		
② 1日のナトリウム（食塩相当量）摂取量を知る． 1人で留守番をすることになった中学1年生が三食ともコンビニやレトルトの食品で食事をした．選んだ食品の食品成分表の食塩相当量から摂取する塩分量を算出する． 例　朝　サンドイッチ，牛乳…1.6g 　　昼　日替わり弁当…5.1g 　　夕　カップラーメン…5.8g 　　間　ポテトチップス，ジュース…0.9g 　　　　〈合計 13.4g〉	・できあいの食品には多くのナトリウム（食塩相当量）がある． ・コンビニの食品やレトルト食品だけでは，栄養のバランスが崩れてしまいやすい．	② グループである中学生の食事を考え，食塩摂取量を計算させる． ・食品成分表からナトリウム（食塩相当量）摂取量を算出させ，気づきを述べさせる． ・食事摂取基準「ナトリウム（食塩相当量）」の目標値を知らせる． <center>男子 8.0g，女子 7.0g</center>
③ 2015年度版食事摂取基準「ナトリウム（食塩相当量）」と20年後のナトリウム（食塩相当量）摂取量の差を比較し，体への影響を考える．	・普段の食事は，1日に必要な量と比べて，「ナトリウム（食塩相当量）」が多い． ・将来運動量が減っていくので，ナトリウムの排泄が少なくなる． ・病気になる（高血圧症，脳卒中等）． ・過剰な食塩摂取は生活習慣病の一因となる．	③ 理想とする摂取量と今の摂取量を20年間摂り続けたときの差を示す． ・20年後には運動量が減少していることに気づかせる． ・20年後，食事摂取基準に則ったナトリウム（食塩相当量）摂取量の場合，男58.4kg，女51.1kgに対し，食塩摂取量（例　13.4gの場合）97.8kgを摂り続けることになることに気づかせる． ・必要に応じて次の資料を示す． 　・年齢別エネルギー消費量 　・日本の産業構造の変化 ・食塩を過剰にとった場合のリスクを確認する．
<center>20年後を健康に過ごすために，減塩を実現する生活はどうしたらよいだろうか</center>		
④ 健康的な生活をするにはどんなことに気をつけたらよいか考える．	・加工食品を減らす． ・外食を減らす． ・しょうゆやソースなどの量を減らす． ・体外に排泄する量を増やすように野菜を摂ったり運動したりする．	④ 過剰な食塩を摂取してしまう原因に留意しながら，今からできる減塩に備えた生活にはどうしたらよいか尋ねる． ・食事摂取基準の「食物繊維」「カリウム」を知らせ，野菜の摂取や運動でナトリウムが排泄されていることを伝える． ・生活を制限するという意見に対しては，そのような生活を受け入れることができるかを尋ねる．
⑤ 本時のまとめをする．	・どうやったら減塩できるのだろうか．	⑤ 次時は減塩のための工夫を考えることを伝える．

（中井克美作成のものに西加筆修正）

や授業に関する協議などの教員研修に役立てることができる．

題材全体の指導計画とともに，本時案を示すのが一般的である．表5-2は，中井克美教諭作成の学習指導案である[2]．以下，表5-2をもとに，具体的にどのような順序で授業を設計するのかを見ていく．

3．題材の指導計画

（1） いつ，どこで，だれが，どのような学習指導を行うのかを明らかにする．

図5-2では，①教科名　②授業実施日時，授業学年・学級　授業者名　③題材名の3点である．上記のほか，授業場所や使用教科書，学級の構成人数などを記すこともある．

（2） 題材全体の目標を明らかにする．

本題材で育成する能力を分析して，児童・生徒に習得させたいことを明確にする．一般的には，知識技能，創意工夫（思考・判断・表現），主体的に学習に取り組む態度（学びに向かう力・人間性等）の3つの柱に沿って示す．

（3） 学習指導全体の方向性を明らかにする．

「題材設定の理由」「指導の方針」などと記されることが多い．表5-2では「学習のとらえ方」と記している．以下の3段落に分けて説明される．3段落の順序が入れ替わってもよい．

1） 教材観

題材を構成する教材について，選択した根拠，教材としての価値を社会的見地から説明する．既習内容や他教科との関連，他題材との関連など，学習の系統性についても明らかにする．

2） 児童・生徒観

本題材で扱う学習内容や教材に関して，児童・生徒の既習知識や生活経験，興味関心の方向，課題など，実際に授業を行う学級の児童・生徒のレディネスを分析して説明する．

3） 指導観

教材観や児童・生徒観を踏まえた指導の工夫点を記述する．例えば，興味関心を引き出すための手だてや，学習課題に迫る指導方法，児童・生徒同士の関わりあいを促す指導形態，教材教具の工夫など，それらをどのように構成して指導を展開するのか説明する．

第5章　家庭科の授業をどう組み立てるのか―授業設計―　55

（4）題材の構成，配列順序，配当時数などを明らかにする．

題材全体の指導計画を立てる．表5-2では，題材全体を6時間で計画し，3つの小題材に区分している．そのうち第2次「食塩測定から望ましい食習慣を考える」に2時間が配当され，本時はその1時間目に位置づくことが明記されている．

4．本時案（授業の展開）

（1）本時の目標を設定する．

題材全体の目標を受けて，本時で達成すべき目標を設定する．具体的で簡潔に1文で述べるのがよい．「～わかる」「～できる」のように，児童・生徒の立場から書くのが一般的である．文末の表現は，学習指導要領や学習指導要領解説との整合性を図り，到達すべき児童・生徒の状況を明確にする．

（2）授業のストーリーを具体化する．（学習指導過程の構想）

学習指導過程は，導入，展開，まとめと大きく3つの過程に分けられる．導入では，学習意欲の喚起などの動機づけ，既習事項の思い起こし，学習課題の明確化などを行う．展開部分は，授業の核心部分であり，思考を深めて新たなものの見方や考え方を引きだす授業の山場である．まとめでは，本時の振り返りや評価，次時へつながる新たな課題の確認などを行う．

学習過程表の書き方は，学習活動と指導上の留意点に分け，時間の経過に沿って計画を記述していく．中心発問を記載することもある．統一した書式はないが，児童・生徒の立場に立った「学習活動」と，教師の立場に立った「指導上の留意点」の2つの欄は必ず設ける．表5-2のように，予想される生徒の反応を記載したものや，評価の観点，学習形態，教具・資料，教育機器を別欄で記載したものも見られるが，指導上の留意点の欄に含めて記載することもできる．学習活動は，「～話し合う」「～調べる」のように，児童・生徒を主とした文末表現とする．一方，指導上の留意点は，「～させる」「～できるようにする」のように教師を主とした文末表現とする．「～のために～する」というように指導の意図と手だての両方を記載すると，授業参観者にとっても授業の具体がイメージしやすく，授業評価にも役立つ．

次に，授業のストーリーづくりである．授業ストーリーは，個々の教師によって異なるものであり，教師の授業構成力が試される．学習活動を検討する際には，児童・生徒の思考の流れを予測し，学習活動につながりを持たせることが重要である．中井実践では，①塩の効果と必要量を知る②自分の塩分摂取状況を知るために，コンビニの総菜を使って

1日分の食事を整える．その結果，塩分摂取に無自覚な状態で食事をすると予想をはるかに上回る塩分を摂取することや，知識と生活実態の乖離に気づく③塩分の過剰摂取による体への影響を知る④反省的思考に立って食生活上の注意点を考える⑤本時のまとめをし，減塩の方法に関心を持つ，という流れで学習活動が構成されている．

学習活動の数は，学習内容によって異なるが，導入からまとめまでで5つ程度にするのが一般的である．特に，小学校段階では，1つの学習活動が長いと集中力を維持できないことがあると知っておこう．

学習活動を活発にするための教師の手だては，十分な児童・生徒理解はもちろんのこと，深い教材研究によって支えられている．授業の良し悪しはここに左右されるといっても過言ではない．中井実践では，コンビニの総菜を並べた絵入りのメニュー表や含有塩分量対照表を作成して配付し，生徒の興味関心を高めるとともに臨場感を演出した．メニュー表には，バナナなどのカリウムを多く含む食品も加えておき，授業後半のナトリウムの排泄効果に役立つ食品を学習する伏線としている．また，20年後を想像させる際に，年齢別エネルギー消費量や日本の産業構造の変化を示す資料を提示し，単なるイメージではなく歴史や事実に基づいて予想させ，問題意識を高めている．こうした教師の着眼と具体的な手だてが，授業を目標達成に導いている．

第2節　教材研究

教材研究とは，教師が授業展開にあたって，子どもに学ばせたい素材・内容を検討し，目標に合った教材・教具を選定した上で，学習方法を選択する研究活動である[3]．教材とは，狭義には教育目標を達成するために児童・生徒に用意する材料，つまり教具を指す．教材を用意するとか，教材を配るとかいう表現を用いる場合は，この意味である．一方，広義にはカリキュラムや題材そのものを指す．教師が授業前に授業構想を立てることも，教材研究にあたる．第1節では，目標を設定し，内容を拾い出し，授業ストーリーを編み出すという流れを述べてきたが，実は，それに並行して教材研究も行われているのである．

1. 教材の要件

家庭科は，生活を学びの対象とする教科であるから，教材は家族や地域の生活事象・生活様式や，生活課題に注目したものがよい．また，家庭科の学習方法として，児童・生徒が体験しながら学べる教材がよい．そしてそれらは，家庭科の背景学問である家政学に裏

付けられる，科学的な根拠や視点を持って説明されるものでなければならない．

山本紀久子は，家庭科の教材の要件として，次の6つを挙げている[4]

> 1　意外性があること
> 2　子どもの発想が生かせること
> 3　生き方を見つめられること
> 4　原材料や原型，生活事象の原点を求められること
> 5　ソーシャルスキルが身につくこと
> 6　家庭科の基礎的能力が強化できること

2．教材研究の方法

ここでは，資料や情報収集の手段について述べていく．

最も手軽で便利な方法は，インターネットによる検索である．インターネット上は圧倒的な情報量で，比較的簡単に大量の情報を入手できる点は，他に類を見ない．ただし，中には信頼性が乏しいサイトもあるので，必ず複数のサイトで事実を確認する必要がある．また，検索ワードを入力して行うこの方法では，意外性のある情報はなかなか手に入らない．

信頼性の高い情報が得られるのは，論文と書籍である．論文と書籍の良い点は，責任の所在がはっきりしていることである．だれが，いつ，何を根拠に，どのような内容を述べているか，明白である．学術論文であればさらに信頼性が高く，教材価値の根拠となりうる．

新聞や雑誌といった生活情報誌は，タイムリーな情報を入手するには最適といえよう．ただし，これらの情報誌は特定範囲の読者を対象に編集されていることや，他社と比較して独自性を出すために主張に一定の方向性を持つことがあると知っておこう．政府や自治体等の刊行物，各種パンフレット，広告なども，情報源として活用できる．

取材・インタビューは，対象者から直接情報を得る方法である．この方法は，時間と手間がかかるが，取材した者だけが得られる貴重な情報を手にすることができる．関係者の生の声や教師が実感を伴って得た情報は，教材化したときに説得力をもつと同時に，教材としてのオリジナル性も高いものになるだろう．教材化するときの注意は，個人情報の取り扱いである．場合によっては，対象者に承諾を得ることも必要となる．また，インタビューの回答には相手の主観も含まれていることを承知しておきたい．

第3節　授業観察の視点

　授業観察にあたっては，次の3つの視点に注目するとよい．
　第1に，授業を観察する際には，事前に学習指導案に目を通し，授業の目標や学習内容，授業構成を理解しておくことである．以下の点に着目して学習指導案を読みとる．
　○本時の目標設定は適切か．
　○導入・展開・まとめで構成されているか．
　○学習活動の数や時間配分は適切か．
　○児童・生徒が主体的に活動する場面が用意されているか．
　○児童・生徒が自身の生活との結びつきを意識できる構成か．実践化への導きがあるか．
　○本時の目標が達成できる学習に流れになっているか．
　○評価の観点や方法が明確か．
　これらの点について，授業観察の中で確認しながら，課題を整理していくことになる．
　第2に，教材解釈と教材・教具についてである．まず，その教材解釈は適切かを問う．それは，目標設定が適切かという，授業設計の根本的な問題に関係している．何を教えるべきか，そのために何を提示し，児童・生徒に何を獲得させるか，授業ストーリーの描き方を問うことである．さらに，使用した教材・教具について着目する．資料，映像，実物，カード，ワークシートなどが適切であったか，使用するタイミングはよかったか，板書は適切かなど吟味する．実習や実験などの学習活動では，教室の環境整備や準備物の確認も含まれる．
　第3に，教師の発言と態度である．話し方（言葉遣い，明瞭さ，スピード），教室全体を見渡す視線，動作（うなづき，身振り手振り，机間指導など）はもちろんであるが，児童・生徒へのかかわり方は重要である．児童・生徒の発言に対する問い返しや言いかえ，関連づけを図りながら，思考の流れが途切れることのないよう，つなぎとまとめの役割を果たせたかである．

第4節　模擬授業

1. 模擬授業の意義

　模擬授業とは，児童・生徒以外を対象とした授業シミュレーションのことである．授業研究を目的として，家庭科教育法の授業の中で行われたり，教育実習のリハーサルとして行われたりしている．ここでは，授業で行う模擬授業を対象に述べていく．

　模擬授業のメリットは，①授業経験ができることである．授業の流れや時間配分はよいか，教材を使用するタイミングや方法は適切か，教師としての態度（声の大きさ，話すスピード，表情，目線の配り方，動作など）はよいか，説明や指示はわかりやすいか，児童・生徒役への対応は適切か，など多くのことを確認できる．どんなに用意周到に計画したつもりでも，実際に行ってみると，学習者との対話の中では，計画通りにすすんでいかないことも多い．授業者としての課題を発見する良い機会である．②授業者と児童・生徒両方の立場を経験することで，授業の課題が明確になる．あいまいな発問や指示，思考の流れが考慮されない展開では，児童・生徒が困惑する．児童・生徒がつまずく要因が理解でき，授業改善の手掛かりがつかめる．③授業観察の力がつく．模擬授業後の協議を重ねることで「授業を見る目」が育つとともに，実践的指導力をつける重要性に気づくことができる[5]．

2. 模擬授業の方法

　授業は1名で行ってもよいし，2〜3名がグループとなって行ってもよい．多人数の授業の場合，まずグループ分けをし，グループごとに教科書ページを指定するなどして学習範囲を設定する．そして，グループ内で各自が持ち寄った指導案を検討し，その話し合いの中で修正した指導案あるいは優れた指導案を選び，代表が授業者となる方法がある．グループで行う場合も，授業者は1名とし，途中で交代するとよい．学校現場での1単位時間は小学校で45分，中・高等学校で50分であるが，模擬授業の場合は，学習活動を短縮するなどして20分程度で実施すると，より多くの授業研究が可能である．

　授業では，授業者以外は児童・生徒役である．小・中・高校生の実態を想像しながら役割を果たすことが，のちの協議を活発にする．また，授業者には，学習指導案のほか，ワークシートや板書計画を事前に提出させておく．

3. 模擬授業の評価

　模擬授業の評価の観点は，第3節に述べた授業観察の視点が基本となるが，項目が多くならないように観察用紙を作成しておくとよい．目標は達成できたか，教材・教具が工夫されているか，学習の流れはよいか，教師の態度は適切か，などの項目を点数化する方法もある．そのほか，良かった点や改善した方が良いと思う点については，自由記述させるとよい．

　授業者にとって，自分が行った授業について意見やアドバイスを受けることはとても良い刺激となる．良い評価を受ければ自信となるし，アドバイスは授業力向上のエネルギーとなる．授業者は，他の学生の評価を参考に授業の振り返りをし，次の授業設計につなげてほしい．

アクティビティ
1. 対象学年，時期，育成する能力を明確にしたうえで題材を設定し，年間指導計画を作ってみよう．
2. 教科書のページを指定して，1時間分の学習指導案を作ってみよう．また，模擬授業を行って，互いの意見を交流しよう．

引用及び参考文献
1) 年間指導計画を山口大学教育学部附属光中学校河村尚代教諭より提供を受けた
2) 中井克美『第63回研究発表会　研究冊子』山口大学教育学部附属山口中学校，平成27年11月20日，学習指導案を中井克美教諭より提供を受けた
3) 福田公子・間田泰弘編集『家庭・技術科　重要用語300の基礎知識』明治図書，2000，p.22
4) 山本紀久子『生活再発見の家庭科授業』日本標準，1995，pp27-31.
5) 鶴田敦子・伊藤葉子『授業力UP家庭科の授業』日本標準，2009，p.65

第6章 家庭科の特性を生かしたアクティブ・ラーニング —家庭科の主体的な学び—

第1節 家庭科の学びの構造

現在の教育課程を示す学習指導要領は，小学校と中学校は2017年（平成29）年3月，高等学校は2018（平成30）年3月に告示されたものである[1)2)3)]．今回の改訂における学び方の基本的な考え方をみると，図6-1に示すように知識の理解の質を高め資質・能力を育む「主体的・対話的で深い学びの実現」が強調されている．すなわち，児童・生徒にとって「何ができるようになるか」を明確化することであり，そのために「何を学ぶか」を問い，「どのように学ぶか」については「主体的・対話的で深い学び」の視点に立った授業改善を行うことで，学校教育における質の高い学びを実現し，学習内容を深く理解し，資質・能力を身に付け，生涯にわたって能動的（アクティブ）に学び続けるようにすることとされている[4)]．

中央教育審議会は，学習指導要領の告示に先だって，2016（平成28）年12月に，「幼稚園，小学校，中学校，高等学校及び特別支援学校の学習指導要領の改善及び必要な方策等について」と題する答申を行った．その中で，家庭科の学習・指導の充実改善や教育環境の充実等に関する基本方針は，表6-1に示す通りである[5)]．

このような改善の基本方針を踏まえた小学校～高等学校家庭科の学びの構造的特質は，それぞれ以下のようである．

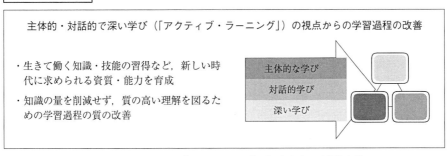

図6-1 アクティブ・ラーニングの視点からの授業改善

出所）文部科学省「新しい学習指導要領の考え方 — 中央教育審議会における議論から改訂そして実施へ —」2016．

表 6-1　改善の基本方針

> ③学習・指導の改善充実や教育環境の充実等
> ⅰ）**主体的・対話的で深い学びの実現**
> （「主体的な学び」の視点）
> ・家庭科，技術・家庭科における「主体的な学び」とは，現在及び生涯を見通した生活の課題について，解決の見通しを持ち，課題の発見や解決に取り組むとともに，学習の過程を振り返って，次の学習に主体的に取り組む態度を育む学びである．そのため，学習した内容を実際の生活で生かす場面を設定し，自分の生活が家庭や地域社会と深く関わっていることを認識したり，自分が社会に参画し貢献できる存在であることに気付いたりする活動に取り組むことなどが考えられる．
> （「対話的な学び」の視点）
> ・「対話的な学び」とは，他者との会話を通して考えを明確にしたり，他者と意見を共有して互いの考えを深めたり，他者と協働したりするなど，自らの考えを広げ深める学びである．
> （「深い学び」の視点）
> ・「深い学び」とは，児童生徒が，生活の中から問題を見出して課題を設定し，その解決に向けた解決策の検討，計画，実践，評価，改善といった一連の学習活動の中で，「生活の営みに係わる見方・考え方」や「技術の見方・考え方」を働かせながら課題の解決に向けて自分の考えを構想したり，表現したりして，資質・能力を獲得する学びである．このような学びを通して，生活や技術に関する事実的知識が概念的知識として質的に高まったり，技能の習熟・熟達（定着）が図られたりする．また，このような学びの中で「対話的な学び」や「主体的な学び」を充実させることによって，家庭科，技術・家庭科が目指す思考力・判断力・表現力も豊かなものとなり，生活や技術についての課題を解決する力や，生活や技術を工夫し創造しようとする態度も育まれると考えられる．
> ⅱ）**教材や教育環境の充実**
> ・家庭科，技術・家庭科家庭分野においては，生活事象の原理・原則を科学的に理解するための指導や学習の見通しを持たせる指導，個に応じた指導，児童生徒の協働的な学びを推進するための指導において，ICT の活用を充実することが求められる．また，実感を伴った理解を深めるために，実際に見たり，触れたりすることができる実物や標本，乳幼児ふれ合い体験や高齢者疑似体験等に必要な教材の充実が求められる．

下線は，筆者による．

1. 小学校家庭科

図 6-2　小学校家庭科の学びの構造

2. 中学校家庭科

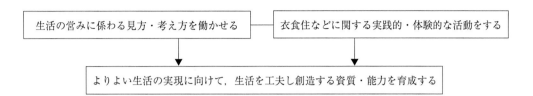

- 課題解決に向けて計画を立てる場面において，情報通信ネットワークを活用して調べたり，実践を評価・改善する場面において，コンピュータを活用して結果をまとめ，発表したりする活動が考えられる．
- 指導に当たっては，実践的・体験的な活動を中心とし，生徒が学習の中で習得した知識及び技能を生活の場で生かせるよう，生徒の実態を踏まえた具体的な学習活動を設定することが必要である．その際，生徒の発達の段階や学習のねらいを考慮するとともに，製作，制作，育成，調理等の実習や観察・実験，見学，調査・研究など，それぞれの特徴を生かした適切な学習活動を設定し，指導の効果を高めるようにする．

図6-3　中学校家庭科の学びの構造

3. 高等学校家庭科

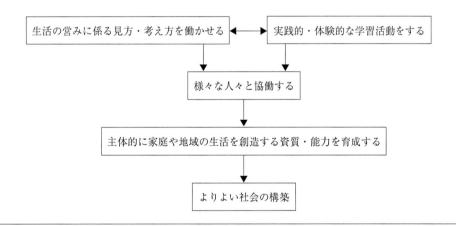

- 各科目に配当する総授業時数のうち，原則として10分の5以上を実験・実習に配当すること．
- 地域や関係機関等との連携・交流を通じた実践的な学習活動を取り入れるとともに，外部人材を活用するなどの工夫に努めること．
- 子供や高齢者など様々な人々と触れ合い，他者と関わる力を高める活動…などを充実すること．
- 各科目の指導に当たっては，コンピュータや情報通信ネットワークなどの活用を図り，学習の効果を高めるようにすること．

図6-4　高等学校家庭科の学びの構造

64　第Ⅱ部　家庭科の授業づくりの基礎

表6-2　アクティブ・ラーニングによる主体的な学びの実践効果

対象学年	小学6年
研究テーマ	批判的思考を育成する小学校家庭科の授業開発 ―「買い物学習」の実践を通して―
題材名	買い物名人になろう

学習方法	主な学習効果
・修学旅行での買い物の観点の振り返りをする． ・班ごとに夕食用のカレーライスを作ることを前提にした食材の模擬的な買い物をする． ・選んだ食品とその理由をワークシートに記入する． ・買い物のコツを発表し，学級全体で共有し共通理解する．	・授業前，授業中及び授業後の買い物の観点を比較・検討することから，買い物に関する認知発達に変化が生まれた． ・これらのことから，批判的思考を育成するための指導方法として適切であることを証明した．

対象学年	中学1年
研究テーマ	私たちにできること ― フェアトレードを柱にした授業づくり ―
題材名	商品の選択と購入

学習方法	主な学習効果
・新・貿易ゲーム（問題解決学習） ・話し合い ・調べ学習 ・調べ学習発表会 ・サスティナブルクッキング（スパイスカレーと米粉のナン） ・企業によるフェアトレード講演会（社会科との共催） ・学習から得られたことをビラにまとめ，大学生に配布する． ・学習から得られたことをリーフレット，ポスターにまとめ，大学や駅に掲示する．	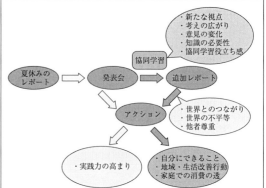

対象学年	高校3年
研究テーマ	高校生の食生活管理能力の形成を目指した指導の工夫
題材	生涯の健康を見通した食生活を考えよう

学習方法	主な学習効果
・授業の進行に合せて，ワークシートの活用． ・自分の食生活診断結果から，食生活へのアドバイスを行う． ・カレーライスの調理実習を班別に行うにあたり，1食の食事として適切なカレーライスにするため，班で食材を工夫する． ・調理方法を習得する． ・班別にコミュニケーションを十分とることと，協力して作業をする． ・食材の組み合わせ方について，他の班の工夫した点とその理由を共有する．	・学習意欲が高まり，学習内容の理解が深まった． ・食事の栄養バランス診断が出来るものが多くなった． ・授業前においては栄養バランスのイメージマップが混然と一体化していた．授業後には食事において何が重要なのかを理解できて，その具体的な内容を示すことができた． ・栄養バランスについて構造的な理解が可能になった． ・栄養バランスの理解が深まり，実際の食生活に活かすことを可能にした． ・調理方法を習得し，他の調理にも応用できるようにした．

4. アクティブ・ラーニングの視点からの家庭科授業改善の効果

　小学校から高等学校までの家庭科において，アクティブ・ラーニングの視点からの主体的な学びの実践は，どのような学習効果をもたらすであろうか？『アクティブラーニングを活かした家庭科の授業開発「深い学び」に向けて』[6]に掲載された授業実践の中で，小学校，中学校および高等学校の取り組みから見てみよう．

　表6-2に示したように，いずれの段階の家庭科でも買い物や食生活などの自分の実生活を振り返り，生活の中から問題を見いだし，学習課題へと発展させている．そして，学習課題の解決のために，解決方法を検討し，計画を立てている．この計画にしたがって，模擬的ではあるが買い物の実践，話し合い，調べ学習，サスティナブルクッキング，ワークシートの活用を通して栄養バランスを求めた調理実習をする等，実践的・体験的学習による学びの実現であった．その結果，目標とする批判的思考や課題解決能力の育成，栄養バランスの理解等を深め，実際の生活の中で，生きて働く能力を身に付けることができたことを実証するものであった．

　次に，学習方法の違いによる一般的な学習の定着率をみると，①レクチャー（聞くこと）5％，②読み物（読むこと）10％，③視覚的なもの（見ること）20％，④デモンストレーション（実演，師範）30％，⑤ディスカッション（話し合うこと）50％，⑥実践する（やってみる）75％，⑦他者に伝える（見て，聞いて，話し合って，やってみたことを伝える）90％となっている[7]．

　家庭科の実践や体験を伴う主体的な学びは，児童・生徒が意欲的に取り組み，理解を深めるとともに，定着率を高める方法であると理解できる．したがって，児童・生徒を学びの主人公に位置づけるべく，アクティブ・ラーニングによる主体的な学びを積極的に取り入れるように工夫することが求められる．すなわち，「生活の課題について，解決の見通しを持ち，課題の発見や解決に取り組むとともに，学習過程を振り返って，次の学習に主体的に取り組む態度を育む学び」[8]である．

第2節　アクティブ・ラーニングの視点からみた教員の指導環境
― 国際教員指導環境調査（TALIS）結果から ―

　学習指導要領の改善の基本方針によると，児童・生徒には主体的・対話的で深い学びの実現が求められている．このような教育改革は，日本だけでなく世界的な潮流となっている．アクティブ・ラーニングの視点からみた日本の教員の指導環境は，どのようなもので

あろうか.

経済協力開発機構（OECD）加盟国等34か国・地域の中学校及び中等教育学校前期課程の校長と教員を対象にした教員指導環境調査結果[9]を比較検討すると，日本の教員の特徴が浮かびあがる．国立教育政策研究所の分析による概況と課題は，以下のようである．

1. 指導・学習に関する信念について（表6-3）

日本の教員の90％以上は，「生徒自身の探求を促すこと」と「生徒は現実的な問題に対する解決策について，教員が解決策を教える前に，自分で考える機会を与えられるべき」を教員の役割として捉えていた．これらは参加国教師の平均とほぼ同じであった．ただ，「特定のカリキュラムの内容よりも，思考と推論の過程の方が重要である」については，約70％に過ぎず，参加国平均よりも10％以上低い割合であった．

表6-3　指導・学習に関する信念
（％）

指導・学習に関する信念	日本	参加国平均
教員としての私の役割は，生徒自身の探求を促すことである	93.8	94.3
生徒は，現実的な問題に対する解決策について，教員が解決策を教える前に，自分で考える機会が与えられるべきである	93.2	92.6
特定のカリキュラムの内容よりも，思考と推論の過程の方が重要である	70.1	83.5

出所）　国立教育政策所編『教員環境の国際比較—OECD国際教員指導環境調査（TALIS）2013年調査結果報告書』明石書店，2015，p.177.

2. 指導実践について（表6-4）

「完成までに少なくとも一週間を必要とする課題を行う」「学習が困難な課題に対する共同の解決策を考え出す」こと等を頻繁に行う教員の割合は参加国平均のほぼ1/2に過ぎず，また「生徒は課題や学級での活動にICTを用いる」ことを頻繁に行う教員の割合は，9.9％と参加国中最も低かった．

これら教員の指導・学習理念と指導実践についての調査結果を重ね合わせてみると，生徒の主体的な学びは重要だと考えているものの，主体的な学びを引き出すことへの自信が低く，ICTの活用を含めて多様な指導実践がなされていない状況だといえる．

以上のことから，主体的な学びについての教員の指導・学習に関する信念を実現できるように，具体的な授業実践を通した研修が必要だと考えられる．

表6-4 指導実践について
(%)

指導実践	日本	参加国平均
前回の授業内容のまとめを示す	59.8	73.5
生徒が少人数のグループで，問題や課題に対する共同の解決策を考え出す	32.5	47.4
学習が困難な生徒，進度が速い生徒には，それぞれ異なる課題を与える	21.9	44.4
新しい知識が役立つことを示すため，日常生活や仕事での問題を引き合いに出す	50.9	68.4
全生徒が単元の内容を理解していることが確認されるまで，類似の課題を生徒に演習させる	31.9	67.3
生徒のワークブックや宿題をチェックする	613	72.1
生徒は完成までに少なくとも1週間を必要とする課題を行う	14.1	27.5
生徒は課題や学級での活動にICT（情報通信技術）を用いる	9.9	37.5

出所）国立教育政策所編『教員環境の国際比較―OECD国際教員指導環境調査（TALIS）2013年調査結果報告書』明石書店，2015，p.161.

第3節 学習動機と学習方法

　実践的・体験的に学ぶ方法は，一般的にみて学習効果が高いということが実証されている．さらに，学習効果を上げるには，児童・生徒が意欲的に取り組むことが重要であり，それには動機づけが大きなポイントになる．これまで動機づけについては，お金や物など外からの報酬による外発的動機づけと好奇心や関心など自分自身の内からなる内発的動機づけに二分して考えるのが一般的であった[10]．これに対して，市川伸一は「学習がうまく進まない」「学習効果が上がらない」というような場合に，学習方法を検討する理論として，学習動機を基盤とする「二要因モデル」を提唱した[11]．

　図6-5のように，児童・生徒の学習動機は，「実用志向（仕事や生活に生かすため）」「報

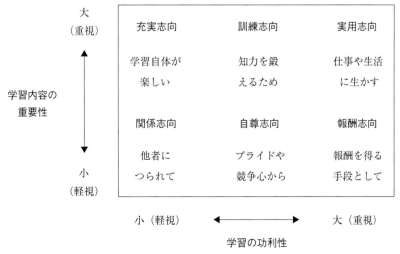

図6-5 学習動機の2要因モデル

出所）市川伸一編著『認知カウンセリングからみた学習方法の相談と指導』ブレーン出版，1998，p.192.

酬志向（報酬を得る手段として）」「訓練志向（知力を鍛えるため）」「自尊志向（プライドや競争心から）」「充実志向（学習自体が楽しいから）」「関係志向（他者につられて）」の6タイプに分類できるとした．そしてこれらの学習動機を，学習内容の重要性を縦軸に，学習の功利性を横軸とする2次元の座標軸に位置づけた．すなわち「実用志向」は「学習内容の重要性」と「学習の功利性」の両方が高い場合，「訓練志向」は「学習内容の重要性」が高く，「学習の功利性」が中程度の場合，「充実志向」は「学習内容の重要性」は高いが，「学習の功利性」は低いという特徴をもつものである．

このように市川は，動機づけを基盤にして学習方法と学習効果との関連性を分析し，「内容関与的動機の低下」「結果主義・暗記主義・物量主義の学習観」「質の低い学習方法」「学習成績の低下」という，学力低下の悪循環があることを指摘した．逆に「内容関与的動機」が高い場合には，子ども達の学習に質的にも量的にも良い結果をもたらすものになるという．

動機づけに関する最新の理論は，学習方法と学習内容との組み合わせが学習効果の差異をもたらすということを改めて示唆するものである．家庭科は衣，食，住生活，家族や消費生活・環境などを対象にして，文字通り生きる力を育んできた教科である．したがって，児童・生徒の実態を十分にふまえ，生活の中の課題を取り上げて学習したことを生活の中で活用する工夫によって，有用感を高めることが可能となる．これは内容関与的動機をよりいっそう高めることにつながり，学習効果を高めることによい効果をもたらすものとなろう．

第4節　ICT活用の授業例

アクティブ・ラーニングの視点からの様々な授業改善方法の中で，積極的な活用が望まれるICTの必要性と活用した授業例を見てみよう．

1．ICT活用の必要性

コンピュータ教育元年と呼ばれる1985（昭和60）年以降，学校教育にコンピュータが導入され教育活動に活用されたり，中学校技術・家庭科の内容として「情報基礎」が，また高等学校には「情報」という教科が設けられたりするなど，情報教育の実施に積極的に取り組んできている．さらにAI（人口知能）の飛躍的な発展が予測される時代にあって，ICT（情報通信技術）を効果的に活かした学習指導によって，学習効果を高めていくことが求められている．また，児童・生徒自身がICTを活用できるようになることは，まさ

に生きる力として必須である．

2. 家庭科における ICT 教育の内容

小・中・高等学校家庭科での ICT 教育の指導上の配慮事項をまとめたのが，表 6-5 である．

表 6-5　ICT 教育の指導上の配慮事項

小学校	中学校	高等学校
・主体的・対話的で深い学びの実現には，コンピュータや情報通信ネットワークの活用が重要な役割を果たす．児童の思考の過程や結果を可視化したり考えたことを瞬時に共有化したり，情報を収集し，編集したりすることを繰り返し行い，試行錯誤する学習場面において，積極的に活用することが大切である． ・日常生活の中から問題を見出して課題を設定したり，解決したりする際に，情報通信ネットワークを活用して調べ，その情報を収集・整理する．観察・実験等の結果や考察したことをわかりやすく表現したり，実践の結果をまとめて発表したりする際にコンピュータを活用することが考えられる．	・指導に当たっては，コンピュータや情報通信ネットワークを積極的に活用して，実習等における情報の収集・整理や，実践結果の発表などを行うことができるように工夫すること． ・生活や社会の中から問題を見出して課題を解決する活動の中で，課題の設定や解決策の具体化のために，情報通信ネットワークを活用したり，設計・計画の評価・改善の場面において，コンピュータを活用して生徒同士で情報を共有し，個々の設計・計画の修正に活用したりすることなどが考えられる． ・課題解決に向けて計画を立てる場面において，情報通信ネットワークを活用して調べたり，実践を評価・改善する場面において，コンピュータを活用して結果をまとめ，発表したりする活動が考えられる．	・各科目の指導に当たっては，コンピュータや情報通信ネットワークなどの活用を図り，学習の効果を高めるようにする．

出所）　小・中・高等学校家庭科の学習指導要領に示されている指導上の配慮事項の中で，ICT 教育についての記述をまとめたものである．

表6-6　小学校「ミシンぬいができるようになろう」の学習指導案

小学校5年／家庭科（4, 5時間目／10時間扱い）

		ミシンぬいができるようになろう！	
〈本時の目標〉 ミシンの使い方を理解し，正しく使うことができる． 〈本時を選んだ理由〉 ミシンの基本的な操作の手順は，細かいところが見えにくいため，教員の示範だけ見せても理解しにくい．そこで，手元の動きを拡大して，動画を見せることにより，理解しやすくなると考えた． 〈前時までの授業の流れ〉 1時間目に「身近な布製品と家庭生活」，2, 3時間目に「ミシンの安全な使い方と準備，からぬい」を学習．			

学習の流れ		主な学習活動	ICT活用の留意点
導入	めあての確認	①ミシン縫いの手順について確認する． ミシンぬいの準備ができるようになろう！	【プロジェクタ／自作教材】 ・上糸をかけ，下糸を出すところまでの手順を撮影した動画を映し，手元の動きを全体で確認できるようにする．
展開	実践	①グループごとに，下糸を入れる，ミシンに上糸をかけ，下糸を出すところまでを行う． ②下糸を入れ，上糸をかけ，下糸を出すところまでの作業で難しかったところを確認し，上手に行うポイントを確認する． ③グループごとに，下糸を入れ，ミシンに上糸をかけ，下糸を出し，布を縫うところまで行う．	【タブレット端末／自作教材】 ・手順が分かりにくかったところを，動画を選択して視聴し，確認できるようにする． 【プロジェクタ／自作教材】 ・手順の分かりにくいところの動画を映して全体で視聴し，ポイントとなるところに書き込みなどを行って強調し，確認する．
終末	まとめ	①下糸を入れ，上糸をかけ下糸を出すことが，時間制限（3分間）内にできるか，挑戦する．	

出所）NTTラーニングシステムズ株式会社教育ICT推進部「ICTを活用した教育の推進に資する実証事業　報告書　WG2:ICTの活用が最適な指導方法の開発」2015, p.21.

アクティビティ

1. 家庭科においてアクティブ・ラーニングの視点から授業改善することが重要なのはなぜか，家庭科のねらいから考えてみよう．
2. コンピュータ等を活用した学習活動は，どのような学習内容に取り入れると効果が上がるのか考えてみよう．

引用・参考文献

1) 文部科学省『小学校学習指導要領解説家庭編』東洋館出版社，2018.
2) 文部科学省『中学校学習指導要領解説技術・家庭編』開隆堂出版，2018.
3) 文部科学省『高等学校学習指導要領』
4) 中央教育審議会「幼稚園，小学校，高等学校及び特別支援学校の学習要領等の改善及び必要な方策等について」2016.
5) 文部科学省「新しい学習指導要領の考え方—中央教育審議会における議論から改訂そして実施へ—」2017.
6) 日本家庭科教育学会中国地区会編『アクティブラーニングを活かした家庭科の授業開発「深い学び」に

向けて』教育図書，2017.
7）　長沼豊「体験から学ぶもの」初等教育資 No.725，2000，p.87.
8）　中央教育審議会「初等中等教育分科会　教育課程部会，次期学習指導要領等に向けたこれまでの審議のまとめについて（報告）」2016.
9）　国立教育政策所編『教員環境の国際比較 ― OECD国際教員指導環境調査（TALIS）2013年調査結果報告書』明石書店，2014.
10）　無藤隆，森敏昭他『心理学』有斐閣，2004，pp.204-205.
11）　市川伸一編著『認知カウンセリングから見た学習方法の相談と指導』ブレーン出版　1998，pp.189-194.

第7章　ユニバーサルデザインによる家庭科の授業

第1節　家庭科におけるインクルーシブ教育

1. インクルーシブ教育の推進

　日本では，2013（平成25）年12月　国際連合による障害者権利条約の批准にあたって，同年6月「障害を理由とする差別の解消の推進に関する法律（障害者差別解消法）」が公布される等，法的整備や行政的整備が行われた．特に，2012（平成24）年　中央教育審議会初等中等教育分科会「共生社会の形成に向けたインクルーシブ教育システム構築のための特別支援教育の推進（報告）」では，インクルーシブ教育の推進と合理的配慮が強調されている．

　「インクルーシブ教育」とは，全ての子どもが，適切な支援のもとで通常学級を中心に共に学ぶことを保証する教育である．そして，「合理的配慮」とは，障害のある子どもが他の子どもと平等に教育を受けるために個別に必要とされるものであり，「『合理的配慮』の否定は障害を理由とする差別に含まれる[1]」と明記されている．

　これまでの特別支援教育は，障害の程度等に応じて特別な場で指導を行う特殊教育として，通常学級とは分離して発展してきたという歴史がある．しかし，今後は，障害のある子どもの学びが通常学級でも行われるだけでなく，むしろ，通常学級において一斉指導を常としてきた教師の授業のあり方が変わることが求められている．

　通常学級で学んでいる子どもの実状については，2012（平成24）年実施の文部科学省による調査[2]によると，通常学級に在籍する発達障害の可能性のある特別な教育的支援を必要とする児童生徒の割合は，図7-1に示すように6.5％である．これは，1クラスがもし40人であれば，2～3人の割合で存在していることを示している．

　発達障害の可能性のある特別な教育的支援を必要とする子どもとは，LDやADHD，高機能自閉症などの不注意，多動性や衝動性，こだわりや対人関係における何らかの困難さを有している子ども等である．この調査対象の中学校3年生のうち，発達障害等で困難を生じる生徒の割合は約2.9％であり，そのうち約75.7％が高等学校に進学すると回答している．

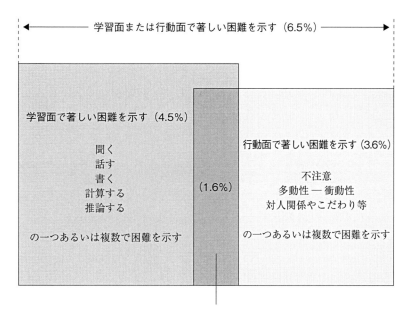

図 7-1 通常の学級に在籍する発達障害の可能性のある特別な教育的支援を必要とする児童・生徒の割合
出所) 文部科学省「通常の学級に在籍する発達障害の可能性のある特別な教育的支援を必要とする児童・生徒に関する調査結果について」2012 をもとに筆者作成

また,授業において特別な教育的支援を必要とする子どもの中には,発達障害の可能性のある子どもだけでなく,言葉の理解に困難のある外国籍の子ども,家庭的な困難を抱えている子ども,生活経験が不足している子ども等,様々な困難を抱えた子どもも含まれる.つまり,教育的支援を必要とする子どもも含めた全ての子どもの学びを保証するためには,小・中・高等学校のどの校種においても,これまでのような家庭科授業のあり方では対応できない状況が生じている.

2. 家庭科におけるインクルーシブ教育の必要性

家庭科は,福田[3]によると「家庭生活を中心にした生活を学習内容として,よりよく生きることを目指している教科」であり,「子ども達は現実社会の中で,自分のライフスタイルを創造し,社会に向かって情報を発信し,他者と連帯して未来社会を創れるような生活者になることを期待されている」.そのためには,幼少期から多様な他者と関わることや多様な考えに触れることが重要である.

家庭科の授業においては,例えば,コミュニケーションの難しさ,手先の不器用さや生活経験の乏しさからくる不適切な道具の扱い等の困難を示す子どもがみられる.このよう

な子どもの実状に適切な対応ができなければ，安全面や衛生面で危険を伴うことに繋がる恐れがある．全ての子どもが何らかの困難さを抱えていると考えれば，より参加しやすく分かりやすい授業をめざして工夫することが，全ての子どもの学びを支えることになる．

つまり，子ども一人ひとりの教育的ニーズに応じた教材開発や授業改善は，「特別支援が必要な子どもには"ないと困る支援"であり，どの子どもにも"あると便利な支援"[4]」となる．

このように，子ども一人ひとりの学びにくさを理解し，ニーズに応じた教育を実践しようとする教師の姿勢が，家庭科におけるインクルーシブ教育につながると期待される．日々の教育実践の中で，改めて教材や教具，ことば掛けや指導方法等を見直すことが，子どもたちの学びやすさに大きく貢献するのである．

3. ユニバーサルデザインによる家庭科の授業

通常学級において，様々な困難を抱えた子どもの個別のニーズに応え，全ての子どもに「参加を促し」「できる喜びを感じさせ」「わかる授業を展開する」ことは容易なことではない．そこで，学校教育においては，障害の有無に関わらず，誰にとっても参加しやすく分かりやすい授業として，ユニバーサルデザインの授業が求められている．

表7-1に，6つの授業場面における「ワーキングメモリ[注1]を考慮したユニバーサルデザイン」の授業における支援例を示す．

湯澤ら[5]の表7-1の4つの支援方略に従うと，ユニバーサルデザインによる家庭科の教育方法として次のような授業実践が考えられる．

「情報の整理」とは，「情報を適切に届けるため，情報の構造を簡潔に提示することや，子どもが得意とするチャンネルで情報が受け取れるよう，同じ情報を音声情報と視空間的情報の両方の側面から提示したりする方法」である．家庭科の授業では，例えば実習場面において，言葉の説明だけでなく，絵や文字，写真や動画といった視空間的情報を添えて教材を提示することにより，手順や方法，完成した状態等をより正確にイメージできるようになる．

「情報の最適化」とは，「子どもが情報を記憶・処理できるようにするために，一度に伝える情報を少なくしたり，考える時間を適宜設けて子どものペースに合った時間配分をしたりすること」である．家庭科の授業では，個人で考える時間，グループで討議する時間，まとめた意見を発表する時間のように，授業を小ユニットに分けて子どもの集中できる時間を区切ったり，課題を細分化して示したりする方法（スモールステップ）が考えられる．

表7-1 ワーキングメモリを考慮したユニバーサルデザイン

支援方略 授業の場面	情報の整理 情報の構造化 多重符号化	情報の最適化 情報の細分化 スモールステップ 情報の統合 時間のコントロール	記憶のサポート 記憶方略の活用 長期記憶の活用 補助教材の活用	注意のコントロール 選択的注意 自己制御
授業の構成	・学習（活動）の目標を明確にする（子どもを主語にして、「～する」「～できる」と表現する）	・授業を短いユニットに分ける ・学習（課題解決）のプロセスを細かく区切る ・最後に授業を振り返り、まとめる	・最初に前回の授業の内容を確認する ・学習の流れをパターン化する	・学習の流れを明示し（板書またはカード）見通しをもたせる ・学習の自己評価をさせ、シールなどのトークンシステムを採用する
学習形態・学習環境・学習のルール	・音声情報、視空間情報、触覚など多感覚を利用する ・作業の手順を図式化するなど、視覚的に提示する	・考える時間や問題解決の時間を十分にとる ・課題の量を子どもに応じて調整する	・漢字や九九など、子どもが分からないとき、すぐに参照できるカードなどを準備する	・ペア・グループで活動する ・学習のルール（支援が必要なとき、話すとき、聞くとき、姿勢など）をあらかじめ決める
指示の出し方・発問や説明の仕方	・大切な指示は文字で示す ・「教科書の○ページ」のように、説明に対応する箇所を板書するなどして明示する	・短い言葉で簡潔に指示する ・指示や発問を繰り返す ・発問を選択式にする ・発問を選択式にする ・「要点を3つ話します」のように聞きやすい工夫をする ・指示代名詞は使わない	・あらかじめ話の要点や関連する事例をあげる ・必要な情報を覚えるための記憶方略の利用を促す	・注目させてから（「はい、聞きましょう」など）指示を出す ・子どもに指示や話の内容を復唱させるなどして、理解度のモニタリングを促す ・活動の途中、こまめに声をかける ・全体指示の後、必要な子どもに個別に指示をする
教材・教具	・絵やイラストなどの視空間的情報を使い説明する ・考え方が分かるようなワークシートを準備する	・ワークシートを活用し、授業的ユニットごとに、目標とする活動に子どもが専念できるようにする	・よく知っている事例や具体物を使い、説明する ・ワークシートで類似した問題を解かせる	・必要な教材以外は、机の中に片づける
板書の工夫・ノート指導	・発音の似ている言葉や聞き誤りやすい言葉を板書する ・マス目や線を利用して文字や数字の位置を見分けられるようにする	・話を聞くときと書くときは時間を分ける ・ノートを取る箇所は、「ノート」と書いたカードを示す	・板書の仕方やノートの取り方をパターン化する	・色チョークや色ペンを効果的に用いる（大事なところ、キーワードに線を引く、漢字の偏やつくり、部首を色分けするなど）
子どもの発表・作文	・子どもの発表後、教師がそのポイントを整理する	・教師が子どもの発表を適宜、区切り、リヴォイシングを行う ・ワークシートを活用し、子どもが文章を補い、作文を完成させる	・教師が子どもの発表を教材や分かりやすい事例と対応づける ・よく知っているテーマや経験した出来事を取り上げる	・発表の仕方のルールを決めて、カード等に明示する ・作文の手がかりを書いたカードを利用するよう促す（「いつ」「だれが」「どこで」などの5W1H、「はじめに」「つぎに」などの接続詞）

出所）湯澤美紀・河村　暁・湯澤正通　編著『ワーキングメモリと特別な支援　一人ひとりの学習のニーズに応える』北大路書房，2013，p.24.

「記憶のサポート」とは，「子どもが積極的に情報を利用できるように，記憶をサポートすること」である．ワーキングメモリに記憶を長く留まらせる方法には，読む，書く，匂う，触る等様々な多感覚刺激を組み合わせて記憶をサポートする方法や，語呂合わせなど情報に意味を与えて覚えやすくする方法がある．家庭科の授業では，まな板や包丁の模型を使ってみそ汁のつくり方を友達に説明する，栄養標語カルタを作らせる，栄養と食品との関係について替え歌を用いて覚えさせる[6]等がある．

「注意のコントロール」とは，「子どもが特定の課題に注意を向け学習の構えを作りやすくするため，子どもの注意をコントロールすること」である．家庭科の授業では，実習場面において，身支度・手洗い→説明→調理→試食等，学習の流れを簡潔な言葉で板書し，今学習している箇所を矢印で示して注目させる方法がある．

これらの支援方略を子どもの実態や授業のねらいに応じて柔軟に組み合わせることが必要である．

第2節　ユニバーサルデザインの授業の実際

1. 発　問

(1) 発問の機能

発問には「学習意欲を高める効果のある発問」「課題をつかませる効果のある発問」「課題解決につながる発問」「学習内容をまとめる発問」「定着を図る発問」等がある[7]．

例えば，「課題解決につながる発問」とは，思考を深化・発展させるために，理由や原因，意味や予想等を考えさせたり，具体例や根拠を挙げて関連的に物事を考えさせたりする等の意図がある．この発問をする際に，「朝食の欠食は良いですか」と問えば，学習者は「良い」もしくは「悪い」でしか回答できない．このように答えが1つしかない発問を，「クローズドクエスチョン」（一問一答）という．しかしこの時，「朝食の欠食はなぜいけないのか」と問うならば，「脳が栄養不足になり思考が働かないから」，または「生活リズムが乱れて生活習慣病になりやすくなるから」等，多様な広がりのある回答が得られるであろう．このように，学習者が自分の考えを自由に述べることができ，答えがいくつも考えられる発問を「オープンクエスチョン」（一問多答）という．家庭科においては，一問多答の発問をすることにより，子どもの思考を深めたり発展させたりすることができる．

（2） 発問の実際

発問の種類とその具体的発問例，さらに，支援の必要な子どもへ発問する際に効果的な伝え方（例）を示したのが，表7-2である．

教師が何を意図しているかによって，発問の仕方は異なる．また，子どもの実状に応じて，発問を工夫することも必要である．例えば，サザエさんの家族を題材にした授業で，「課題をつかませる効果のある発問」について考えてみたい．

例1） サザエさんの気持ち，タラちゃんの気持ち，マスオさんの気持ちをそれぞれの立場で考えさせて解決方法を考えさせるための発問：
「サザエさんが働きに出たいと言ったらどうしますか」

例2） 日本の教育費の高さやM字型雇用の問題，自己実現，保育所の問題等について考えさせるための発問：
「サザエさんが働きに出たいと言った理由について考えよう」

例3） 介護の問題を家族でどのように解決していくのかを考えさせるための発問：
「サザエさんが職場復帰しようとした時，フネさんが倒れました．どうやって介護しますか」

（3） 支援を必要とする子どもへの工夫

表7-2に示すように，支援を必要とする子どもへの伝え方には工夫が必要である．

教師の発問は，なるべく短く簡潔に，具体的でわかりやすい表現にする．はっきりとした口調でゆっくりと話し，大切な箇所は強調して言うと良い．また，何度も発問を言い換えると子どもの思考が妨げられたり混乱したりするため，表7-2の発問例を参考に，子どもの様子を確認しながら柔軟に対応することが必要になる．

そして，教師のあたたかいまなざしや姿勢，態度，タイミングや間のとり方，声の抑揚等の非言語的メッセージは，教室の雰囲気づくりを左右する．たとえ子どもの発言が間違っていたとしても，発言したことや声の大きさ，考え方，発表の姿勢など良いところを見つけて賞賛する．教師の肯定的な評価は，子どもに自己肯定感や自己効力感をもたせることができる．間違ったり失敗したりしても大丈夫だとわかれば，子どもは安心して前向きに学習に向かうことができる．

表 7-2　学習過程に応じた発問と支援の必要な子どもへの効果的な伝え方（例）

	学習過程に応じた発問（例）	家庭科授業における発問（例）	支援を必要とする子どもに効果的な伝え方（例）
学習意欲を高める効果のある発問（例）	・前時の学習を想起させ，比較させる発問をする ・本時の内容につながる身近な題材を用いた課題提示を行う発問をする ・驚いたり疑問を持ったりする資料や実験をもとに発問をする	「前の時間は○○をしましたが，△△したことはありますか」 「その時，どう思いましたか」 「何か問題点がありましたか」 「気になる点がありましたか」	・○×クイズやフラッシュカード等で前時の復習をする ・はっきりとした口調でゆっくりと話す ・さりげない言葉かけやタッチングで注意を引きつける
課題をつかませる効果のある発問（例）	・学習のねらいに迫る発問をする ・既習内容や自身の経験と比較させ，新たな発見を出させる発問をする ・予想や推理をどう確かめていくかを考えさせる発問をする	「今日のめあては何ですか」 「どのようにして解決したらよいですか」 「○○と比べるとどうですか」 「○と△の違いはどこですか」 「どのようにしたら確かめることができますか」	・一文一動作で示す ・短く簡潔に，具体的でわかりやすい表現をする ・「だいたい，しっかり，たくさん，あとちょっと，もう少し」のような曖昧な表現や抽象的な言い回しを避ける
課題解決につながる発問（例）	・理由や原因などを考えさせる発問をする ・具体例や根拠を出させる発問をする ・関連的にものごとを考えさせる発問をする ・図や表，絵，写真などを活用して考えさせる発問をする ・視点を転換させたり，思考を深めたりする発問をする ・方向付けや修正のための補助的発問をする	「どうして○○と考えたのですか」 「なぜそう思ったのか理由を説明できますか」 「例えばどんなことが考えられますか」 「○○さんの意見に対して，みなさんはどう思いますか」 「別の考えの人はいますか」 「短い言葉で言うとどうなりますか」 「○○にアドバイスをするとしたらどのように言いますか」 「○○の立場だと，どのように考えますか」	・「あれ，それ，あっち，こっち」等の指示代名詞はできるだけ使わないようにする ・語調に変化をつける ・間違いや失敗をうけとめるあたたかい言葉かけをする ・理解を助ける視覚的な手掛かり（イラスト，絵や写真等）を与える ・「何時までしましょう」「あと何回で終わりです」等，終了の時刻や終わりの状態を明確に示す
学習内容をまとめる発問（例）	・要点をまとめさせたり要約させたりする発問をする ・学習内容の整理を行う発問をする	「今出ている意見を一言で言うとどうなりますか」 「ポイントを3つにまとめるとどうなりますか」 「学習前後を比べて，考え方はどのように変わりましたか」	・学習の達成度を示すイラスト等を用いて，評価に生かす ・否定ではなく，肯定的な表現をする
定着を図る発問（例）	・視点を変えた発問をする ・本時の内容を発展させた応用的な問題を提示する ・次時の学習内容につながる発問をする ・新たな疑問が生まれる発問をする	「もし，自分だったらどうしますか」 「20年後はどうなりますか」 「家庭生活で実践するとしたら，どのようなことに気をつけますか」 「○○に対して実践するとしたらどのような配慮が必要ですか」	

出所）　広島県立教育センター『校内における初任者研修資料 ― 小・中学校の学級経営を中心にして ―』2001, pp.63-64. をもとに筆者加筆・修正

2. 板　　書

（1）板書の機能

板書の主な機能を表7-3に示す．発問は，音声のためその場で消えてしまうのに対し，板書は，発問したことや説明したことを持続させて対象化し，共通の確認を行うことができる[8]．

表7-3　板書の機能と概念

板書の機能	概念
見通しをもたせる	学習の流れや時間の区切りを提示し，先が見えないことへの不安を取り除く等
共有する	大切な情報を示し，学習者全員のものとする等
視覚化	図や表，文字や記号を貼り付けることにより，視覚的な情報を補助的に示し，理解を促す等
理解を助ける	構造的な板書により，学習内容の把握と俯瞰を行う等
活動の場を設ける	黒板を使って解答や説明等をさせて，子どもの学習意欲を高め，授業への積極的な参加を促す等

（2）板書の実際

板書の特性は，大きく3つ挙げられる[9) 10)]．

1つ目は，簡単に書いたり消したり，修正したりできること（簡便性）である．学級全員が一緒に学ぶことができ，書いたものを消さない限り，いつまでも視覚教材として活用できる．準備にほとんど時間も労力もかからず，教育効果をあげやすい．また，授業の流れに沿って板書しながら説明すると理解しやすいといった利点もある．

2つ目は，子どもが黒板での授業に慣れていること（親近性）である．教師は多くの時間，板書を活用しながら授業を行っている．子どもは，ほぼ毎日黒板に向かい合っているため，親近感を持っている．

3つめは，目的に合わせて自由にスペースを使うことができること（自由性）である．黒板には広いスペースがあり，構造的にまとめたり，雰囲気づくりを工夫したりするなど，その場に応じた創意工夫が可能である．色チョーク等を使い分けて重要性を示したり，必要に応じて文字の大きさを変えて書いたりすることができる．図や表，絵や文字等の書かれた模造紙や画用紙を，タイミングよく貼ったりはがしたりして何度も使うことができる．また，子どもの発言の中で全体に広げたい内容や教師の気付きなどを短冊型黒板や吹き出しに書いて注意をひきつけたり，数人の子どもの考えを同時に表現させたりすることもできる．

このように，板書は身近にあり自由度が高く気軽に利用できる．教師が授業の流れに合

わせて，素早く板書したり，適当な間を取って授業にリズムをもたせたりすることもできる．

なお，「めあては必ず書くこと」「授業の流れを示すこと」「構造的な板書にすること」等のように，板書の型のみが強調される傾向があるが，いろいろな板書の仕方があって良い．実際，授業の目的や教師の意図によって，板書のあり方は変化する．板書はその時間の学びの足跡であり，「板書を見れば授業の良し悪しがわかる」と言われる．最後に学習を振り返る際にも，計画的に板書された黒板はどの子どもにとっても分かりやすい支援となる．

(3) 支援を必要とする子どもへの工夫

では，どのような板書が良いのであろうか．板書の機能別に教育的に配慮を要する子どもへ具体的にどのような支援を行うと良いのかを表7-4に示す．さらに，表中の支援方法に付けた※印番号を具体的に示した板書例が図7-2である．

例えば，表中の※①「学習の流れを黒板の端や小黒板に板書する」は，図7-2の左端に学習の流れとして示す．そして，※②「学習進度に矢印でしるしをつける」は，今，学習している箇所を矢印で示すことにより，子どもが自分自身で学習進度を確認できることを

表7-4　配慮を要する子どもへの具体的な支援方法

板書の機能	配慮を要する子どもへの支援方法
見通しをもたせる	※①学習の流れを黒板の端や小黒板に板書する． ※②学習進度に矢印でしるしをつける．また，拡大ワークシートを提示して，学習している箇所を同様に示す． ※③タイマーや終了時刻を示した時計を黒板に貼り，終わりの時間を意識させる．
共有する	※④子どもの意見を板書した際にネームカードを用いて誰の意見かを示したり，自分の意見の立場を明確にしたり，自分の作業段階を示したりする．学習内容や学習進度を全員のものとする． ※⑤発表の仕方や伝え方，声の大きさなどのルールを示しておく．
視覚化	・場面や気持ちを切り替えさせたい時は，絵カード等のマークで示す． ※⑥準備物や教科書，ノートのページ等を所定の場所に提示する． ※⑦図や表，絵や写真などの視覚教材を提示する．
理解を助ける	・板書量を減らして簡潔な言葉を用いる． ・大事なことは大きく書くなど強調して示す． ・板書とワークシートの形をそろえる． ※⑧目標やまとめを提示する． ※⑨発問を文字化して提示する．
活動の場を設ける	・子どもに前に出てきて板書させ，説明させる． ・黒板に答えや意見を書かせて子どもと一緒に板書を作る．友達の意見を把握したり，関わりのきっかけを作ったりすることができる．

出所）伊藤圭子編『「気になる子ども」と共に学ぶ家庭科』開隆堂　2017，pp.19-23をもとに筆者作成

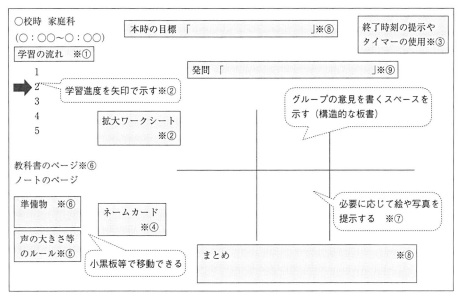

図7-2 板書の構成例
(図中の※印番号は，表7-4に示す※印番号である.)

示している.

　板書は，全ての子どもが共有するものである．板書を工夫することによって，教育的支援を必要とする子どもだけでなく，その他の子どもにとっても学びやすく理解しやすい支援となる.

アクティビティ

1. 家庭科の実習を伴う授業において，「見通しをもたせる」「参加を促す」というユニバーサルデザインの視点を考慮した授業構成と板書を考えてみましょう.
2. アクティビティ1. で考えた授業において，一つの発問で多くの答えが子どもから得られるような発問を考えてみましょう.

注1) ワーキングメモリとは，情報を一時的に記憶・処理する能力を指し，個人によってその容量は異なる．ワーキングメモリの小さい子どもは，その小ささから，授業中に示される情報を一時的に覚えたり，それらを踏まえて考えたりすることができず，学習課題に失敗する（前掲書5　p.19）.

引用・参考文献

1) 中央教育審議会初等中等教育分科会「共生社会の形成に向けたインクルーシブ教育構築のための特別支援教育の推進（報告）」2012
2) 文部科学省「通常の学級に在籍する発達障害の可能性のある特別な教育的支援を必要とする児童生徒に関する調査結果について」2012
3) 多々納道子・福田公子編著『教育実践力をつける家庭科教育法〔第3版〕』大学教育出版，2016, pp.8-10.

4) 佐藤慎二『通常学級の特別支援 今日からできる！ 40の提案』日本文化科学社，2008, p.4
5) 湯澤美紀・河村 暁・湯澤正通編著『ワーキングメモリと特別な支援 一人ひとりの学習のニーズに応える』北大路書房，2013，pp.20-23.
6) 伊藤圭子編著『「気になる子ども」と共に学ぶ家庭科』開隆堂，2017, pp.44-45.
7) 広島県立教育センター『校内における初任者研修資料 ― 小・中学校の学級経営を中心にして ―』2001, pp.63-64.
8) 加藤辰雄『誰でも成功する板書のしかた・ノート指導』学陽書房，2013
9) 柘植雅義・堀江裕爾・清水静海『教科教育と特別支援教育のコラボレーション ― 授業研究会の新たな挑戦 ―』金子書房，2012
10) 前掲書8)

第8章　家庭科の学習環境をどのように整備するか

第1節　子どもの「つまずき」からみる学習環境

　家庭科の授業において，子どもの「つまずき」には二つの側面がある．一つは，教師が意図的に子どもをつまずかせることによって，学習効果を期待する場合である．もう一つは，諸要因によって生起した学習への不適応状態である「つまずき」から，さらに二次的「つまずき」を生じさせる場合である．教師が，前者の側面を活用して授業を構成することは教育的意義がみられる．しかし，後者では，図8-1に示すように，子どもの内外にある構造的な要因によって「つまずき」状態を子どもに生じさせる．外的要因の一つは，授業場面における教師の子どもに対する「不適切な教育方法」「不適切な教材」「不適切な教室環境」による対応である．もう一つの外的要因は「日常生活との連携不足」であり，私たちの生活を学習対象とする家庭科特有の「つまずき」要因といえる．例えば，「自分の生活と学習内容との関連や家庭科で学ぶ意義がわからない」という子どもの「つまず

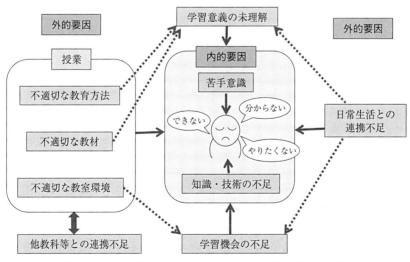

図8-1　家庭科における子どもの「つまずき」要因の構造
出所）伊藤圭子『「気になる子ども」と共に学ぶ家庭科―特別な支援に応じた授業づくり』開隆堂，2017，p7をもとに加筆修正．

き」を教師が気づかず克服させないままでいると，学習意欲の低下や苦手意識などの内的要因を子どもに生じさせ，学習内容を自分の生活へ活用することにつながりにくいであろう．これらの要因が，子どもに「分からない」「できない」「やりたくない」状況を生じさせ，そのつまずいた経験が子どもに「怖い」「難しい」「自分には無理だ」という苦手意識を助長させる．それがさらなる，次のつまずきに繋がっていくという負の循環を生起させることがある．

では，子どもに負の循環を生じさせない学習環境はどのように整えていけばよいのであろうか．本章では，学習環境を「子どもの学びに直接的，間接的に影響を与えるヒト，モノ，コト」と理解する．したがって，学習環境には物的環境としての施設・設備だけが含まれるのではなく，人的環境としての教師，友達，家族，地域の人なども含まれる．さらに，事象的環境には，校内外で起きている出来事だけでなく，カリキュラムもすべて含まれるととらえる．

子どもにとって最適な環境での学びが保障されているかは，学びの質や量に影響を及ぼす．そこで，家庭科の学びに影響を与える学習環境を家庭科授業の場，学校内の他教科や総合的な学習（探求）の時間等とのかかわり，学校外の家族や地域の生活とのかかわりに焦点をあてて検討する．

第2節　家庭科授業における学習環境

1．人的学習環境としての教師

　家庭科という教科に対する評価を左右する家庭科教師は子どもの学びに影響を与える重要な要素となっているといえよう．教師の対応の仕方（例えば，言語的または非言語的コミュニケーション）により，子どもは学びを深めることもできれば，拒絶することもある．図8-1の子どもの「つまずき」要因の構造図から望ましい教師像を捉えると，子どもに生じる「つまずき」を軽減させるため，授業の場で子どもにとって適切な教育方法，適切な教材，適切な教室環境を提供できる実践的力量を持ち，さらに，子どもの生活を主軸において授業を創造できる実践的力量を持っていることが必要である．これらの力量を，柴静子[1]が具体的な授業で家庭科教師に求められる能力の枠組みとして示している（表8-1）．

　子どもが「分かった」「できた」「やってみたい」と思える授業を創れる教師であるためには，自分の授業を省察する「反省的実践家」としての能力が必要であろう．さらに，教材研究や実践的指導力の向上を図るうえで，他の教師の授業参観や教師同士のコミュニケーションの中で学びとろうとする姿勢も求められる．このような家庭科教師としての能

表 8-1　家庭科教師に求められる能力

1. 教科内容と学習者の発達に関して理解する.
1. 家庭科教育の背景学問である衣・食・住生活，家族，保育，家庭経営などの家政学（生活科学等）の中心的概念，学問構造，探求の方法を理解する.
2. 児童・生徒が，集団の中で，また個人学習としてどのように学び，それぞれの認知構造や生活技術を発達させるのかを知る.
2. 社会や家庭のニーズに関して理解する.
1. 日本の家族，男女共同参画，子育て，食の安全性，環境など家庭科に関連が深い社会現象に注視し，問題状況を把握して解決の方途を探る.
2. 学習者の家庭生活の状況と問題点を知り，改善点を明らかにする.
3. 発展途上国を中心とした世界の家族・家庭の状況や問題点を理解し，日本との関連性を見つける.
3. 日本の教育の方向性と家庭科のあり方を考える.
1. 新聞，テレビ，インターネット，講演会・研究会等を通して，日本の教育がどのような方向に進もうとしているのかを把握する.
2. 文部科学省の教育関連審議会の中間発表や答申を熟読して，これからの教育の方向性を見いだし，検討する.
3. 学習指導要領に示された家庭科改善の趣旨や目的を理解する.
4. 家庭科教育の歴史を振り返り，今後の教科のあり方を考える.
5. 先進国と途上国の生活や家庭科教育の状況を知り，日本の家庭科のあり方を考える.
4. さまざまな方略を組み込んだ授業を計画する.
1. 教科内容，学習者の発達，地域社会と家庭のニーズ，日本の教育の方向，学習指導要領の趣旨と教科の目的，これらを考えあわせて，授業の目標を設定する.
2. 学習者が課題解決能力と生活技能を身につけて家族生活の改善向上を図ることをねらい，さまざまな方略を組み込んだ授業を計画する.
3. 学習を効果的に進めるための印刷教材，実物，ビデオなどを開発する.
4. 調べ学習，各種の実験・実習を可能にするように教室環境を整える.
5. 学習を支援してくれる関連機関，保護者や地域の人的資源と連携を図る.
6. 学習効果を測るための評価方略を考えて，具体化する.
5. 家庭科の授業を実践する.
1. 学習者とのコミュニケーションを深めて，学習の土台となる人間関係をつくる.
2. 本時や単元の学習目標を明確にすることを意識する.
3. 説明は最小限にとどめて，学習者の活動を促したり課題解決型の授業を進める.
4. 明解な発問と構造化された板書ができる.
5. 実習を中心とした授業では，事前に周到な準備をするとともに，優れた技能をデモンストレーションすることができる.
6. コンピュータやマルチメディアを用いた学習指導ができる.
7. 学習が停滞しているときに，フィードバックが適切にできる.
8. 学習者の状況をよく観察して，どこまで達成できたかを知り，記録する.
6. 反省的実践家として成長する.
1. 家庭科教育の専門家としての哲学をもち，授業実践においてそれを表現する.
2. 授業の記録（ビデオ撮影したもの，学習者のアンケート・感想文など）を再考して，学習者の発達と家庭生活の改善に資するよりよき授業を求める.
3. 同僚と協働して，よりよき教育実践の創出のために，永続的に研究する.
4. 生涯にわたり，家庭科教師として成長するために，あらゆる機会を利用する.

出所）　柴静子『教育実践力をつける家庭科教育法（第 3 版）』大学教育出版，2011，pp.218-219.

力を育成するためには，例えば，子どもが必要としている教育的ニーズの理解や指導方法，授業実践例の情報提供等に関する研修会・研究会へ積極的に参加し，常に学び続ける教師であることが望ましい．

さらに，学習環境としての教師が子どもに良い影響を及ぼす存在であるためには，教師

自身の自助努力が必要であることはいうまでもない．しかし，家庭科教師だけが努力しても，解決が困難なこともある．例えば，学習者の中にどのような特別な教育的ニーズを持った子どもが何人存在するかによって異なるが，家庭科教師一人では授業の成立が困難な場合もあろう．その場合には，学校における全教師による協力・支援体制のもとに家庭科授業を複数教師で担当する指導体制の確立が必要である．子どもにプラスの影響を与える家庭科教師であり続けるためには，このような教師を支える協力・支援体制づくりができることも重要となる．

2. 学びを支援する物的教室環境

（1）施設・設備の整備

施設・設備については，整備に国からの補助を受けることができる制度があり，その対象となる施設・設備の基準が定められている．中学校の施設・設備については，義務教育諸学校施設費国庫負担法施行令第2条の中で，必要とされる特別教室の一つとして「家庭教室」が明記されている．高等学校における施設・設備の基準は，表8-2のように産業教育振興法に基づいて設置されている．これらの基準をもとに各学校に応じて弾力的に設置されるが，施設・設備のバリアフリー化が促進されることがすべての学習者の学びを保障するためには必要である．例えば，車いすが離合できる調理台間の幅の確保，身長差のある生徒や車いすを使用する生徒に対応できるような高さ調節可能な調理台の設置などが必要となる．

備品については，文部科学省から，2011（平成23）年に教材整備のための参考資料として「教材整備指針」（「小学校教材整備指針」「中学校教材整備指針」（表8-3参照）「特別支援学校教材整備指針」）が各都道府県教育委員会へ通知され，各学校で整備するようになっている．この指針には，各学校が具体的な整備数量を決める参考として，学校あた

表8-2　高等学校家庭科関連施設

科目群	施設名	設備名
被服に関する科目群	被服総合実習室	データ処理用機器，計量・計測用機器，光学機器，製図用機器，模型・標本，被服製作用機器，被服実験用機器，環境構成用機器，手芸用機器，視聴覚教育用機器，机・戸棚類
食物・調理に関する科目群	食物・調理総合実習室	計量・計測用機器，光学機器，化学実験用機器，調理用機器，視聴覚教育用機器，机・戸棚類
保育・福祉に関する科目群	保育・福祉総合実習室	計量・計測用機器，模型・標本，保育用機器，介護用機器，楽器，視聴覚教育用機器，机・戸棚類

出所）産業教育振興法施行規則　別表第一より作表

第8章　家庭科の学習環境をどのように整備するか　87

表 8-3　中学校教材整備指針

教科等	機能別分類	例示品名	目安番号	新規
技術・家庭（家庭）	発表・表示用教材	黒板（栄養黒板，献立黒板など）	⑧	
		教授用掛図（衣・食・住の生活や文化，環境（消費者の権利と責任に関するものなど）など）	⑧	△
		標本（繊維，基礎縫い，被服製作など）	⑧	
		模型（食品，献立，住居など）	⑧	
		教師用教具（裁縫用具，栄養指導用具など）	⑧	
	道具・実習用具教材（衣生活関連教材）	カード教材（食品カード，献立カードなど）	⑧	○
		電気アイロン	⑤	
		アイロン台	⑤	
		噴霧器	⑤	
		電気洗濯機	④	
		手洗い関係用具（洗濯板，たらいなど）	⑥	○
		ミシン及び付属品	⑥	
		裁縫板	⑤	
		裁縫用具セット	⑤	
		大鏡	⑤	
		きもの	⑥	○
		帯	⑥	○
	（食生活関連教材）	コンロ	⑥	
		炊事用具セット	⑤	
		鍋類（両手鍋，片手鍋，フライパンなど）	⑤	
		容器類（しょうゆ，ソース入れ，油入れなど）	⑤	
		食器類（和食器，洋食器，はし，スプーン，フォークなど）	⑦	
		調理用生ゴミ処理機	①	○
		電子オーブンレンジ	④	
		ホットプレート	⑤	
		電気冷凍冷蔵庫	①	
		エアタオル	①	
		IHクッキングヒーター	⑤	○
		電気炊飯器	⑤	○
		上皿自動秤	⑤	
		計量器	⑤	
		食品成分検査用具（塩分計，糖度計など）	④	
		整理用教材（電気掃除機，清掃用具，まな板包丁滅菌庫など）	⑧	
	実験観察・体験用教材（住生活関連教材）	家庭生活ロールプレイング用具一式	⑤	
		保育人形	⑤	
		遊具	⑤	
		高齢者疑似体験セット	④	
		騒音計	⑤	○
		ガス検知管，採取器	①	
		照度計	⑤	
		温湿度計	⑤	
		紫外線強度計	①	○

（教材整備にあたっての留意点）
1. 下表の考え方により教材整備の目安を番号により示している．各学校及び教育委員会においては，これらの目安を参考にしつつ，各教材の必要数量（設備目標）を定めるなどして，計画的な整備を図ることが望まれる．

単位	整備の目安	
	番号	目安
Ⅰ．学校	①	1校あたり1程度
Ⅱ．学年	②	1学年あたり1程度
Ⅲ．学級	③	1学級あたり1程度
Ⅳ．グループ（1学級分）	④	8人あたり1程度
	⑤	4人あたり1程度
	⑥	2人あたり1程度
	⑦	1人あたり1程度
Ⅴ．その他	⑧	とりあげる指導内容等によって整備数が異なるもの

2. 「新規」欄には，「教材機能別分類表」に例示した教材との比較において，新規に例示した教材に「○」印を，例示内容を一部見直した教材「△」印を付しているので，教材整備の参考とされたい．

出所）　文部科学省「中学校教材整備指針」（2011）のうち技術・家庭（家庭）を抜粋．

り，学級あたり，グループあたりの整備の目安を教材ごとに示している．教材を整備する場合，実践的・体験的学習を重視する家庭科の独自性をふまえると，実習・実験・体験を伴う授業に不可欠な教材や目には見えない教育内容の理解を促すために視覚化した教材等のように家庭科授業には必須の教材がある．その教材が子ども数に応じた適切な数量で確保できていないと，図8-1に記載されている「学習機会の不足」によって学習内容の習得への「つまずき」に繋がるだけでなく，事故を発生させることもある．各学校における自主的選択や裁量の拡大が促進されているなかで，家庭科授業の教育効果が最大限期待できる教材を整備していくことが重要である．

（2）家庭科室の工夫による授業の創造

家庭科室をどのように活用するかは，家庭科教師の授業観とかかわってくる．家庭科室への掲示が子どもの学習を支援する視点から3つの実践例を示す．

実践例1　家庭科室への掲示が授業前の興味・関心を喚起

A教師は，環境教育に関する授業を実施する数週間前から，家庭科室の壁面に洗濯石けん等で泡だらけの学校近くにある下水溝の写真や環境教育を特集した新聞記事を掲載し，家庭科室側面にある棚上には水道局作成のパンフレット，環境問題に関する漫画本，インターネットが使えるパソコンなどを配置した．子どもはそれらを授業前後の休憩時間に群がって見ていた．実際にこの授業が開始されると，子どもの方から積極的な情報提供があり，授業の深化に役だっていた．これらの掲示物や展示物は，授業前に授業内容の興味・関心を子どもに喚起する導入となっている．

実践例2　家庭科室への掲示が主体的な学びを支援

B教師は衣服製作実習の授業において，つまずいたらすぐ教師に頼るのではなく，まず家庭科室の側面に設置した「つまずき別コーナー」で確認させ，自ら課題解決させるようにさせた．例えば，ミシンコーナーではミシン操作時の困難状態別に具体的な解決方法をビデオや模造紙で示し，段階標本コーナーでは作業のポイントを具体的実物で示していた．この授業においては，家庭科室に設置した各コーナーが子どもによって主体的活動を支援する情報収集の場となっている．

実践例3　家庭科室への掲示が主体的・対話的で深い学びを支援

C教師は，家庭科室の掲示物の近くに付箋置き場を設置した．そして，子どもには家庭科室側面等に掲示している友達の学習成果物や展示物を見て，それらに対する感想・意見・質問を自由に付箋へ書いて掲示物へ貼るように促した．すると，付箋を貼られた子どもの中には友達の意見をもとに，掲示物の一部を自主的にやり直して再掲示する者もみられた．このような付箋を活用した取り組みは，友達間による相互評価となる．また，友達

の意見を契機としてやり直した子どもがいたことは，家庭科学習が深化し，発展性のあるオープンエンド授業となったことを意味する．

これらの実践から，家庭科室は工夫の仕方によって，子どもにとっては興味・関心を喚起する場，情報収集の場，学習の確認ができる場，活動に参加できる場，学びの方向を広げる場，自己学習能力を育てる場，さらに教師と子どもの相互交流の場になりえるといえよう．

第3節　他教科や総合的な学習（探求）の時間等とのかかわり

学校内において家庭科と他教科や総合的な学習（探求）の時間等とはどのような関連を図ることができるのだろうか．考えられる家庭科と他教科や総合的な学習（探求）の時間等とのかかわりのパターンを図8-2に示す[3]．

パターンAは，他教科や総合的な学習（探求）の時間等を展開する中で，家庭科学習としての知識・技術等の習得が必要となり，一旦他教科や総合的な学習（探求）の時間等の活動から離れて，家庭科で学習後，再び他教科や総合的な学習（探求）の時間等に戻って展開する場合である．例えば，理科で野菜を栽培し，その野菜を用いた調理実習を家庭科授業で実施後に，再び理科の学習に戻る実践が含まれる．

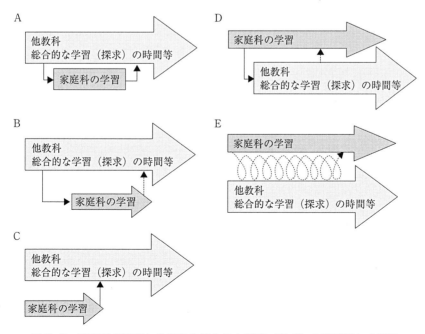

図8-2　家庭科の学習と他教科や総合的な学習（探求）の時間等との関連
出所）伊那小学校「公開学習指導研究会　研究紀要　内から育つ」1986年度～2001年度[2] をもとに作図

パターンBは，他教科や総合的な学習（探求）の時間等の活動から芽ばえた家庭科に関わる課題を，家庭科が引き取って，家庭科授業として学習を深化させる場合である．さらにその一部が元の他教科や総合的な学習（探求）の時間等の活動に戻る場合もある．これは限られた授業時間数の家庭科において，学習効果を最大限に高めるパターンとなりえる．例えば，総合的な学習（探求）の時間において「食を通して地域やくらしを見つめる」というテーマで実施した地域食材に関する調査活動や実践活動を通して，食生活の課題に気づかせ，その課題を家庭科授業の中で解決させる実践が含まれる．子どもの中に，同じ畑で栽培されたネギでも，販売時の包装やネーミングを違えるだけで価格が異なることを探求した課題解決があったとすれば，家庭科として消費者教育の学習へ深化・発展させることができる．その後，再び総合的な学習（探求）の時間に戻り，家庭科での課題解決成果の発表会に地域の人を招待して報告させるならば，地域の人たちとさらに交流を深め，課題を共有することができるであろう．本パターンは総合的な学習（探求）の時間で生起した学習者の問題意識，探求心を，家庭科の学習内容に関連させて課題解決学習を展開させている．見学やインタビュー調査等のように家庭科の授業時間数だけでは実施しにくい活動を他教科や総合的な学習（探求）の時間等で実施できることは家庭科にとって有益である．

パターンCは，これまでの家庭科の学習で習得された知識・技能が他教科や総合的な学習（探求）の時間等の活動に活用されていく場合である．例えば，家庭科において，土地の方言を用いた地域食材を紹介し，それを使った調理実習を実施した授業終了後，国語では興味を持った方言について調べたり，総合的な学習（探求）の時間では家庭科で使用した以外の地域食材を調べたり，収集したりする活動に発展する実践例が含まれる．

パターンDは，家庭科で学習した内容から芽生えた興味・関心をもとに，他教科や総合的な学習（探求）の時間等で学習が展開される場合である．さらにその一部が元の家庭科学習に戻る場合もある．例えば，家庭科で高齢者を取り巻く現状について学習した後に，総合的な学習（探求）の時間において地域の高齢者の実態を調べ，社会科で高齢者を取り巻く保健医療・福祉サービスを実現するための施策を学び，再び家庭科に戻り，高齢者を取り巻く課題を解決しようと取り組む実践が含まれるであろう．

パターンEは，他教科や総合的な学習（探求）の時間等の活動と家庭科の学習はそれぞれ独立して展開しているが，両者間に相互補強関係が成立し，両授業に相乗効果をもたらす場合である．例えば，家庭科においてエネルギーに関わる環境教育の学習を行っている時に，理科では「物質・エネルギー」の学習，社会科では「人々の健康や生活環境を支える事業」（飲料水，電気，ガスを供給する事業」）に関する学習を3教科が連携しながら行う場合，家庭科の学びを他教科の学びが相互補完し，子どもの学びを深化・発展させる

ことができよう．

本稿において示したどのパターンで実践したとしても，家庭科としての独自性，教科目標を見失わないようにしなくてはならない．

第4節　家庭・地域との連携

近年，家庭や地域の教育力の低下，社会性や規範意識の低下など，子どもたちを取り巻く環境は大きく変化してきた．そして，学校と家庭と地域の三者が連携して子どもたちに生きる力を育むことが重要であることが強調されるようになってきた．

一方，人間の生活を対象とする家庭科は，授業を通して習得した内容が学習者の日常生活に生きて働くようになって，初めて家庭科の授業目標が達成されたと考える．しかし，家庭科で習得した内容が，学習者自身の生活の中で新しい意味を持ち，新しい見方や考え方で様々な生活課題の解決に活用しようと思っても，家庭科授業の方向と学習者を取り巻く家庭や地域の方向が異なっていると，折角家庭科で習得した学習内容が生きて働かなくなる．

では，家庭科は家庭や地域とどのように連携していけばよいのであろうか．

佐藤晴雄の連携の分類[3)]に従うと，図8-3に示すように，連携の

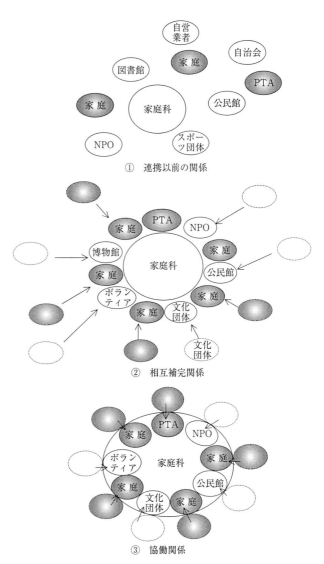

図8-3　「連携」のパターン

出所）佐藤晴雄『学校と地域でつくる学びの未来』ぎょうせい，2001，pp.20-21を参考に作図．

第1段階は，連携以前の関係であり，家庭科の周りでバラバラに独立して存在していた家庭や地域の各組織が，「情報交換・連絡調整機能」をもった状態である．例えば，家庭科便りを発行して家庭科授業に対する保護者の理解を得たり，家庭科での学習成果を地域に発表する場を設定したりすることが含まれる．第2段階は，第1段階の「情報交換・連絡調整機能」に「相互補完機能」が加わった状態である．家庭科授業を家庭や地域の各組織が支援する形態である．例えば，専門家に外部講師として授業を担当してもらったり，材料の提供や備品の借用を受けたりする等である．しかし，この段階では，家庭科授業担当者の一方的な協力や支援要請で成立している．第3段階は，第2段階に「協働機能」を加えた状態である．家庭科授業の目標を家庭や地域が共有化し，単なる支援ではなく，目標達成に向けてそれぞれの役割を遂行していく形態である．例えば，環境教育に関する学習において，ホームプロジェクトや学校家庭クラブを通して，家庭や地域の人々と共に原因究明や現状での取り組みの実態を把握したうえで，ともに解決を図る実践が含まれる．このような連携であれば，家庭や地域の生活と一体となった生活課題解決に授業内容が役立つ実践となる．しかし，この場合，家庭科が中核となっていることを念頭に教科の目標を見失うことなく実践が行われる必要がある．さらに，佐藤も指摘しているように，人材バンクや環境資源バンクや情報公開などの人的・物的・社会的システムづくりが重要な鍵となる．

アクティビティ

1. 家庭科の授業における子どもの主体的・対話的で深い学びを支援する家庭科室の掲示を考えてみよう．
2. あなたがこれまでに出会った家庭科教師を思い出し，良かった所，悪かった所を列記してみよう．そして，どのような家庭科教師になりたいか話し合ってみよう．

注および引用・参考文献

1) 柴静子「第15章　家庭科教師にはどのような能力が必要だろうか」多々納道子・福田公子編著『教育実践力をつける家庭科教育法（第3版）』大学教育出版，2011，pp.218-219.
2) 木俣清博，伊那小学校の総合学習実践から見た社会科と「総合的な学習」との関係，社会科教育研究，No.87，（2002）p27に掲載された伊那小学校「公開学習指導研究会　研究紀要内から育つ」1986年度～2001年度の図をもとに家庭科の学習と他教科や総合的な学習（探求）の時間等との結びつきを示している．
3) 佐藤晴雄，「第4節　学社協働の推進と生涯学習の新しいステージ」，白石克己・佐藤晴雄・田中雅文編，『生涯学習の新しいステージを拓く〈第2巻〉学校と地域でつくる学びの未来』，ぎょうせい，2001，p20-25.

第Ⅲ部

生活実践と家庭科の授業

第9章 共に暮らす
― 家族・家庭生活と福祉 ―

第1節 子どもを取り巻く状況と課題

1. 多様化する家族・社会

　現在の子どもを取り巻く状況は，情報化，グローバル化などの急速な進展に伴い，かつてないほど急激なスピードで変化し続けている．日本では，戦前は拡大家族が一般的であったが，1960年代以降は核家族が増加し，2015（平成27）年には，核家族世帯が一般世帯の55.9%を占めるようになった[1]．また，世帯人員別にみると"1人世帯"が最も多く，"ひとり親と子どもの世帯"，"夫婦のみの世帯"など，世帯人員の少ない世帯の割合が増えている．"シングルマザー"，"シングルファザー"の家庭や，再婚により少なくともどちらか一方に，前の結婚でもうけた子どもがいる"ステップファミリー"と呼ばれる家庭も急増しており，もはや血縁関係に基づく定型化された家族のかたちは存在しないといっても過言ではない．

　日常生活も予想をはるかに超えるスピードで変化している．情報化の進展とともに生活スタイルは激変し，現金を持たずしてスマートフォン片手に，電子マネーで買い物をする光景も珍しくはなくなってきた．また，インターネットの普及により，買い物など消費行動の多くは，Web上でも可能となり利便性が向上した．しかし，情報化社会の裏側では"ゲーム依存症"など，子どもの心身を脅かす新たな疾病も現れている．

　「外国人労働者100万人時代」とも称される今日，コンビニエンスストア等で外国人店員の接客を受けることも珍しくなくなった．今後は，人工知能（AI）による影響もはかり知れず，我が国においても，将来，人工知能（AI）や機械が代替することができる技術的な可能性が高い職業が，49%にも及ぶと推測される[2]．

　子どもたちは，このような変化の激しい社会の中で，予測できない未来への期待と不安の中で，生き方を模索しているといえよう．

2. 少子高齢社会の中で

一般的に，合計特殊出生率が，人口を維持するのに必要な水準（人口置き換え水準）を相当期間下回っている状況は「少子化」と定義され，日本では，1970年代半ば以降，この「少子化現象」が続いている．また，日本の高齢化は世界で類をみないスピードで進み，1970（昭和45）年に，全人口に占める65歳以上の高齢者の割合が7％を超えた"高齢化社会"に，1994（昭和29）年には14％を超えた"高齢社会"に，そして2007（平成19）年には21％を超えた"超高齢社会"へと突入した[3]．

一方，高齢者1人を支える現役世代の人数は減少の一途を辿り，1950（昭和25）年では12.1人であったが，2000（平成12）年には3.9人となり，2015（平成27）年には2.3人にまで下がった．現状のまま推移した場合，2065年時点では，高齢者1人に対して現役世代が約1.3人となると推計されている[4]．このように，高齢者と現役世代の人口が1対1に近づいた社会は"肩車社会"と呼ばれ，医療・介護費・年金等の社会保障に関する給付と負担をはじめ，支える側と支えられる側のアンバランスは一層大きくなるといわれる[5]．

様々な問題が危惧される中で，子どもから高齢者まで，各ライフステージの人々が共生できる社会をどのように醸成していけばよいのであろうか．未来を担う子どもたちには，生活に関する知識理解を基盤として，家族や地域，社会における課題解決に向かう態度や，持続可能な社会を創造していく姿勢が今以上に求められ，家庭科教育の果たすべき役割は大きい．

第2節　生活実践に必要な能力と内容

1. 児童・生徒につけたい能力

中央教育審議会答申資料をもとに，家族・家庭生活・福祉に関して育成をめざす資質・能力を整理すると，第3章の表3-3のようになる．

「知識及び技能」の面では，まず小学校段階では"日常生活"に焦点をあて，家族や家庭，衣食住，消費や環境等についての基礎的な理解と技能の習得がめざされる．その上で，中学校段階では"生活の自立"という視点から幼児や高齢者についての理解や技術が，高等学校では"自立した生活者"として生涯の生活設計についての理解や，子育て支援や高齢者の生活支援等についての理解と技能の育成が求められる．

「思考力・判断力・表現力等」に関しても，小学校段階では，まず"日常生活"に焦点

をあてて，生活の中から問題を見いだして課題を設定する力や，自分の生活経験と関連付けながら様々な解決方法を構想したり，計画・実践等について評価・改善したりする力の育成が求められる．中学校段階になると"家族・家庭や地域"へと視野を広げ，家族・家庭や地域における生活より課題を設定し，"これから"の生活を展望して課題を解決する力を育む．さらに高等学校では，家族・家庭のみならず"社会"における生活から課題を設定し，"生涯"を見通して課題を解決する力の育成がめざされる．

「学びに向かう力・人間性等」においては，小学校段階では"家族の一員として"生活をよりよくしようと工夫する実践的な態度，生活を楽しもうとする態度の育成を図る．中学校段階では，家族だけでなく"地域の人々と協働して"生活を工夫し創造しようとする実践的な態度の育成や，"将来の家庭生活や職業生活を見通して"学習に取り組もうとする態度も重視される．さらに，高等学校では，相互に支え合う"社会の構築に向けて"主体的に地域社会に参画し，男女が協力して家庭や地域の生活を創造しようとする態度や，家庭や地域の生活を創造しようとする態度の育成が求められる．

このように，家族・家庭生活・福祉に関する学習では，発達段階に応じて，空間軸は"家族"から"地域""社会"へ，時間軸は"現在"から"将来""生涯"への広がりの中で，最終的には，課題の解決と主体的な社会参画への力の育成がめざされる．

2．家族・家庭生活と福祉に関する学習内容

このような資質・能力を育成するために，学習指導要領においては，各学校段階における学習内容が示されている．表9-1は，学習指導要領の家族・家庭生活と福祉に関わる学習について，抜粋，整理したものである．小・中学校における「A 家族・家庭生活」の学習を基盤として，高等学校「家庭基礎」「家庭総合」では「A 人の一生と家族・家庭及び福祉」の学習内容へと，発展的な学びにつながるよう体系化されている．

（1）自分の成長と家族・家庭生活に関する内容

小学校ではまず，第5学年の最初に，第4学年までの学習を踏まえ，2年間の学習の見通しを持たせるために，"自分の成長と家族・家庭生活"を学習する．その上で自分と家族，近隣の人々との関わりにより，よりよい生活をつくることができることを学ぶ．中学校では，家族や人々と協力・協働して家庭生活を営む必要性を認識する．そして高等学校では，自己の意思決定に基づき責任をもって行動することや，男女が協力して家族の一員としての役割を果たし，家庭を築くことの重要性を知る．最終的には，生涯を見通した自己の生活について主体的に考え，ライフスタイルと将来の家庭生活及び職業生活について

表9-1　家族・家庭生活と福祉に関わる学習内容

小学校「家庭」	中学校「技術・家庭科」（家庭分野）	高等学校「家庭基礎」	高等学校「家庭総合」
A 家族・家庭生活	A 家族・家庭生活	A 人の一生と家族・家庭及び福祉	A 人の一生と家族・家庭及び福祉
(1) 自分の成長と家族・家庭生活 ア　自分の成長を自覚し，家庭生活と家族の大切さや家庭生活が家族の協力によって営まれていることに気付くこと．	(1) 自分の成長と家族・家庭生活 ア　自分の成長と家族や家庭生活との関わりが分かり，家族・家庭の基本的な機能について理解するとともに，家族や地域の人々と協力・協働して家庭生活を営む必要があることに気付くこと．	(1) 生涯の生活設計 ア　人の一生について，自己と他者，社会との関わりから様々な生き方があることを理解するとともに，自立した生活を営むために必要な情報の収集・整理を行い，生涯を見通して，生活課題に対応し意思決定をしていくことの重要性について理解を深めること． イ　生涯を見通した自己の生活について主体的に考え，ライフスタイルと将来の家庭生活及び職業生活について考察し，生活設計を工夫すること．	(1) 生涯の生活設計 ア（ア）　人の一生について，自己と他者，社会との関わりから様々な生き方があることを理解するとともに，自立した生活を営むために，生涯を見通して，生活課題に対応し意思決定をしていくことの重要性について理解を深めること． ア（イ）　生活の営みに必要な金銭，生活時間などの生活資源について理解し，情報の収集・整理が適切にできること． イ　生涯を見通した自己の生活について主体的に考え，ライフスタイルと将来の家庭生活及び職業生活について考察するとともに，生活資源を活用して生活設計を工夫すること．
(2) 家庭生活と仕事 ア　家庭には，家庭生活を支える仕事があり，互いに協力し分担する必要があることや生活時間の有効な使い方について理解すること． イ　家庭の仕事の計画を考え，工夫すること．		(2) 青年期の自立と家族・家庭 ア　生涯発達の視点で青年期の課題を理解するとともに，家族・家庭の機能と家族関係，家族・家庭生活を取り巻く社会環境の変化や課題，家族・家庭と社会との関わりについて理解を深めること． イ　家庭や地域のよりよい生活を創造するために，自己の意思決定に基づき，責任をもって行動することや，男女が協力して，家族の一員としての役割を果たし家庭を築くことの重要性について考察すること．	(2) 青年期の自立と家族・家庭及び社会 ア（ア）　生涯発達の視点から各ライフステージの特徴と課題について理解するとともに，青年期の課題である自立や男女の平等と協力，意思決定の重要性について理解を深めること． ア（イ）　家族・家庭の機能と家族関係，家族・家庭と法律，家庭生活と福祉などについて理解するとともに，家族・家庭の意義，家族・家庭と社会との関わり，家族・家庭を取り巻く社会環境の変化や課題について理解を深めること． イ　家庭や地域のよりよい生活を創造するために，自己の意思決定に基づき，責任をもって行動することや，男女が協力して，家族の一員としての役割を果たし家庭を築くことの重要性について考察すること．
(3) 家族や地域の人々との関わり ア（ア）　家族との触れ合いや団らんの大切さについて理解すること．	(2) 幼児の生活と家族 ア（ア）　幼児の発達と生活の特徴が分かり，子供が育つ環境としての家族の役割について理解すること．	(3) 子供の生活と保育 ア　乳幼児期の心身の発達と生活，親の役割と保育，子供を取り巻く社会環境，子育て支援について理解するとともに，乳幼児と適切に関わるための基礎的な技能を身に	(3) 子供との関わりと保育・福祉 ア（ア）　乳幼児期の心身の発達と生活，子供の遊びと文化，親の役割と保育，子育て支援について理解を深め，子供の発達に応じて適切に関わるための技能を身に付ける

		付けること．	こと．
	ア（イ）幼児にとっての遊びの意義や幼児との関わり方について理解すること． イ 幼児とのよりよい関わり方について考え，工夫すること．		ア（イ）子供を取り巻く社会環境の変化や課題及び子供の福祉について理解を深めること．
		イ 子供を生み育てることの意義について考えるとともに，子供の健やかな発達のために親や家族及び地域や社会の果たす役割の重要性について考察すること．	イ 子供を生み育てることの意義や，保育の重要性について考え，子供の健やかな発達を支えるために親や家族及び地域や社会の果たす役割の重要性を考察するとともに，子供との適切な関わり方を工夫すること．
ア（イ）家庭生活は地域の人々との関わりで成り立っていることが分かり，地域の人々との協力が大切であることを理解すること． イ 家族や地域の人々とのよりよい関わりについて考え，工夫すること．	(3) 家族・家庭や地域との関わり ア（ア）家族の互いの立場や役割が分かり，協力することによって家族関係をよりよくできることについて理解すること． ア（イ）家庭生活は地域との相互の関わりで成り立っていることが分かり，高齢者など地域の人々と協働する必要があることや介護など高齢者との関わり方について理解すること． イ 家族関係をよりよくする方法及び高齢者など地域の人々と関わり，協働する方法について考え，工夫すること．	(4) 高齢期の生活と福祉 ア 高齢期の心身の特徴，高齢者を取り巻く社会環境，高齢者の尊厳と自立生活の支援や介護について理解するとともに，生活支援に関する基礎的な技能を身に付けること． イ 高齢者の自立生活を支えるために，家族や地域及び社会の果たす役割の重要性について考察すること．	(4) 高齢者との関わりと福祉 ア（ア）高齢期の心身の特徴，高齢者の尊厳と自立生活の支援や介護について理解を深め，高齢者の心身の状況に応じて適切に関わるための生活支援に関する技能を身に付けること． ア（イ）高齢者を取り巻く社会環境の変化や課題及び高齢者福祉について理解を深めること． イ 高齢者の自立生活を支えるために，家族や地域及び社会の果たす役割の重要性について考察し，高齢者の心身の状況に応じた適切な支援の方法や関わり方を工夫すること．
(4) 家族・家庭生活についての課題と実践 ア 日常生活の中から問題を見いだして課題を設定し，よりよい生活を考え，計画を立てて実践できること．	(4) 家族・家庭生活についての課題と実践 ア 家族，幼児の生活又は地域の生活の中から問題を見いだして課題を設定し，その解決に向けてよりよい生活を考え，計画を立てて実践できること．	(5) 共生社会と福祉 ア 生涯を通して家族・家庭の生活を支える福祉や社会的支援について理解すること． イ 家庭や地域及び社会の一員としての自覚をもって共に支え合って生活することの重要性について考察すること．	(5) 共生社会と福祉 ア（ア）生涯を通して家族・家庭の生活を支える福祉や社会的支援について理解すること． ア（イ）家庭と地域との関わりについて理解するとともに，高齢者や障害のある人々など様々な人々が共に支え合って生きることの意義について理解を深めること． イ 家庭や地域及び社会の一員としての自覚をもって共に支え合って生活することの重要性について考察し，様々な人々との関わり方を工夫すること．

出所）小・中学校学習指導要領（2017），高等学校学習指導要領（2018）に基づいて筆者作成．なお，高等学校では「家庭基礎」「家庭総合」のうち1科目選択必修

考察し，生活設計を行っていく．これらの学習では，特に"主体的な学び"を充実させることが求められる．

（2） 地域生活と福祉に関する内容

地域生活と福祉に関しては，小学校では，家庭生活が地域の人々との関わりで成り立っていることを知り，地域の人々との協力が大切であることを理解する．このように地域生活を肯定的に捉えたうえで，中学校では，自分から他者・社会へと視野を広げ，家庭生活と地域との関係や，高齢者との関わり方について学んでいく．高等学校では，特に，高齢者等の地域の人々と協働することについての内容が重視される．高齢者の自立生活を支えるために，家族や地域及び社会が果たす役割の重要性について考察していくため，協力・協働に関わる"対話的な学び"が求められる．

（3） 家族・家庭生活についての課題と実践に関する内容

学習指導要領では，小学校段階から，"家族・家庭生活についての課題と実践"において，課題を解決する力と，生活をよりよくしようと工夫する実践的な態度の育成が重視されている．中学校では，少子化の進展に対応して幼児とふれあう学習がより一層重視され，家族や幼児の生活や地域の生活の中から問題を見いだし，課題を設定し，解決に向けて考察，計画，実践することが求められる．さらに，高等学校では"共生社会と福祉"の中で，少子高齢社会における社会支援等も検討していき，課題解決への"深い学び"が要となる．

第3節　授業づくりのための基礎知識

1．人の一生と生涯発達

人は，一人では生きていくことはできない存在（生理的早産の状態）としてこの世に生まれ，生涯にわたり，様々な他者との関わりの中で，成長・発達していくものと捉えられている[6]．

エリクソン（E. H. Erikson）は，人間の一生を8つのライフステージであらわし，各ライフステージには特有の課題が存在するとして，ライフサイクル論を提唱した．乳幼児期は親への基本的信頼感，幼児期は自律性，幼児後期は自発性，学童期は勤勉性，青年期はアイデンティティ，成人期はパートナー等との親密性，中年期は次世代への世代性，老年期には統合性が課題となる．その中でも「自分とは何者であるのか」といった自分ら

しさの感覚，すなわちアイデンティティが獲得される青年期を重要な時期と捉え，青年期のアイデンティティ形成には，職業選択が密接に関わっていることを示唆した[7]．

このことに関連して，職業心理学者のスーパー（D. E. Super）は，職業的発達が，誕生から死に至るまでの多様な役割（子ども・学生・余暇人・市民・労働者・家庭人等）の中でなされるものとし，"ライフ・キャリア・レインボー"（図9-1）を提唱している[8]．例えば，幼少期は子どもの役割が中心的であるが，学童期には学生の役割が加わり，成長とともに市民としての役割や，余暇活動における役割を得ていく．青年期になると労働者としての役割が加わり，さらに家庭人等の役割を重層的に担っていく．そして，このような役割の組み合わせこそが"キャリア"であると捉えた．これらの心理学の理論をふまえると，人は多様な関わりの中で，複数の役割を担いながらアイデンティティを構築，統合していくものと捉えられる．

しかし，現代社会では，過去から現在，将来へと続く一貫したアイデンティティよりも，場面ごとでの「キャラ」が求められるといったような，アイデンティティを獲得しにくい状況があることも指摘される[9]．SNS等による新たなコミュニケーションの出現により，瞬時に関係性が変化し得るような社会においては，アイデンティティの構築はとりわけ重要な課題といえよう．

学習指導要領では，自己のキャリア形成の方向性と関連付けながら，自己の学習活動を振り返る活動が重視されている．家庭科の学習の中で，自分自身や家族について振り返り，家族や社会との関係性のなかで，主体的に自分らしい生き方を見いだせるような授業づくりが求められよう．

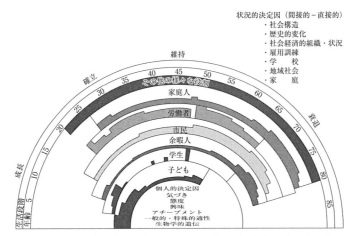

図9-1　スーパーの"ライフ・キャリア・レインボー"（ライフキャリアの虹）
出所）文部科学省『中学校キャリア教育の手引き』2011，p32

2. 家族の機能と家庭・地域・職業生活

　家族の捉え方は一様ではなく，時代や社会により変化する側面を持つ．森岡・望月（1997）によれば，「家族とは，夫婦・親子・きょうだいなど少数の近親者を主要な成員とし，成員相互の深い感情的かかわりあいで結ばれた，幸福（well-being）追求の集団である」と定義される[10]．すなわち，家族の構成員の範囲は画一的なものではないが，家族員の幸福追求に方向づけられた機能を持つものと捉えることができる．

　「家族と地域における子育てに関する意識調査 報告書」[11]によれば，家族の役割として重要だと思うものとしては，"生活面でお互いに協力し助け合う"が最も多く，以下"夫または妻との愛情をはぐくむ""子どもを生み，育てる"，"経済的に支えあう"，"喜びや苦労を分かち合う"の順となっている．性別で比較すると，男女とも"生活面でお互いに協力し助け合う"が最も多く，男性では"経済的に支えあう"が，女性では"喜びや苦労を分かち合う""子どもを生み，育てる"といった項目が高い．

　これらの調査結果からは，家庭の機能の多くが社会化された今日においても，①精神的な安らぎ，②子どもの教育，③人間的成長，④経済的役割，といった役割が，家族に求められていることが明らかである．また，男性は経済的役割を，女性は精神的・教育的役割を重視するといったジェンダー意識も垣間見える．男女ともに"生活面でお互いに協力し助け合う"が最も高いという結果が示すとおり，協働的に家庭・地域・職業生活の役割を担う必要があり，"ワーク・ライフ・バランス"は極めて重要な課題である．

3. 子育てと福祉

　少子化は，個人，家族から，地域，国家に至るまで多大な影響を及ぼし，社会の根幹を揺るがしかねない事態として危惧される[12]．2010（平成22）年には，従来の少子化対策から，子ども・子育て支援へと当事者目線に切り替えた「子ども・子育てビジョン」[13]が示され，生活と仕事と子育ての調和を重視した取り組みがすすめられてきた．2016（平成28）年には，「ニッポン一億総活躍プラン」[14]が策定され，結婚や出産に関する個人の希望が実現した場合の合計特殊出生率（1.75程度という数値）をふまえた，"希望出生率1.8"の実現への対策が掲げられた．その中では，2025（令和7）年度までの対応策として，①働き方改革の推進，②子育ての環境整備，③希望する教育を受けることを阻む制約の克服等が示されており，とりわけ生活・仕事・子育てのバランスの重要性が強調されている．

　高齢者を含む福祉政策においても，団塊の世代が75歳以上となる2025年（令和7年）

を目途に,地域の包括的な支援・サービス提供体制（地域包括ケアシステム）構築が目指されている[15]. しかし,現実には介護は家族,とりわけ女性に大きな負担がかかっていることや,介護のために仕事を辞めざるを得ない"介護離職",高齢者が高齢者を介護する"老老介護",育児と介護を同時に担い過重な負担となる"ダブルケア",さらには10代の子どもが介護を負担する"若年介護"など,課題は山積している.

スーパーの"ライフ・キャリア・レインボー"にもみられるよう,人の生涯においては,家族としてのケアに関する役割が重要であることは,いうまでもない. 要介護者と介護者が,住み慣れた地域で,ともに自分らしい暮らしを続けることができるような支援の在り方,包括的なケアシステムの構築が求められる.

第4節　授業実践

1. 授業づくりの視点

家族の学習をすすめるにあたっては,実習や観察,ロールプレイングなどの学習活動を中心とするよう留意することや,プライバシーに十分配慮することが学習指導要領に示されている. そこで,家族・家庭生活に関する実践事例として,家族をめぐる今日的課題を盛り込みながら,ロールプレイングの活動を取り入れた授業"ロールプレイングを通して,家族とのかかわり方を考えよう（中学校）"について紹介したい[16].

2. 授業の実際

（1）題材について

題材の目的は,「中学生が家族とのかかわり方を,家庭だけにとどめることなく,家庭と社会とのつながりの中で捉えていくこと,また,その視点も踏まえながら,固定的な性別役割分業の変更を求められる時に,家族の構成員間の平等とそれぞれの人権の尊重という視点を持って対処方法を考えること」と設定される. 題材の目標は,「自分を取り巻く社会の問題解決に向けて,家族とのかかわり方を工夫する」である.

（2）題材の指導と評価の計画（全4時間）

題材は全4時間で構成されている. 第1時「20年後のライフスタイル」では,家庭と社会のつながりを考える講義形式の授業を行い,家族の学習課題への気付きを促している. そのうえで,第2時「家族とのかかわり方を考える①」,第3時「家族とのかかわり

方を考える②」では，ロールプレイングを通して，家族との関わりを考えさせる活動につないでいる．第4時「自己の再発見」では，ロールプレイングの活動の振り返りとともに，20年後の社会に向けた考察，まとめが行われる．

（3） 本時の学習指導
1） 本時の目標
ロールプレイングを通して，家族とのかかわり方を考えよう
2） 授業の過程（全50分）
授業過程は表9-2に示す．

（4） 評　価

本授業（第3時）では，評価項目として「自分を取り巻く社会に向けて，家族とのかかわり方を工夫している」が挙げられている．この点について，「ロールプレイングの活動で演じることにより，自分自身を客観的に見つめ，日常生活での課題や問題の解決を導き出そうとし，対人関係上の洞察力を高め，固まっていた，あるいは閉ざしていた自己を揺り動かし，新たな自己を見出すという効果が認められた」と評価されている．また「他の生徒の演技を見て，多様性への気付きが生まれ，自分とは異なる考え方や態度への理解を深めるという効果が認められた」といった，多様性理解につながる成果も得られている．

学習指導要領に照らして，"知識・技能""思考・判断・表現""主体的に学習に取り組む態度"に関して評価を行う場合には，例えば表9-3のような観点も考えられよう．今後は，これまでの実践の蓄積を活用した上で，より深い学びへとつながる授業開発と，その学びが評価できる観点等の作成が期待される．

表9-2　第3時の展開（ロールプレイングを通して，家族とのかかわり方を考えよう②）

時配	学習活動	留意点（○）および評価（◇）
5	○前時の学習を振り返る． ・場面設定 　　母は，来月から勤務のしかたをフルタイムに変更したいと思っています．家事は母が全面的に担ってきましたが，これから家族で分担しようと考えています． ・前時の発表グループを振り返る ○ロールプレイングのルールを再確認する ○ウォーミングアップする ・各班で眠っている赤ちゃんを起こさないように隣の人に抱いてもらう．	○演じる側と演じを見る側にとって，どのような「気付き」があるかを大切にすることを伝える． ○ルールについて再確認しておく． ・一人一人を大切にする ・現実的な話題や呼び方はしない ・授業後話題にすることもしない ○演じやすいように，ウォーミングアップを取り入れて，気持ちをほぐしておく．

17	○本時の学習目標と流れを確認する．	○学習目標と学習の流れを伝える．
	ロールプレイングを通して，家族とのかかわり方を考えよう．	
	○本時の発表の4グループは，全体の前で演じる． ○演じを見ていた生徒は気付いたことを発表する．演じた生徒は，感想を言う．	〈教師はファシリテーターとして支援する〉 ・一人一人を大切にする授業を心がけ，多くの生徒の言葉を拾い伝える ・教師が司会者となり，生徒の気付きを拾う ・答えを誘導することなく，気付きの言葉を反復しながら，学習目標に迫るための手助けをする． ○それぞれの想像するものに違いがあって良いことを確認しあう． ○父親や母親としての立場からの気持ちを引き出しておく． ○自分の生活と結びつけて考えさせる．
20	○同じ場面について班での話し合いを行う．班で解決策を考え，共有する． ○ホワイトボードを活用して，班で共有した考えを記入する． 〈予想される記入内容〉 ・家族とのかかわりを増やす ・社会の支えが必要 ・周りの人（地域）と信頼関係を深める ・自立した生活を送る（経済面含む） ○クラス全体で考えを共有する．	○進行役，発表者，記録者を決め，話し合いが短時間で，進められるように支援する． ○1／3時間目の授業を振り返り，家庭生活と地域社会とのつながりが導き出せるよう支援する． ○自分を取り巻く社会の問題解決に向けて考えを広げられるように支援する． ○ロールプレイングでの気付きの言葉を生かしながら各班の考えを導く手助けをする． ○クラス全体で考えを共有しやすいように，ホワイトボードは全て壁際に掲示する． ○聴き合う関係を重視し，より深い学びを経験できるように，生徒のつぶやきを逃さずに声を拾う．
8	○20年後の社会に向けて今からできることを考える． 〈予想される発表内容〉 ・人とのコミュニケーション ・他者の尊重 ・自立した生活（能力を上げる） ・信頼関係を築く ・自分にあった職業に就くための準備 ・仕事と生活の調和が実現できる社会のあり方を考える ・代表生徒の考えを聞く． ・次時の予告をする．	○「まとめ」として，自己を見つめ直し，社会や実生活への広がりをもたせる機会となるよう支援する． ◇自分を取り巻く社会に向けて，家族とのかかわり方を工夫している．（工夫・創造）

出所）萬崎保子・久保桂子・中山節子「中学校家庭科におけるロールプレイングの活動を取り入れた家族学習」千葉大学教育学部研究紀要第64巻，2016，pp.9-17．

表 9-3 評価の観点（例）について

知識・技能	自分自身を含めて，家族にはそれぞれの立場や役割があることを理解し，家族の役割の立場や役割について考え，家族の気持ちを理解することができる（ロールプレイング）
思考・判断・表現	自分を取り巻く社会の問題解決に向けて考えている（班での話し合い・ホワイトボードへの記入・クラス全体への共有）
主体的に学習に取り組む態度	自分を見つめ直し，今後の社会へ向けて自分のできることを考え，家族との関わりや生活を工夫，改善しようとしている（発表）

（萬崎保子他「中学校家庭科におけるロールプレイングの活動を取り入れた家族学習」2016 をもとに筆者作成）

アクティビティ

1. 自分や家族の多様な役割について，"ライフ・キャリア・レインボー"をもとに考えてみよう．
2. 地域生活における課題を見つけるために，子育て世代や高齢者の方にインタビューをしてみよう．

引用及び参考文献

1) 総務省統計局「平成 27 年国勢調査：我が国人口・世帯の概観」2018．
2) 野村総合研究所「日本の労働人口の 49％が人工知能やロボット等で代替可能に：601 種の職業ごとに，コンピューター技術による代替確率を試算」2015．
   http://www.nri.com/Home/jp/news/2015/151202_1.aspx（最終検索日：2018.4.20）
3) 内閣府『平成 29 年版高齢社会白書』2017．
4) 同上書．
5) 内閣府『選択する未来：人口推計から見えてくる未来像』2015．
6) Porttmann, A.（高木正孝訳）『人間はどこまで動物か』岩波新書，1961．
7) Erikson, E. H.（小此木啓吾訳）『自我同一性 アイデンティティとライフサイクル』誠信書房，1973．
8) Super, D. E., A lifespan, lifespace approach to career development. Journal of Vocational Behavior, 13, 1980, 282-298.
9) 土井隆義『キャラ化する／される子どもたち：排除型社会における新たな人間像』岩波書店，2000．
10) 森岡清美・望月嵩『新しい家族社会学 四訂版』培風館，1997．
11) 内閣府「家族と地域における子育てに関する意識調査 報告書」2014．
12) 内閣府『平成 27 年版 少子化社会対策白書』2015．
13) 内閣府「子ども・子育てビジョン：子どもの笑顔があふれる社会のために」2010．
    http://www.mhlw.go.jp/bunya/kodomo/pdf/vision-zenbun_0001.pdf（最終検索日：2018.4.20）
14) 内閣府「ニッポン一億総活躍プラン」2016．
    https://www.kantei.go.jp/jp/singi/ichiokusoukatsuyaku/pdf/gaiyou1.pdf（最終検索日：2018.4.20）
15) 厚生労働省『平成 28 年版厚生労働白書：人口高齢化を乗り越える社会モデルを考える』2016．
16) 萬崎保子・久保桂子・中山節子「中学校家庭科におけるロールプレイングの活動を取り入れた家族学習」千葉大学教育学部研究紀要第 64 巻，2016，pp.9-17．

第10章 育てられる・育てる
― 保育・子どもの成長・発達 ―

第1節 子どもを取り巻く状況と課題

近年，夫婦共働き家庭や母子家庭・父子家庭の増加，ステップファミリー，10代で子どもをもつ家庭，外国籍保護者家庭など，様々な家族形態が生じている．また，結婚の有無，子どもをもつか・もたないのかの選択も多様である．このような家族形態やライフスタイルの変化に伴い，乳幼児の生活も大きく変化している．

子どもは少子化や遊び場の減少により，同年齢の子ども同士で遊ぶ機会が減っているだけでなく，異年齢の子どもと関わる機会そのものが少なくなっている．そのため，年上として自分より年下の子どもの世話をしたり，年上の友達の遊ぶ姿にあこがれ，真似をしたりして遊ぶ機会が減少している．子どもだけでなく，親も地域社会の関係性の希薄化や核家族化の増加によって，母親が子どもの世話を一人で担い，相談できないままに，不安や孤独，悩みを抱えこむ場合も少なくない．そのような親と子どもを取り囲む現状が，親の子どもへの虐待，過干渉や育児不安を引き起こす可能性も報告されている[1)2)3)]．

児童福祉法第一章第一条において「すべての国民は，児童が心身ともに健やかに生まれ，且つ，育成されるよう努めなければならない」と記述されているように，いくら社会が変化しても，次世代を育てる役割を国民そして社会は担っている．その中でも子どもを守り，愛情深く，責任をもって育てる主体者は保護者（親）である．保護者（親）による子どもの育て方により，その後の子どもの成長・発達に大きな影響を及ぼす．一方で，多くの小学生，中学生，高校生にとって，乳幼児と関わる機会は少ない．そのため，乳幼児と身近に接したり，世話をしたりする経験がないまま，保護者（親）になっている者が多く存在する．

事前に育児や乳幼児に関する知識やかかわり方を学ぶ機会，乳幼児とふれあった経験があれば，保護者（親）になった時，精神的・身体的な安心感を得ると共に，次世代をどのように育てればよいか思い描くことが可能となるであろう．すなわち，専門職である保育士や幼稚園教員以外の人にとって，乳幼児に関する基本的な知識や人の成長・発達に関わる環境の在り方を科学的な観点から，体系的・体験的に学べ

る機会は，家庭科での学習のみなのである．子どもが育つ過程においては，大小さまざまな問題が生起する．しかし，家庭科の中でいろいろな問題を想定して，取り返しのつかない問題に至る前にどのように環境を見直し，かかわり方を修復すれば良いかを検討する機会を得ることができれば，たとえ将来そのような問題に直面してもより良い解決方法を選択することができるであろう．次世代となる子どもを育てるためには，どのような環境を創り，関わっていけば良いかを社会全体で検討し，絶えず創造していくことが必要である．

第2節　生活実践に必要となる能力と内容

1. 学習指導要領における内容構成

学習指導要領における「育てられる・育てる」に関わる学習内容を表10-1に示す．小学校で学習する内容は「A 家族・家庭生活　(3) 家族や地域の人々との関わり」，中学校では「A 家族・家庭生活　(2) 幼児の生活と家族」，高等学校「家庭基礎」では「A 人の一生と家族・家庭及び福祉　(3) 子供の生活と保育」，「家庭総合」では，「A 人の一生と家族・家庭及び福祉　(3) 子供との関わりと保育・福祉」で体系的に学ぶように構成されている．これらの内容は，これまでの私，現在の私，これからの私という時間的な広がり

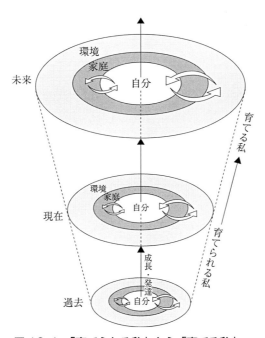

図10-1　「育てられる私」から「育てる私」へ

表 10-1 「育てられる・育てる」に関する学習内容

	小学校「家庭」	中学校「技術・家庭科」（家庭分野）	高等学校「家庭基礎」	高等学校「家庭総合」
子供との関わり	A 家族・家庭生活 (3) 家族や地域の人々との関わり ＊幼児又は低学年の児童や高齢者など異なる世代の人々との関わりについても扱うこと．	A 家族・家庭生活 (2) 幼児の生活と家族 ＊幼稚園，保育所，認定こども園などの幼児の観察や幼児との触れ合いができるよう留意すること． ア（イ）幼児との関わり方 イ 幼児との関わり方の工夫	A 人の一生と家族・家庭及び福祉 (3) 子供の生活と保育 ア 乳幼児と適切に関わるための基礎的な技能 ＊乳幼児との触れ合いや交流などの実践的な活動を取り入れるよう努めること．	A 人の一生と家族・家庭及び福祉 (3) 子供との関わりと保育・福祉 ア子供の発達に応じて適切に関わるための技能 イ子供との適切な関わり方を工夫 ＊幼稚園，保育所及び認定こども園などの乳幼児，近隣の小学校の低学年の児童との触れ合いや交流の機会をもつよう努めること．
子供の成長と発達		ア（ア）幼児の発達と生活の特徴 （イ）幼児にとっての遊びの意義	ア 乳幼児期の心身の発達と生活	ア・乳幼児期の心身の発達と生活 ・子供の遊びと文化
次世代を育てる環境と役割		ア（ア）子どもが育つ環境としての家族の役割 ＊幼児期における周囲との基本的な信頼関係や生活習慣の形成の重要性についても扱うこと．	ア 親の役割と保育，子供を取り巻く社会環境，子育て支援 イ子供を生み育てることの意義，子供の健やかな発達のために親や家族及び地域や社会の果たす役割の重要性	ア 親の役割と保育，子育て支援，子供を取り巻く社会環境の変化や課題及び子供の福祉 ＊乳幼児期から小学校の低学年までの子供を中心に扱い，子供の発達を支える親の役割や子育てを支援する環境に重点を置くこと． ＊子供の福祉の基本的な理念に重点を置くこと イ・子供を生み育てることの意義 ・保育の重要性 ・子供の健やかな発達を支えるために親や家族及び地域や社会の果たす役割の重要性
課題解決		(4) 家族・家庭生活についての課題と実践 ア 家族・幼児の生活又は地域の生活の中から問題を見いだして課題を設定し，その解決に向けてよりよい生活を考え，計画を立てて実践できること．		

出所) 小・中学校学習指導要領（2017），高等学校学習指導要領（2018）より，内容の要点を抜粋
なお，高等学校では「家庭基礎」「家庭総合」のうち１科目選択必修
＊「内容の取扱い」の記述

という視点と，私と家庭，地域，社会とのかかわりという空間的広がりの視点の両面から学んでいく（図10-1）.

2．児童・生徒につけたい能力

（1）「育てられる"私"」への気づきと理解（小学校，中学校）

　小学校では，児童に同世代の集団だけではなく，多様な人々とのかかわりの中で生きていることに気づかせたい．特に，自分よりも幼い子どもと関わることにより，自分の成長を意識し，ケアリングを学ぶ機会にもなる．中学校では，「育てられる"私"」である生徒自身の子ども時代を振り返りながら幼児の発達や生活の特徴について理解し，"私"は自分一人だけで成長してきたのではなく，家族やその他多くの人達の支えによって現在の"私"があることを自覚する契機となるような学びが求められる．このように自己を見つめ直すことを通して，「幼児期における周囲との基本的な信頼関係や生活習慣の形成の重要性」を具体的に理解することは，深い学びに繋がるであろう．さらに，中学校学習指導要領「A（2）幼児の生活と家族」の内容の取扱いには，「幼児の観察や幼児との触れ合いができるよう留意すること」と明記されている．近年中学生が幼児とふれあう機会が少なくなっている中で，実際に幼児と直接ふれあう体験は，幼児の発達や生活についてより深く理解できるだけでなく，保育への興味・関心を高める重要な契機となる．

（2）「育てる"私"」となるために（高等学校）

　高等学校段階においては，次世代に向けて「育てる"私"」となるために必要な乳幼児に関する知識や技能，親として子どもに接するときに必要な保育の基本的な考え方を学習する．子どもを産み育てることの意義や保育の重要性について理解できるよう授業を工夫する必要がある．一方で，将来結婚をしない，子どもを産まない・育てないという選択を考えている生徒もいるだろう．直接子どもとかかわる親や家族だけでなく，間接的に子どもとかかわる地域や社会が果たす役割の重要性についても，自分が住んでいる地域の現状も把握しつつ学習していくことが求められる．将来，地域や社会の一員として，次世代を担う子どもを育て，育んでいくために自分にどのようなことができるのかを十分に考える機会を家庭科授業の中にも取り入れていくことが必要である．生徒が子どもを取り巻く社会環境の変化や課題，子どもの福祉など，具体的事例をもとに課題解決するような授業を展開していくことが望まれている．

第3節　授業づくりのための基礎知識

1. 乳幼児の成長と発達

（1）乳幼児の発達の特徴

　乳幼児は人間の発達の基礎を培う時期であり，目に見えて変化が分かりやすい．身体的な体重や身長の増加に留まらず，運動機能や言語，情緒，認知，社会性など様々な機能の成長・発達が著しい．そして，それに伴い遊びや食事といった生活行動も変化する．例えば，最初は一人でしか遊べなかった子どもが徐々に友達と意見を出し合いながらルールに沿った遊びができるようになったり，ミルクしか飲めなかった乳児が離乳食，幼児食と大人と変わらないものを食べることができるようになったりする．このような子どもの発達における方向性や順序には共通性があるが，時期や現れ方には個人差が生じる．乳幼児を一括りにして捉えるのではなく，個々の子どもによって個別的な特徴があることを十分に理解し，一人ひとりの子どもに沿った配慮をすることの必要性を押さえておく必要がある．

（2）乳幼児の生活の特徴

　幼児の生活は遊びが中心であり，幼児にとって遊びは生活そのものである．そのため，一言で遊びといっても室内と戸外では遊びの内容は異なる．また，伝承遊びやチーム戦など遊びの種類や遊びの形態も様々存在する．発達段階に沿った遊びが提供できるよう，学習を深める必要がある．また，乳幼児期は着衣，食事，排泄などの基本的生活習慣を獲得する基礎段階である．乳幼児は離乳食や午睡など乳幼児独自の生活リズムや生活様式があることも理解しておくことが求められる．

（3）乳幼児とのかかわり

　乳幼児に接する際は，一人ひとり丁寧に話を聞いたり，分かりやすい話し方を心がける必要がある．また，乳幼児は自分が思っていることや考えていることを言葉にして相手に伝えることが難しい場合があるため，目の前の子どもの行動や状況から子どもの思いや考えを読み取ることも必要となる．子どもによっては，暴力的な言葉や乱暴な行動を取ることもあるかもしれないが，どうしてそのような行動を取るのかしっかりと観察することが大切になる．

2. 子どもの成長を支える環境と役割

　乳幼児を取り巻く環境として，一番身近にあるのは親であり家庭である場合が多い．一番身近な大人に対する信頼関係を土台に，主体的に周囲にかかわれるようになる．しかし，近年共働き家庭が多いにもかかわらず，未だに育児を母親一人に任せる家庭も少なくない．厚生労働省や各自治体では，父親が母親とともに育児を担う意識をもって育児参加するよう，イクメンプロジェクト等を積極的に推進している．高等学校段階においては，子どもの子育てについて家庭という視点だけでなく，より広く学習していくことが求められている．親が子育てをしやすい環境とするために，社会の中でどのようなサポートが親に提供されているのか，子育て中の親を守る法律や制度にはどのようなものがあるのか等，地域や社会の支援体制も含めて理解することが重要である．また，知識を得るだけでなく，自分が親となったときにどのようなサポートを求めるのか，現在地域や社会が行っている支援で足りないものや課題は何かなど，生徒自身が将来社会の一員として子どもを育て，守る立場になったときのことを具体的にイメージしながら考えられるような授業の構築が求められている．

第4節　授業実践

1. 授業づくりの視点

　中学校段階では，調べ学習として自分の子ども時代について周りの大人に聞いたり，子ども時代を振り返ったりすることによって，自分がたどってきた足跡を学習した知識と関連させることが可能である．高等学校段階では，自分が親となったときに必要な知識や技能を得るために，乳幼児に関わる法律や子育てに求められる社会的支援，乳幼児を取り巻く家庭環境など，中学校で学習したことよりもより深く，より広く学習する必要がある．

　また，中学・高等学校段階ともに乳幼児とふれあう体験学習の機会を設けることが望ま

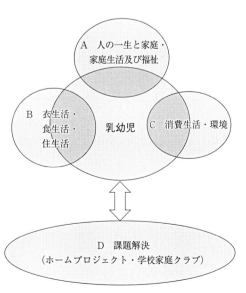

図10-2　乳幼児に関わる学習

表10-2 中学校2年生の年間学習計画

月	学習題材	学習内容	授業時数
	中学2年生 自分を見つめ 共に生きる		
4	ガイダンス	1年間の学びの見通しを持とう	1
4〜5	私たちの成長と家族・地域	乳幼児期を振り返ってみよう 幼児の生活と遊び 幼児の心身の発達 子どもにとっての家族 ★	6
6〜7	幼児とのふれあい	幼児とのかかわり方の工夫 　ペア幼児との出会い ふれあい体験学習の振り返り 衣生活を見つめて 　バンダナ作りに向けて練習（夏休み課題）	4
9	消費と環境	消費者としての自覚 消費生活について考える 生活の中での環境への影響 　幼児の食生活について（秋休み課題）	5
10	幼児とのふれあい	幼児のためのバンダナの製作	6
11〜12	私たちの生活と住まい	家族と住まいのかかわり 住まいのはたらき 　幼児さんが散歩で中学校にやってくる よりよい住まいと住み方 健康に安全に住む 　幼児さんにプレゼントを作ろう！（冬休みを課題）	6
1		バンダナのプレゼントに向けて ★ 　幼児さんとのバンダナ交流会 ふれあい体験学習のまとめ	3
2〜3	幼児とのふれあい	幼児の食生活 ★ ペア幼児さんのためのおやつ作り 　　　　　　　　　　　生活の課題と実践 幼児とのふれあいから14歳の自分を見つめて春休みの課題レポート	3 1

※★…家族とのかかわりを意識して取り組んだ学習内容
※ 表中の□は，家庭と学校での実践をリンクさせているところ

出所）平成26年度　広島大学附属三原学校園　幼小中一貫教育公開研究会　保育・教科部会　家庭科研究協議会資料[4]より抜粋のうえ，一部筆者修正

しい．近年，中学生・高校生が乳幼児とふれあう機会が乏しい現状も考慮し，授業の中で学習した知識や技能をふれあい体験学習で実践的に応用する場を積極的に作っていくことが求められている．

さらに，乳幼児とのふれあい体験学習をする際は，図10-2に示すように，家庭科の保育に関わる内容以外の衣生活や食生活など他の内容とも関連させながら，生徒の意欲を高めた授業構成を展開することが可能となる（表10-2の事例参照）．

中学生と乳幼児とのふれあい体験の効果が報告される一方で，子どもに関わることに慣れていない生徒が幼児とふれあうために思いがけない事故が起こることもある．表10-3は中学校家庭科教員を対象に，乳幼児とのふれあい体験時にヒヤリ・ハットした状況を尋ねた具体例である[5]．中学生が子どもを喜ばせようと一生懸命にかかわっている中で起こる事故が多く，安全面への十分な配慮が必要となる．そのためにも，家庭科教員が日頃から地域の幼稚園や保育所，子ども園と連携を取ることが重要である．また，折角のふれ

表 10-3 乳幼児とのふれあい体験におけるヒヤリ・ハット状況事例

ヒヤリ・ハット状況（原文通り）
肩車や抱っこ
・何十年も前，触れ合い体験時生徒が幼児を肩車していて，幼児を石の上に落としてしまい，幼児は大けがをした．
・肩車をしてかけ回るあそびをしている中，幼児の指示で教室を出る際，扉上部に幼児の頭がぶつかるかとヒヤッとした．
・中学生が幼児を抱っこして立っていたら，幼児が手を離して後ろに反り返った．等
幼児の特徴への対応
・幼児の手をひっぱり脱臼させたらしい．
・保育所で実習している園庭で，中学生が幼児用の車を押している時，車に乗っている園児が落ちそうになり驚いた．
・抱っこしていた赤ちゃんを床にそっとおいた途端，赤ちゃんがバランスをとれずに近くにあったおもちゃに頭をゴン！とぶつけた．
・昔，保育所で着がえをさせている時，左肩にスナップのあるトレーナーをきていた幼児が服を脱ぎ始め，中学生がよかれと思いひっぱったら首がしまり，幼児が泣きさけんだ．
・保育園で男子生徒が4歳児と遊んでいたところ（室内）前後左右から園児がとびついてきて，生徒が倒れ，園児も倒れた．等
幼児園，保育園までの移動
・保育園までの道のりの途中で車道にはみ出す生徒がいたこと．等
その他
・幼児向けのフェルト等で製作したおもちゃに針が入っていた．
・生徒が名札をつけていったが，大きすぎて，幼児の頭にあたってしまった．
・発達障がいの生徒がハサミを持って走り回った．
・選択保育で毎週近くの保育園に行って，触れ合って実習していたが，発達障がいの生徒が園児に「バカ」と言われたことにキレ，バットをふりまわした．幸い園児にケガはなく謝罪で済んだが，園と保護者の関係にも不安と迷惑をかけてしまった．等

出所）伊藤優・山本奈美・伊藤圭子（2017）「中学校家庭科の「幼児との触れ合い体験学習」における教師の危険意識に関する検討」『就実論叢』第47号，pp.123-129

あい体験をその場の経験だけにとどめるのではなく，振り返りや改善点なども話し合わせることで次の幼児とのふれあい場面に生かせるようになることが重要である．

2. 授業の実際

（1） 中学校の授業実践例

同じ敷地内に幼稚園，小学校，中学校がある学校園として12年間の幼・小・中一貫教育を行っているM中学校では，中学2年生になると1年間，家庭科の授業で「幼児とのふれあい」を柱として，人がどのような過程を経て成長していくのかを知識として学び，それを実際に接するペア幼児とのふれあいに生かしていく授業[6]を行っている．

表10-2は，ふれあい体験を行う中学2年生の年間学習計画である．隣接するM幼稚園の年中児と中学校2年生がペアを組み，年間を通じて継続的に交流する．1年間の学習の流れの柱を「幼児とのふれあい体験学習」とし，幼児についての学習はもちろん，衣生活，食生活と総合的に結びつけた取り組みを行っている．

具体的には，ペアとして6月に出会い，1年間継続してふれあい体験を行うものである．6月実施の運動会で幼児と中学生が一緒に踊るため，中学生はペア幼児に踊りを教えたり，ペア幼児のためにバンダナを製作したりする．ペア幼児と中学生との直接交流は，約10回であり，幼・小・中合同運動会のあとは，幼稚園教員と家庭科担当教員とで連絡を取りながら，中学生と幼児が手紙の交換をするという間接交流も行っている．また，年度末には，中学生が直接幼児に手作りのバンダナをプレゼントする．

（2） 授業実践例からの学び

表10-4に示す授業において，中学生は幼児と継続的に接することで，幼児に対するイメージも「かわいい」や「純粋」だけでなく，子どもの多様な側面に触れ，より具体的な子ども像をもつことができるようになる．また，幼児にとっても中学生とふれあうことで遊びが発展したり，普段接することができない世代との交流経験を得たりすることができる．

一方で，幼児とのふれあい体験をその場限りの体験で終わらせないためにも，事前・事後指導は徹底する必要がある．事前指導としては，より具体的に中学生が幼児について理解できるように，映像を活用したり，ふれあい体験を行った上級生に話を聞く機会を用いたりする等ふれあい体験や幼児について具体的にイメージできるような工夫が考えられる．また，ふれあい体験中には，幼児と接していて困ったことや疑問に思ったこと等を家族や保育者に相談できる機会があると，自分の幼少期の姿や周りの大人とのふれあいを思い出して問題解決につなげやすくなるかもしれない．さらに，ふれあい体験後には，自分

表 10-4 「幼児とのふれあい」に関する学習指導事例

1 題材名　私たちの成長と家族～幼児とのふれあいを通して Q&A 集を作成しよう～（中学 2 年生対象）

授業者　藤井志保

2 題材設定の背景

題材観：この題材では，幼児とのふれあいだけでなく，それを柱として衣食住の学びとも総合的に関連させた．さらに幼児の家族や幼児教育に携わっておられる大人の方々からも学ぶ機会を設けた．そのことにより，人が育つことの意味を広く学びながら，これまでの自分そして家族の存在さらには地域社会をも見つめ，自立と共生の視点から今後の自分の生き方にもつなげることできる大変意義のある題材である．

生徒観：隣接する幼稚園の年中児とペアを組み，1 年間で 10 回以上のふれあいを体験する．幼児との交流に関しては，9 割の生徒が楽しく積極的に取り組んでいるが，半分の生徒は幼児とふれあうことは難しいと考えている．

指導観：指導にあたっては，幼児とのふれあいを総合的に捉え，題材全体を通じて課題対応の視点を取り入れ，次の 4 点に留意した．①幼児への理解を深め，その成長を支える家族という視点も大切にするためにペア幼児の家族と話す機会を作った．②活動の過程において疑問に思ったことを Question として書きとめておき，その Answer を追究する活動を題材全体を通じて行い Q&A 集を残すことにした．本時の授業では幼児の生活習慣習得に関して焦点をあててそれを通して人が育つことの意味を追究できるようにした．③衣食住の学びにおいても，幼児のための小物作り，幼児のためのおやつ作り，幼児や高齢者が生活する住環境というように幼児についての学びを柱として題材を構成した．④題材全体を通じて，Question を解決するために，文献だけでなく，幼児園の先生，幼児の家族，幼児教育の専門家，保健師の方々に話しを聞き，体験的な学びになるようにした．こうした指導を通して，生徒が主体的に学び，自ら発見した課題を解決し，これからの生活に生かすことができるように指導していく．

3 単元の評価規準及び計画（全 18 時間）

■題材の目標

幼児とのふれあいや家族・家庭に関する実践的・体験的な学習活動を通して幼児に関心を持たせ，自分の成長や家族・家庭，幼児の発達と生活について関心を深め，幼児や家族に主体的にかかわることができるようにする．

■題材の評価規準

知識及び技能	思考力・判断力・表現力等	主体的に学習に取り組む態度
・幼児の心身の発達や家族とのかかわりについて，調べたり，家族や専門家にインタビューしそれをまとめることができる． ・ペア幼児のためのプレゼントをこれまでの技能を生かして製作することができる． ・幼児の心身の発達と家族とのかかわりに関する基礎的な知識を身につけている． ・調べ学習で追究した課題について，自分の考えを言葉にすることができる．	幼児の心身の発達や家族とのかかわりについて課題を発見し，その解決に向けて仲間と考えを交流しながら新たな方法を見つけようとしている． ペア幼児の好みを知り，工夫したプレゼントを製作できる．	幼児に関心を持ち，心身の発達と家族との関わりについて考え積極的にかかわろうとする． 幼児の生活に関心を持ち，疑問点や課題を発見し，主体的に学習活動に取り組もうとする．

4 題材の目標及び計画（全 18 時間）

■題材の計画

第 1 次　幼い頃を振り返ると共に幼児の心身の発達について考えよう……………4 時間
第 2 次　ペア幼児との出会いとふれあい体験・幼児の生活と遊びを知ろう…………3 時間
第 3 次　これまでの幼児とのふれあいから Q&A を作成しよう（調べ学習）…………2 時間
第 4 次　Q&A をもとに保健師・保育士の方など専門家に聞いてみよう……………1 時間
第 5 次　幼児の生活習慣について考えよう………………………………2 時間（本時 1/2）
第 6 次　幼児へのプレゼントやおやつ作りしよう………………………………4 時間
第 7 次　子どものとっての家族について考えよう………………………………1 時間
第 8 次　幼児とのふれあい体験から学んだことをまとめよう……………………1 時間

5 本時の学習

■目標
　調べ学習で考えた内容を交流することを通して「幼児の基本的生活習慣が身につく過程で大切なこと」は何かを自分の言葉で語る．

■準備物　（T）写真，動画，ワークシート　（P）ワークシート

■学習過程　※（全）（小）（個）：学習形態（全：全体の場　小：小集団　個：個人）　㊡：評価の観点　㊟：留意点

学習事項	生徒の活動	教師の働きかけとねらい	（集団）
1．学習課題への接近	(1) ペア幼児の様子をビデオで見る．（あるいは保健師さん保育士さん幼児教育の専門家にインタビューしたときの写真映像など）	(1) 久しぶりにペア幼児の様子を映像を通して見て，その後の成長を思い浮かべながら，今の学習とつなげるようにする．	（全）映像を見て感じたことを自由につぶやくようにする．
2．学習課題の設定	(2) 学習課題を確認する．	(2) 学習課題を確認させ本時の見通しを持たせる．	（全）課題を共有化させる．
	幼児の基本的生活習慣が身につく過程で大切なことを自分の言葉で語ろう		
3．学習課題の追求	(3) 追究グループごとの幼児に関するテーマ（問い Question）を確認する．	(3) グループ追究したテーマをジグソー学習で発表し合ってさらに幼児についての理解を深めることを確認する．また，ペア幼児のことも思い描きながら考える視点も示す．	（全）追究した課題をどのようにして交流するかを知る．
	(4) 自分たちの考えを発表グループごとに聞きあい，話し合う． 1つのテーマを5分で発表し合う． （5分×4人）	(4) 発表方法は，フリップボードに発表のポイントを書いたり，写真や図なども適宜用いて分かりやすいものにする．少人数の中で全員が発表できるように，ジグソー学習方式で発表する． ㊡自分の言葉で聞き手を意識しながら発表することができる．メモをとり照らし合わせながら聞く．	（個）→（小） 各自の意見を出し合いながら聞かせる．お互いの考えを，出しあい深める．
	(5) 幼児の基本的生活習慣が身につく過程で大切だと考えたことは何かを発表する．	(5) 子どもたちの発言を板書しながらまとめる． ㊟調べたことに加えて，専門家に聞いた意見なども交流できるようにする． ㊡自分の言葉で語る．	（個）→（全） 自分の言葉で語れるようにする． （個）→（全） これまで調べてきたことをもとに考えを出し合う．
	(6) 生活習慣に関してぶつかる問題を提示して，本時の学びを生かしながら，考える． ・声かけの言葉や援助の例なども話せるとよい． ・家庭や周囲の大人が果たす役割が改めて大きいことに気付くようにする． ・個性やその子の状況に応じた対応も必要であること．	(6) ペア幼児さんの保護者の方へ事前にお願いして「生活習慣が身につく過程で苦労していることや悩み」を聞いておく．そうした悩みなども参考に投げかける．	
4．本時のまとめと次時への発展	(7) 本時の学習について振り返り，課題を確認し今後の学習への見通しを持つ．	(7) 本時の授業の感想や考えを今後のふれあい体験（今年度の終わりまで継続してペア幼児とのふれあいがある）にも生かしていくように話す．	（個） 本時の成果と今後の課題を確認する．

（広島大学附属三原幼稚園・小学校・中学校　平成28年度　第19回幼小中一貫教育研究会　pp.137-139を一部筆者修正）

の幼児とのかかわり方で良かったと思ったことや困ったことを生徒間や保育者に向けて発表する場を設定したり，幼児と交流することによって新たに生じた課題について話し合う活動を取り入れたりすることも大切であろう．

　現在世代間交流プログラムが注目されてきており，家庭科における小学生・中学生・高校生と乳幼児とのふれあい体験学習は世代間交流プログラムの一つである．少子化，都市化により世代間交流の機会が減少していることから，人間関係を構築する能力を高めるためにも小学生・中学生・高校生と乳幼児とのふれあい体験学習は今後必要性を増してくるであろう．

アクティビティ

1. テレビドラマや新聞記事の中から，子どもに関わる問題を選んで分析し，その解決方法を行政や民間などによる支援サービスの活用も含めて考えてみよう．
2. 表10-3のヒヤリ・ハットの事例を参考に，幼児とのふれあい体験前の生徒に対して，教師としてあなたはどのように事前指導を行うか考えてみよう．

参考文献

1) 大森弘子・清水脩・伊藤萌「社会的養護を必要とする母子世帯へ子育て支援が与える影響 ― シングルマザーの現状と育児不安について ―」『佛教大学社会福祉学部論集』第12号，2016，pp.17-25．
2) 河野古都絵・大井伸子「3歳児をもつ母親の育児不安に影響する要因についての検討」『母性衛生』第55巻第1号，2014，pp.102-110．
3) 山本理絵・神田直子「家庭の経済的ゆとり感と育児不安・育児困難との関連 ― 幼児の母親への質問紙調査の分析より ―」『小児保健研究』第67巻第1号，2008，pp.63-71．
4) 伊藤圭子・デミール千代・藤井志保，平成26年度　広島大学附属三原学校園　幼少中一貫教育公開研究会　保育・教科部会　家庭科研究協議会資料「自己の変容を促し，新たな生活を創るための家庭科の学習」，2016，p.21．
5) 伊藤優・山本奈美・伊藤圭子「中学校家庭科の「幼児との触れ合い体験学習」における教師の危険意識に関する検討」『就実論叢』第47号，2017，pp.123-129．
6) 広島大学附属三原幼稚園・小学校・中学校　平成28年度　第19回幼小中一貫教育研究会，2016，pp.137-139．
7) 鎌野育代「保育の授業をつくる」鶴田敦子・伊藤葉子編『授業力UP　家庭科の授業（第2版）』日本標準，2009，pp.127-136．
8) 金田利子編著『育てられている時代に育てることを学ぶ』新読書社，2003．
9) 考藤悦子・片山美香・高橋敏之・西山修「家庭科保育領域における触れ合い体験学習の意義と課題」『岡山大学教師教育開発センター紀要』第6号，2016，pp.113-122．
10) 倉持清美「育つ・育てる」望月一枝・倉持清美・妹尾理子・阿部睦子・金子京子編著『生きる力をつける学習 ― 未来をひらく家庭科 ―』教育実務センター，2013，pp.38-43．
11) 伊藤優・市川舞・藤井志保「幼児とのふれあい体験による中学生の意識の変容」『就実教育実践研究』第10巻，2017，pp.23-34．
12) 倉持清美「交流を通して視点を広げる授業づくり」橋本美保・田中智志監修　大竹美登利編著『教科教育学シリーズ第7巻家庭科教育』一藝社，2015，pp.135-145．

第11章 食べる
― 食生活の自立 ―

第1節 子どもを取り巻く状況と課題

　子どもの食生活の乱れが指摘されて久しい．2006（平成18）年にスタートした食育推進基本計画は，現在，第3次[1]が最終年度を迎えている．朝食を食べない子どもを0％とする目標が掲げられているが，「平成30年度全国学力・学習状況調査」[2]によれば，2013（平成25）年から僅かではあるが，増加傾向にあり，2018（平成30）年まで，朝食を食べない日がある小，中学生が，10％を超える値で終始している．さらに，「平成30年度国民健康・栄養調査報告」[3]によれば，ここ10年間ではいずれも子どもの野菜の摂取量は，必要摂取量を満たしておらず，また，たんぱく質の過剰摂取も報告されている．

　このように，朝食を欠食する，食事を取っていても栄養素の摂取に偏りがある等決して栄養的バランスの取れた食事を取っていないことは，子どもの肥満や痩身，生活習慣病やメタボリックシンドロームの増加に繋がっていると考える．

　一方，健康な食生活を送るための情報は，テレビはもとよりインターネット等さまざまなメディアをとおして，多様な視点から，しかも断片的に流されている．そして，このような情報がもたらす食に関する一種の流行に大人も子どもも振り回されている．また，食べ物は，お金さえあれば，さまざまな方法で手軽に手に入るのが現状である．

　以上のように，子どもの食生活は決して改善されたとは言えない．また，子どもを取り巻く食環境は多様であり，食に関する情報が溢れ，多様な選択肢が存在する状況である．

　文部科学省は，新たに平成28年に，食育教材[4]を公表し，また，小・中・高等学校を対象にスーパー食育スクールの指定等の施策[5]を講じ，食育を進めている．しかし，生活実践という視点に立ち，子どもが知識，技能を系統立て総合的に身につけ，日常生活で活用し，主体的に健康を考え食事を判断して食べることのできる能力を育成する学びが重要であると考える．

　生活は，本来，個々のライフスタイル，価値観に基づき営まれるものである．子どもの既有の知識，技能，経験は異なっている．したがって，これらの違いを前提として，生活を総合的に捉え，その中に食生活を位置づけ，学習した知識，技能を主体的に個々の生活

の中で，あるいは生涯にわたって発展させることができる学び，さらに，それらを活用してそれぞれの発達段階で問題を解決し，個々の子どもなりに健康な食生活を創っていくことができる学び，学校教育の中で中核となり小・中・高等学校と系統立てた食の学びを構築することは，家庭科だからこそ可能であると考える．

第2節　生活実践に必要な能力と内容

1. 児童・生徒につけたい能力

　学習指導要領[6]では，第3章の表3-3示にすように，生きて働く「知識・技能」，未知の状況にも対応できる「思考力，判断力，表現力」，学びを人生や社会に生かそうとする「学びに向かう力・人間性等」の3つの資質・能力を育成する．家庭科においては，小，中，高等学校と学校段階が上がるにしたがって，日常の家庭生活から地域，社会における生活へというように空間軸の拡がり，また現在から生涯というように時間軸の拡がりに対応できる，自立した生活者を目指した資質，能力の育成が考えられている．特に，思考力，判断力，表現力については，問題解決の課題設定から評価，改善までの一連の過程でグループワークや実践発表会等を行い，思考力，判断力を，そして，論理的，科学的根拠に基づいた表現力を育成する．

　しかし，個々のライフスタイルが多様化し，食事のあり方等多様な選択肢がある現状を考えると，時間軸，空間軸の拡がりの中で，学習した知識を個々に拡張し，それらを日常生活のさまざまな場面で活用でき，最適な選択ができる能力が必要となる．子どもがそれぞれの生活の文脈の中で，問題を解決し健康な食生活を創っていくうえで必要な生活実践力として，子どもの内での知識の整理の仕方，必要な知識を取り出し，活用する仕方の2つの思考力，それら知識を手がかりに判断する判断力についても育成する必要がある．

2. 食生活に関する内容

　食生活に関する内容は，学習指導要領[6]では表11-1に示すように「食事の役割」「栄養を考えた食事」「調理」にまとめられる．

（1）食事の役割に関する内容
　表11-2に示すように，「栄養的充足」「精神的充足，安定」「コミュニケーションの促進」について理解させる．食事の役割を理解させることは重要であり，また，おだやかな人間

表 11-1 食生活に関する学習内容

小学校	中学校	高等学校（家庭基礎）	高等学校（家庭総合）
B 衣食住の生活	B 衣食住の生活	B 衣食住の生活の自立と設計	B 衣食住の生活の科学と文化
(1) 食事の役割 ア 食事の役割が分かり，日常の食事の大切さと食事の仕方について理解すること． イ 楽しく食べるために日常の食事の仕方を考え，工夫すること．	(1) 食事の役割と中学生の栄養の特徴 ア（ア）生活の中で食事が果たす役割について理解すること． ア（イ）中学生に必要な栄養の特徴が分かり，健康によい食習慣について理解すること． イ 健康によい食習慣について考え，工夫すること．		(1) 食生活の科学と文化 ア（ア）食生活を取り巻く課題，食の安全と衛生，日本と世界の食文化など，食と人との関わりについて理解すること．
(2) 調理の基礎 ア（ア）調理に必要な材料の分量や手順が分かり，調理計画について理解すること． ア（イ）調理に必要な用具や食器の安全で衛生的な取り扱い及び加熱用調理器具の安全な取り扱いについて理解し，適切に使用できること． ア（ウ）材料に応じた洗い方，調理に適した切り方，味の付け方，盛り付け，配膳及び後片づけを理解し，適切にできること． ア（エ）材料に適したゆで方，いため方を理解し，適切にできること ア（オ）伝統的な日常食である米飯及びみそ汁の調理の仕方を理解し，適切にできること． イ おいしく食べるために調理計画を考え，調理の仕方を工夫すること．	(3) 日常食の調理と地域の食文化 ア（ア）日常生活と関連付け，用途に応じた食品の選択について理解し，適切にできること． ア（イ）食品や調理用具等の安全と衛生に留意した管理について理解し，適切にできること． ア（ウ）材料に適した加熱調理の仕方について理解し，基礎的な日常食の調理が適切にできること． ア（エ）地域の食文化について理解し，地域の食材を用いた和食の調理が適切にできること． イ 日常の1食分の調理について，食品の選択や調理の仕方，調理計画を考え，工夫すること．	(1) 食生活と健康 ア（イ）おいしさの構成要素や食品の調理上の性質，食品衛生について理解し，目的に応じた調理に必要な技能を身に付けること． イ 食の安全や食品の調理上の性質，食文化の継承を考慮した献立作成や調理計画，健康や環境に配慮した食生活について考察し，自己や家族の食事を工夫すること．	(1) 食生活の科学と文化 ア（ウ）おいしさの構成要素や食品の調理上の性質，食品衛生について科学的に理解し，目的に応じた調理に必要な技能を身に付けること．
(3) 栄養を考えた食事 ア（ア）体に必要な栄養素の種類と主な働きについて理解すること． ア（イ）食品の栄養的な特徴が分かり，料理や食品を組み合わせてとる必要があることを理解すること． ア（ウ）献立を構成する要素が分かり，1食分の献立作成の方法について理解すること． イ 1食分の献立について栄養のバランスを考え，工夫すること．	(2) 中学生に必要な栄養を満たす食事 ア（ア）栄養素の種類と働きが分かり，食品の栄養的な特質について理解すること． ア（イ）中学生の1日に必要な食品の種類と概量が分かり，1日分の献立作成の方法について理解すること． イ 中学生の1日分の献立について考え，工夫すること．	(1) 食生活と健康 ア（ア）ライフステージに応じた栄養の特徴や食品の栄養的特質，健康や環境に配慮した食生活について理解し，自己や家族の食生活の計画・管理に必要な技能を身に付けること．	(1) 食生活の科学と文化 ア（イ）ライフステージの特徴や課題に着目し，栄養の特徴，食品の栄養的特質，健康や環境に配慮した食生活について理解するとともに，自己と家族の食生活の計画・管理に必要な技能を身に付けること． イ 主体的に食生活を営むことができるよう健康及び環境に配慮した自己と家族の食事，日本の食文化の継承・創造について考察し，工夫すること．

＊以上は，学習指導要領[6)]に基づき，食生活に関する学習内容について整理している．なお，中，高等学校の内容は小学校の内容に対応させるため順序を変えて示している．

表 11-2　食事の役割に関する内容

	小学校	中学校	高等学校
食事の役割	・健康保持，成長，活動のもと ・人と楽しく関わる ・和やかな気持ちになる	小学校を踏まえ， ・共食により人間関係を深める ・文化を伝える	・食事を共にすることの意義

表 11-3　栄養を考えた食事に関する内容

	小学校	中学校	高等学校
栄養素等	・5大栄養素	・5大栄養素，食物繊維 ・水（栄養素ではない） ・中学生の栄養の特徴	・栄養素の種類と機能 ・自己と家族，ライフステージに応じた栄養の特徴
食品	・食品の体内での働き ・3つの食品グループ ・量は扱わない	・食品群 ・食品群別摂取量の目安 ・日本食品標準成分表	・食品の栄養的特質 ・食品群別摂取量の目安
献立作成	・食品や料理の組み合わせに重点を置く ・1食分	・主食，主菜，副菜を組み合わせ，栄養に重点を置く ・1日分	・栄養，嗜好，経済，環境などを配慮した自己と家族の食事 ・食文化の継承を考慮した献立
栄養バランスのよい食事	・献立の構成要素（主食，主菜，副菜）を組み合わせることで3つの食品グループが揃う ・食品を3つの食品グループに分類して確認する	・食品の種類と量を食品群別摂取量の目安より確認する．	・食事摂取基準 ・食品群別摂取量の目安より確認する。

関係が食卓に存在すると，それが，食事を美味しく楽しく感じることにつながり，摂取した栄養素等が体内で十分に機能することになると考える．

（2）栄養を考えた食事に関する内容

表 11-3 に示すように，栄養素等，食品，献立作成，栄養バランスのよい食事について理解させる．どの学校種においても必要な栄養素等をどの食品でどのくらいの量（小学校では量は扱わない）を摂取すればよいかということを理解させるために，栄養素，食品に関する科学的知識を体系づけた内容構成となっている．献立作成は，知識を生活と繋げる場面として位置付けられ，栄養を考えた食品の組み合わせを中心に作成し，その栄養バランスは食品レベルで考える方法が取られている．自分から家族，ライフステージを見通し，また1食分から1日分，日常生活から社会へと時間軸，空間軸の拡がりが認められる．

（3）調理に関する内容

表 11-4 に示すように，調理操作，加熱調理，調味，取り上げる食品，食品の調理性，伝統的食文化について理解させる．小学校においては，だしの役割は風味が増すこと，だしの材料は，いりこ，昆布，かつお節であることが明示されている．これらのだしは日

表11-4 調理に関する内容

	小学校	中学校	高等学校
調理操作	・洗い方,切り方,味の付け方,盛り付け,配膳,後片付け	・洗う,切る,料理の様式に応じた盛り付け,配膳,後片付け	・料理の様式に適した食器,盛り付け,配膳など
加熱調理と調味	・ゆで方,いため方 ・食塩,しょうゆの塩味中心	・ゆでる,いためる,煮る,焼く,蒸す ・食塩,しょうゆ,みそ,さとう,食酢,油脂	・おいしさの構成要素 ・料理の様式に適した調理法 ・食品衛生(購入,保存も含む.変敗,食中毒等)
取り上げる食品	・米,野菜,いも類,卵 ・生の魚や肉は扱わない	・魚,肉,野菜,いも,身近な加工食品	・日常用いられる主な食品 ・加工食品
食品の調理性	・調理特性を考慮,おいしく食べる調理の工夫	・たんぱく質の熱凝固性(魚,肉,卵) ・野菜の変色	・食品の調理上の性質 ・加工による食品の保存性
伝統的食文化	・日常食として米飯,みそ汁 ・だしの役割,材料	・だしの種類 ・料理に適しただしの取り方 ・地域の食材を用いた和食の調理	・だしの旨味 ・世界の食文化への関心,食文化の継承を考慮した調理計画(郷土料理等)

本特有のものであり,世界で注目されている旨味を有する.だしの役割として旨味を増すことについても理解させる必要があると考える.これは日本の伝統的な食文化を大切にする心情を育むことにも繋がり重要である.どの学校種においても,食品や調味料の計量,用具や調理器具の安全で衛生的な取り扱い方を理解させる.そして,食文化の継承,環境への配慮,食物アレルギーへの配慮の視点が見られる.現在から将来を見据える時間軸,家族の一員としての自分から地域,社会,世界へと空間軸の広がりが認められる.また,能力については自立,共生のレベルが高まっている.

第3節 授業づくりのための基礎知識

1. 生活実践力を育成する知識の様相

知識には,特定された個別的な知識である「事実」と多様な状況で活用できる一般的な知識である「一般化」がある.これら知識を両方獲得して初めて日常生活で活用できる[7].

このように考えるならば,栄養的バランスのよい食事を整えるための「事実」としての知識は,栄養素とその働き,食品の栄養的特徴,料理の栄養的特徴,食事構成等があげられる.例えば,「卵は主に体をつくるもとになる食品グループ(第1群)に分類される」である.「一般化」としての知識は,「主に体をつくるもとになる食品グループ(第1群)は,魚,肉,卵類等の主にたんぱく質を含む食品で構成される」等である.また,これらの知

識は食事の栄養的バランス，未学習の食品，料理の栄養的特徴を判断する手がかりとなる知識である．

2. 栄養的バランスのよい食事に関する知識

　食事構成（主食，主菜，副菜），栄養素とその働き，食品の栄養的特徴を関連付け，根拠に基づき栄養的バランスのよい食事を理解させる「食事モデル」が必要である．食事モデルを介して，栄養的バランスの概念を食事構成，食品群（3つの食品グループ，6つの食品群，食品群別摂取量の目安），栄養素（五大栄養素，食事摂取基準）とさまざまな視点から理解させる．そして，最終的には，例えば，主食は，主に炭水化物を含み，主にエネルギーのもとになる食品，穀類等の料理，主菜は主にたんぱく質を含み，主に体をつくるもとになる食品，魚や肉類等の料理，副菜は主にビタミンや無機質を含み，主に体の調子を整えるもとになる食品，野菜類等の料理である，というように，栄養的バランスのよい食事に関する知識としてすべてを関連付け理解させる．

3. 思考力，判断力としての思考スキル

　図11-1に示すように知識を関連付け，知識構造を構築する一般化の仕方，いわば整理する引き出しの作り方，そして，必要な知識を知識構造から取り出し活用する活用の仕方，いわば引き出しから課題解決のために必要な知識を検索し活用する仕方，すなわち，前者の構造化の思考スキルと後者の活用の思考スキルが重要である．

　また，知識を獲得していても思考スキルの獲得がなければ活用できないし，思考スキル

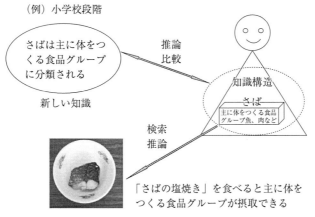

図 11-1　知識の整理と日常生活における活用

を獲得していても知識を誤って獲得していれば課題を解決できない．後者の例として，卵を誤ってエネルギーのもとになる食品の知識構造に整理したとする．食事のオムレツの栄養的特徴を判断する場面で，誤った知識構造から卵を検索し，オムレツを食べると主にエネルギーのもとになる食品を摂取できると判断する．活用の思考スキルは獲得されているが，知識を誤って獲得しているため，誤った判断となる．このように，知識の獲得とその活用の思考スキルの獲得があって初めて知識を活用でき，生活実践力として機能する．

4．教材の位置づけ

小学校では，図11-2に示すような料理の栄養的特徴として量を簡略化し，視覚的に把握できる教材が考えられる．栄養的特徴は食品群別摂取量の目安に対する充足率をシールの個数で，食品グループをシールの色で認知させる．1回の食事に必要な量をシール5個とする．中，高等学校では，図11-3，11-4に示すように，栄養素の摂取基準に対する充足率で食品および料理の栄養的特徴を認知する教材が考えられる．

また，本教材は，シールの色と個数を手がかりに他の料理のシールの色と個数を推論させるための教材として使用する．例えば，小学校では，赤のシール3個分の「さばの塩焼き」を手がかりに同じ魚料理の「ぶりの照り焼き」は赤のシール3個分であろうと推論する．または，日常の食事の鮭のムニエルの栄養的特徴を考えるため，赤のシール3個分の知識構造から「さばの塩焼き」を取り出し，赤のシール3個分であろうと推論する．このように，知識を構造化する構造化の思考スキルや知識構造から必要な知識を検索し，活用する活用の思考スキルを獲得するための教材としても使用する．献立の料理のシールの個数を調べ，シールの個数を合計し，5個揃っているかどうかを確認するための教材ではない．

次に，栄養的バランスのよい「食事モデル」を考える．同じ献立の「食事モデル」を毎回授業で使用し，食事構成，栄養素，食品群，料理の栄養的特徴，栄養的バランスのよい食事の概念を理解させる．このことで，学び直しも容易になる．

図11-2 「料理―食品群充足率カード」

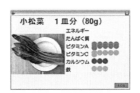

図11-3 「食品―栄養素カード」

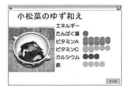

図11-4 「料理―栄養素カード」

第11章 食べる —食生活の自立— 125

第4節 授業実践

1. 授業づくりの視点

　本授業では，それまでの学習で担保されない学習を行うと同時に，それまでの学習の学び直し（振り返りではない）を行う学習を展開する．様々な学習場面において食品，料理，栄養的バランスのよい食事，栄養素や3つの食品グループが関連付けられ学び直しが行われ，知識を洗練，深化させる授業である．また，「事実」としての知識に加え，「一般化」としての知識，構造化の思考スキル，活用の思考スキルをも学習内容として組み込む授業である．

2. 授業の実際

（1） 題材の構成

　全7時間の題材の構成および評価，本時の指導案は表11-5に示すとおりである．
　第1次では，栄養素，栄養的バランス，食事構成，食品グループについて「事実」としての知識を獲得する．そして，食品の栄養的特徴から一般化し，知識構造を構築する．例えば，「豚肉は主に体をつくるもとになる食品のグループに分類される」という「事実」としての知識を獲得し，「主に体をつくるもとになる食品グループは肉類や魚類で構成されている」という一般化を行う．それは，豚肉を引き出しにいれ，次に同じような食品，牛肉や鶏肉，鯖やブリを同じ引き出しに入れ，この引き出しを主に体をつくるもとになる肉類，魚類の引き出しとして整理するというイメージである．また，構造化の思考スキルを併せて学習する．同時に食事の栄養的特徴から食事構成を学び直す．
　第2次では，「基準となる料理」[8]の栄養的特徴，1食分に必要な量，栄養的バランスのよい食事に関する知識を獲得する．例えば，主菜の「さばの塩焼き」は赤のシールが3個分摂取でき1回の食事で必要な量の半分より少し多いという栄養的特徴を理解する．次に，同じ魚料理のブリのつけ焼きは，赤のシール3個分であろうと推論し，同じグループの肉類の料理である鶏の照り焼きも赤のシール3個分であろうと推論する．そして，いわば赤のシール3個分の料理の引き出しを作る．さらに，「給食で出される主菜の魚や肉料理を食べると主にからだをつくるもとになる食品が1食分に必要な量の半分より少し多く摂取できる」という一般化を行う．併せて料理を整理する構造化の思考スキルを獲得する．また，これらの過程をとおしてこれまでの学び直しを行う．
　第3次では，3つの食品グループ，料理の栄養的特徴に関する知識の活用および知識を

表11-5 「栄養的バランスのとれた食事」学習指導事例

学習指導案
日時　＊＊＊＊＊
学年　5学年
場所　＊＊＊＊＊
指導者　＊＊＊＊＊

【題材の学習指導】
1. 題材名 「栄養的バランスの取れた食事」
2. 題材について（題材観，児童観，指導観）

　栄養素，3つの食品グループ，食事構成等学習した知識を関連付けて日常生活で活用していない実態がある．本題材では，「食事モデル」を使用し，栄養的バランスの概念を理解させた上で，学習した知識の学び直しを行うことによりそれらを関連付ける．そして，日常生活で活用できる能力を身に付ける．

3. 題材の目標

　食事の栄養的バランスを理解し，目的に合った食事をどのように選択したらよいかを考え，選択することができる
・栄養素，食事構成，食品の栄養的特徴，料理の栄養的特徴，栄養的バランスの概念を理解する（知識・技能）
・食品及び料理の栄養的特徴から構造化する仕方を考える（思考・判断・表現）
・食品及び料理の栄養的特徴を活用する仕方を考える（思考・判断・表現）
・条件に適した食事を根拠に基づき選択できる（思考・判断・表現）
・既習の食品（料理）の栄養的特徴を手がかりに未学習の食品（料理）の栄養的特徴を推論しようとする．（主体的に学習に取り組む態度）
・料理の栄養的特徴を手がかりに食事の栄養的特徴を推論しようとする（主体的に学習に取り組む態度）

4. 題材の指導と評価の計画（全7時間）

ねらい　学習活動	評価規準・評価方法		
	知識及び技能	思考力・判断力　表現力等	主体的に学習に取り組む態度
第1次　栄養的バランスの取れた食事　第1時　栄養的バランスと栄養素と食事構成（1時間）	○栄養的バランスの概念，栄養素，食事構成を理解しているか．		
第1次　栄養的バランスの取れた食事　第2時　栄養的バランスと食品群・料理の栄養的特徴（2時間）	○栄養的バランスの概念，食品の栄養的特徴，料理の栄養的特徴を理解しているか．○食品はその栄養的特徴から構造化できることを理解しているか．	○食品の栄養的特徴から構造化する仕方を考えることができているか．	
第2次　料理の栄養的特徴と1食分の適量（1時間）　本時	○料理はその栄養的特徴から構造化できることを理解しているか．	○料理の栄養的特徴から構造化する仕方を考えることができているか．	○既習の料理の栄養的特徴を手がかりに未学習の料理の栄養的特徴を推論しようとしているか．
第3次　複合的料理の栄養的特徴と栄養的バランスの取れた食事　第1時　日常生活で食べる複合的料理の栄養的特徴（1時間）		○料理の栄養的特徴を活用する仕方を考えることができているか．	○既習の料理の栄養的特徴を手がかりに未学習の複合的料理の栄養的特徴を推論しようとしているか．
第3次　複合的料理の栄養的特徴と栄養的バランスの取れた食事　第2時　栄養的バランスの取れた料理の組み合わせ（1時間）		○料理の栄養的特徴を活用する仕方を考えることができているか．	○料理の栄養的特徴を手がかりに食事の栄養的特徴を推論しようとしているか．
第4次　家族にぴったりの食事（1時間）		○条件に適した食事を根拠を考え判断できているか．	○料理の栄養的特徴を手がかりに食事の栄養的特徴を推論しようとしているか．

＊前述したように，知識や思考スキルの学び直しは，どの授業においても行われている．上記は「主」となる授業目標の評価である．

第11章 食べる―食生活の自立― 127

【本時の学習指導】
本時の目標
　料理の栄養的特徴と1食分の適量を理解する．また，料理を栄養的特徴から構造化する仕方を考え，知識構造を構築することができる．
2．過程（全45分）

時間	学習活動	指導上の留意点	評価場面・評価方法
	1．本時の学習課題を確認する．	○栄養的バランスのよい食事はどんな料理をどれだけ食べるとよいか見通しを持ち学習に向かわせる．	○課題を把握したか
	2．給食の料理の栄養的特徴を考える．　さらに，栄養的特徴による料理の整理の仕方を理解する．	○給食の料理一皿分を示した「料理―食品群充足率カード」を用いて，料理のシールの個数と色で栄養的特徴をとらえさせる． ○初めに赤のシールが3個分（栄養的特徴，栄養充足度）の料理を認識させ，同じ赤のシールが3個分の料理を推測させる活動（ゲーム）を繰り返す．他の食品グループについても同様にする．この活動を行う中で，一皿の料理，分量，栄養充足度を同時に認識させる． ○シール3個分の料理をそれぞれのシールの色ごとにまとめることをとおして，栄養的特徴にしたがって料理を整理する仕方を学習する． ○給食の献立（写真）のワークシート（「食事モデル」）を用い食事構成の中の料理として考えさせる．	○料理の栄養的特徴を理解できているか ○料理のシールの色と個数を予想してカードを選択しようとしているか． ○料理は栄養的特徴により整理できることを理解しているか．
	3．栄養的バランスのよい食事について話し合う．	○給食の献立（写真）のワークシート（「食事モデル」）を用いて，赤，緑，黄のシールが同じ数並ぶと栄養的バランスがよいことに気づかせる．	○栄養的バランスのよい食事を量的に理解しているか．
	4．1食分の分量について話し合う．	○実際に食べた給食を想起させその分量を確認することをとうして，適切な1食分の分量を把握させる．さらに，シールの個数と（食品群別摂取量の）充足率との関係を理解させる． 2つ以下…少ない 3つ…少し足りない 4～6…ちょうどよい 7以上…多い	○1食分として適切な分量を料理，シールの個数，食事を関連付け，理解できているか．
	5．次時への課題を確認する	○わかったことや疑問に思うこと，次の時間に確かめたいことなどを記述させる．	○分かったことを自覚しているか． ○次時への課題がもてたか．

　検索，活用する活用の思考スキルの獲得を行う．複合的料理[9]例えば，カレーライスの栄養的特徴を推論するために，赤のシール3個分の知識構造から，鶏の照り焼きを取り出し，それを手がかりにカレーの牛肉は赤のシール3個分で1食分に必要な量の半分より少し多い，ご飯は，黄のシール3個分の知識構造からご飯を取り出し，それを手がかりにいつも食べる茶碗1杯分より少し多いから黄のシール4個分等々推論して，カレーライスの栄養的特徴を判断する．同時に自分の知識構造のどこから，何を取り出し，それを手がかりにどのように推論するのかという活用の思考スキルを獲得する．また，その過程をとおしてこれまでの学び直しを行う．

第4次では，学習した食事構成，栄養素，3つの食品グループ，栄養的バランス等の知識や思考スキルをすべて活用し，食事の栄養的特徴を推論し「条件[10]に適した食事を選択する」という生活課題を解決する．ここでもこれまで学習した知識，活用の思考スキルを学び直す．

3. 評　　価

前項の題材の指導と評価の計画で述べたとおりである．特に，思考スキルの獲得については，なぜそのように考えたのかという理由を書かせ，ルーブリックを作成し評価することが考えられる．また，学び直しについては，ポートフォリオによる振り返りが有効であろう．

アクティビティ

1. 引用および参考文献の10）を参考に，学習した知識や思考スキルを活用して解決する課題を考えてみよう．
2. 伝統料理や郷土料理を調べ，どの視点から学習内容として導入したらよいかをグループで検討しよう．

引用および参考文献
1) 農林水産省，第3次食育推進基本計画，http://www.maff.go.jp/j/syokuiku/kannrennhou.html，2020, 4, 14 アクセス
2) 平成30年全国学力・学習状況調査報告書（質問紙調査），http://www.nier.go.jp/18chousakekkahoukoku/report/question/，2020, 4, 14 アクセス
3) 厚生労働省，平成30年国民健康・栄養調査報告，http://www.mhlw.go.jp/stf/newpage_08789.html，2020, 4, 14 アクセス
4) 文部科学省ホームページ，小学生用食育教材「たのしい食事つながる食育」（平成28年2月）
   http://www.mext.go.jp/a_menu/shotou/eiyou/syokuseikatsu.htm，2020, 4, 14 アクセス
5) 文部科学省ホームページ，平成28年度スーパー食育スクールの指定について，
   http://www.mext.go.jp/a_menu/sports/syokuiku/1353368htm，2020, 4, 14 アクセス
6) 文部科学省ホームページ，新学習指導要領（本文，解説，資料等），
   http://www.mext.go.jp/a_menu/shotou/new-cs/1384661.htm，2020, 4, 14 アクセス
7) R. J. Marzano et al（2009），*Dimensions of Learning: Teacher's Manual (2ed ed)*，Hawker Brownlow EDUCATION，pp.43-112
8) 給食で出される料理の中で，典型的な栄養的特徴を有している料理，例えば，図11-2
9) 一皿に主食，主菜，副菜が合わさった料理
10) サッカーの試合に出るお兄さん（小6）を応援するための夕食．筋肉を作るもとになる栄養素をたくさん含む食品を使用．筋肉を作るもとになる食品グループは私（小5）が必要な量の2倍．他の食品グループは私が必要な量と同じ．ほうれん草のごま和えだけは嫌い．他のほうれん草の料理は食べることができる。
11) 中村喜久江，「生活実践に必要となる知識と思考スキルを育成する授業」，広島大学付属小学校学校教育研究会，学校教育　No.1194，2017，pp.22-29

第12章 着　　る
― 衣生活と自立 ―

第1節　子どもを取り巻く衣生活の現状と課題

1．現代人の被服に対する意識

　あなたは，「なぜ被服を身につけるのですか？」と問われたら，どのように答えるであろうか．「被服を身につける」という行為は今ではもう当たり前のことで，疑問に思う人はほとんどいないかもしれない．伊波は，「自分では"無意識的に"あるいは"分かっている"と思っていることを何の契機もなく自分ひとりで問い直すことは困難であり，そこには他者との相互作用が必要とされる」[1]として，家庭科の授業は知識・技能を教える場ではなく，児童・生徒が他者やモノとかかわる場としていくことが重要であると述べている．また，製作等を通して，「買うのが当たり前，誰かに繕ってもらうのがアタリマエであったことに対し，…人に頼らなくても，自分で簡単に繕うことができるんだ」[2]と児童・生徒は気づくことができる．つまり，生活の中の「当たり前のこと」に焦点を当て，自分で振り返ったり，他者と話し合ったりすることを通して，「なぜ？」「どうして？」と問い直すことが家庭科学習の意義であるといえる．

　では，改めてなぜ被服を身につけるのか，その理由を考えてみよう．人は原始から現代にかけて，被服を身につけてきた．その理由は表12-1のように諸説ある．このように，人が被服を身につけ始めた動機は様々であり，現代においても，被服は人と切り離すことができないものだということが分かる．

　現代では，被服の機能として，健康や活動を支える保健衛生的機能と社会生活を支える社会的機能の2つが挙げられる．保健衛生的機能とは，気候に適応すること，清潔さを保

表12-1　人が被服を身につける理由 [3][4]

①	羞恥説	：人が裸体を恥と認識し，隠すために被服を着装するようになったと考える説．
②	呪術説	：魔物や悪霊から身を守るために偶像崇拝の産物を身につけたことから発生したとする説．
③	装飾説	：異性を引きつける手段として身体を装飾し，それが被服の着用につながったと考える説．
④	気候適応説	：気候変動による寒さから身を守るために着装するようになったと考える説．

つこと，外部刺激から身を守ること，運動機能を増進させることなどが含まれる．一方，社会的機能とは，所属集団への帰属意識を高めること，自分という存在（個性）を確認すること，T.P.O.に合わせた装いで人間関係を円滑にすることなどが含まれる．どの機能を重視して被服を選択するかは時と場合によって異なるが，一番大切なのは，相手のことを考えることである．しかし，最近では，相手よりも自分を重視した被服の選択をする人が目立つようになってきた．

若者の着装基準や着装行動に関する研究をみてみよう．山下・佐藤[5]は，高校生・大学生はともに流行性に関する意識が低く，他の人の気持ちや社会的な立場を考えた着装はしていないことを明らかにした．また，親が子どもの自主性を尊重し，子どもの個性を生かすことに重点を置いている家庭で育った人は，個人志向性価値意識が高いことも示している．また，安永・野口[6]は，20代は自分や他者のファッションに関心をもっており，外出着では個人的嗜好や流行を重視すること，中高齢世代は個人的嗜好と機能性を重視することを示している．さらに，松原[7]は，社会経験が豊かである中年層は若年層よりもフォーマルな場面では流行を追い求めることに対して否定的な感覚をもっていることを明らかにした．これらの結果から，社会経験が豊かな親や周囲の大人が，被服の役割やT.P.Oに合わせた着装を心がけるよう子ども達に教え伝える必要があることがわかる．

2．子どもの衣生活の実態

安価なファストファッションの普及が進む一方で，高価なヴィンテージ品やブランド品の需要も極端に減少することもなく，個人の被服に対する価値観の差が大きくなっているのが日本の現状だといえる．このような状況の中で育つ子ども達には，被服に対する価値観の差が現れるため，小・中・高等学校の家庭科で行う衣生活の内容をどのように取り扱うかという難しさも見えてくる．しかし，どのような被服を着るかという結果を重視するよりも，どのように考えて選んだかという過程を重視し，ファッション情報が氾濫する社会の中で，子どもの意思決定能力を高めるような工夫が必要であることは教える側がもつべき意識である．

ここで，子どもの衣生活に関する調査結果を見てみよう．細谷[8]は小学校高学年とその保護者，中学生を対象に服装に対する意識と着装行動について調査した．

衣生活に対する関心は，学年が上がるにつれて「非常にある」と「まあまあある」を合わせた肯定的な回答の割合は増加していく傾向が見られた．男女を比較すると，男子は小学5年生から関心が高まる一方で，女子は小学5年生の時点で関心の高まりがすでに横ばいになっているため，より早い時期から関心があると考えられる．

衣服購入時の情報源については，「お店のディスプレー」や「家族」が多く，学年が上がるにつれて「テレビ」「雑誌」「インターネット」「友人」が増加していく傾向にある．購入時に衣服を選択する人については男女差が顕著にみられ，男子は「自分」と回答する割合が小学5年生で約60％，中学2年生になると90％以上と急激に増加している．一方，女子は，「自分」と回答する割合が小学5年生の頃から95％以上を示しており，中学生でもほぼ横ばいに推移している．また，外出ときに服装を自分でコーディネートする頻度について，「いつもする」と回答した割合は，男子小学5年生で25.8％から中学3年生70.5％まで増加している．女子は小学5年生のとき点で「いつもする」が62.9％と高く，中学3年生では89.4％にも増加している．

つまり，男女差はあるものの，中学3年生になる頃には多くの生徒が衣服や着装に興味・関心をもち，自分で衣服選択を行っていることが分かる．したがって，小・中・高等学校と男女差を意識しながら発達段階に応じて授業内容・展開方法を考えて指導することが重要である．

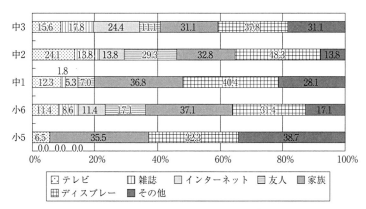

図12-1　男子の衣服購入時の情報源

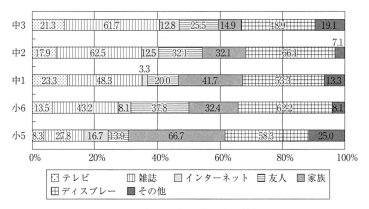

図12-2　女子の衣服購入時の情報源
（図12-1，図12-2は細谷[8]より筆者作成）

3. 国際的な衣生活問題の現状

　もう一つ，児童・生徒たちに伝えたいことは，私たちの自由な衣生活を支える人たちのことである．前述したように，ファストファッションが普及したことで，オシャレで安い服が手に入るようになり，私たちのファッションの幅も広がった．その安さに「なぜ？」と疑問をもったことはないだろうか．衣服が安い理由としては，原価が安い開発途上国で生産していること，その生産国には低賃金で1日中働く労働者が多数存在することの2点が挙げられる．私たちがオシャレで安い服を手に入れて喜ぶ一方で，過酷な労働を強いられている人々がいるという状況をどれほどの人が認識しているだろうか．2010年には，バングラディシュの縫製工場が崩壊し，多くの従業員が亡くなる事故が起こった．経費を節約するために，粗雑な設計で工場を建設し，収容量の限界を超えた人やモノを配置したために起きた結果である．その事実を知ると，安易に「安く購入できて嬉しい」という感情は湧かないだろう．先進国では溢れるくらいの被服があるのに，その被服を生産している発展途上国では，着のみ着のままで生活している人がいる．このような国際的な問題も授業で取り扱い，私たちの衣生活の「当たり前」は世界的にみると「当たり前ではない」という認識を児童・生徒にもたせることも重要である．

第2節　衣生活実践に必要な能力と内容

1. 衣生活実践に必要な内容

　衣生活実践に必要となる能力と内容については，小・中・高等学校の学習指導要領をもとに考えていきたい．小・中・高等学校家庭科における衣生活の学習内容を整理すると，表12-2 ようにまとめられる．アに示される内容は「知識及び技能」の習得に係る事項であり，イは，アで習得した知識及び技能を活用して「思考力，判断力，表現力等」を育成することに係る事項である．小・中・高等学校の内容が体系的になるよう示されている．
　小学校および中学校の学習指導要領は類似する部分が多く，発達段階に応じて表現の仕方が変わっていることがみてとれる．例えば，小学校では「（4）ア（ア）衣服の主な働き，日常着の快適な着方」であるのに対し，中学校では「（4）ア（ア）衣服と社会生活とのかかわり，目的に応じた着用や個性を生かす着用，衣服の選択」という表現に変わっている．個人差はあるが，ほとんどの小学生は親や家族が買ってくる服の中から最適なものを選ぶことが多く，中学生は自分で購入する機会が増え，最適なものを選んで購入するという段

表12-2　小・中・高等学校家庭科における衣生活の学習内容の体系 [13) 14) 15)]

校種	衣生活の学習内容			
	小学校	中学校	高等学校（家庭基礎）	高等学校（家庭総合）
知識及び技能	（4）ア（ア）衣服の主な働き，日常着の快適な着方 （4）ア（イ）日常着の手入れ，ボタン付け及び洗濯の仕方 （5）ア（ア）製作に必要な材料や手順，製作計画 （5）ア（イ）手縫いやミシン縫いによる縫い方，用具の安全な取り扱い	（4）ア（ア）衣服と社会生活とのかかわり，目的に応じた着用や個性を生かす着用，衣服の選択 （4）ア（イ）衣服の計画的な活用，衣服の材料や状態に応じた日常着の手入れ （5）ア　製作するものに適した材料や縫い方，用具の安全な取り扱い	（2）ア（ア）ライフステージや目的に応じた被服の機能と着装，健康で快適な衣生活に必要な情報の収集・整理 （2）ア（イ）被服材料，被服構成及び被服衛生，被服の計画・管理	（2）ア（ア）衣生活を取り巻く課題，日本と世界の衣文化，被服と人との関わり （2）ア（イ）ライフステージの特徴や課題，身体特性と被服の機能及び着装，健康と安全，環境に配慮した自己と家族の衣生活の計画・管理に必要な情報の収集・整理 （2）ア（ウ）被服材料，被服構成，被服製作，被服衛生及び被服管理，衣生活の自立に必要な技能
思考力，表現力，判断力	（4）イ　日常着の快適な着方や手入れの工夫 （5）イ　生活を豊かにするための布を用いた製作計画及び製作の工夫	（4）イ　日常着の選択や手入れの工夫 （5）イ　生活を豊かにするための資源や環境に配慮した布を用いたものの製作計画及び製作の工夫	（2）イ　被服の機能性や快適性についての考察，安全で健康や環境に配慮した被服の管理，目的に応じた着装の工夫	（2）イ　目的や個性に応じた健康で快適，機能的な着装，日本の衣文化の継承・創造についての考察と工夫

階まで考慮する必要がある．そのため，小学校にはなかった「個性を生かす着用」や「衣服の選択」などの項目が追加されている．このようにみてみると，中学校では，小学校のときには学習しなかった内容を取り扱うことに重点を置くことに留意する．

さらに，高等学校の内容を見てみると，家庭基礎では「（2）ア（ア）ライフステージや目的に応じた被服の機能と着装，健康で快適な衣生活に必要な情報の収集・整理」という記述になっている．小・中学校では自分の衣生活を中心としているが，高等学校では他者の衣生活も踏まえながら，生涯を通じて衣生活の営みについて考えていくことが求められる．このように，発達段階に応じて学習内容も深まっていくが，再度，学校ごとに児童・生徒の現状と課題を把握し，内容をどこまで深めるか，到達度をどの程度に設定するか，どのような評価をするかについては教員が判断する必要がある．

2. 衣生活実践に必要な能力

小学校新学習指導要領の総則第3の1（1）において，「各教科等の特質に応じた物事を捉える視点や考え方」が示された[9)]．家庭科では，「生活の営みに係る見方・考え方」として「協力・協働」「健康・快適・安全」「生活文化の継承・創造」「持続可能な社会の構築」

の4つの視点が挙げられている．この視点でどのように学習内容を捉えることができるであろうか．

例えば，「協力・協働」では「日常着の手入れや洗濯は家族の誰が担っているだろう」と児童・生徒に考えさせる場面を設けたり，「クラスで協力して教室で活用できるものを作ろう」と製作活動に繋げたりすることもできる．「健康・快適・安全」では，「夏に涼しく着られる衣服のコーディネートを考えよう」や「子どもが安全に着られる衣服のポイント」なども考えられる．「生活文化の継承・創造」では，「世界の衣生活文化と日本の衣生活文化を比べてみよう」や「浴衣や着物の良さは何だろう」というテーマも考えられる．「持続可能な社会の構築」では，「3R（Reuse, Reform, Recycle）を実践してみよう」や「適切な洗剤の量は？」など，環境に配慮した衣生活を実践する能力を育成することができる．

4つの視点で捉えると，衣生活の学習は，「被服自体への認識を深めるとともに，自己と他者を理解し，被服と社会，自然環境との調和について主体的に考える場をつくることができる」といえる[10]．つまり，被服の意義と役割を理解する能力，他者の価値観や異文化を理解する能力，環境に配慮した衣生活を営む能力の育成が衣生活実践には必要であるといえる．また，学校教育のみに留まらず，児童・生徒が授業で学んだ内容をどれだけ実生活で生かすかという実践的な態度の育成も目指さなくてはならない．そのためには，教師が児童・生徒の生活実態を把握し，その生活をよりよいものにするために必要な知識と技術を明確に示す必要がある．

第3節　授業づくりのための基礎知識

1．被服材料について

被服材料には天然繊維と化学繊維があり，それぞれの繊維には表12-3のように異なる特性がある．天然繊維は綿や麻といった植物系のものと，毛や絹といった動物系のものがある．植物系は吸湿性・吸水性に優れ，夏に涼しく着られる繊維である．一方，動物系の繊維は保湿性・保温性に優れ，冬に暖かく着られる繊維である．しかし，天然繊維（特に動物系）は安定した供給ができないこと，高価であることもあり，天然繊維に似せた特性や風合いをもつ化学繊維が開発された．化学繊維には，再生繊維，半合成繊維，合成繊維など様々な種類がある．

現在では一般的に天然繊維と化学繊維を織り交ぜた混紡の糸や布が多くなっている．どの季節にどのような繊維の衣服を着るのか，快適な衣生活を実践するために被服材料に対

表 12-3　被服材料の種類と特徴[11]（筆者作成）

		名称	原料	特徴		主な用途
天然繊維	植物系	綿	綿花	吸湿性・吸水性が高い，強度が高い，肌触りが良い，しわになりやすい		肌着，外衣，寝具，浴衣
		麻	亜麻など	吸湿性・発散性が高い，強度が高い，涼感・はり・こしがある，しわになりやすい，カビに弱い		夏用衣料，シーツ
	動物系	毛	羊など	保温性・吸湿性が高い，伸縮性・弾力性がある，毛玉になりやすい，紫外線で黄変する，虫害を受けやすい		セーター，コート，毛布
		絹	繭	保温性・保湿性・発散性が高い，光沢がありなめらか，しみになりやすい，軽い，酸やアルカリに弱い		和服，婦人服，スカーフ，ネクタイ
化学繊維	再生繊維	レーヨン	パルプチップ コットンリンター	光沢がある，染色性に優れている，柔らかく肌触りが良い，吸湿性が高い，しわになりやすい，水分に弱い		婦人服，裏地
		キュプラ				
	半合成繊維	アセテート	パルプチップ	絹に似た光沢がある，吸湿性がある，摩擦に弱い，濡れると縮む		婦人服，裏地
	合成繊維	ポリエステル	石油	【共通のもの】軽い，カビや虫害に強い，乾燥が早い，丈夫で強度がある，静電気が起きやすい，吸湿性が低い，熱可塑性がある	合成繊維の中で最も消費量が多い	各種被服
		ナイロン			合成繊維の中では吸湿性が高い	ストッキング，下着，靴下，スポーツウェア
		ポリウレタン			伸縮性が高い，熱に弱い	下着，靴下，水着，肌着
		アクリル			毛玉になりやすい	セーター，毛布，寝衣，敷物，カーテン

する知識と理解は不可欠である．

2. 被服構成について

　被服構成には平面構成と立体構成の2つがある．平面構成は，インドのサリーのように未縫製のものと，浴衣や着物のように布を直線的に裁断・縫製したものがあり，自由でゆとりのある着こなしができることが特徴である．人によってサイズを調整することができるため，親から子へ，子から孫へと受け継ぐことができる．一方，立体構成は，シャツやブラウスのように，布を体に合わせて曲線的に裁断・縫製したもので，体に適合し動きやすい着こなしができることが特徴である．

3. 被服管理について

　被服管理には洗濯，自然乾燥，アイロン仕上げ，収納などのポイントがある．これらは表12-4 繊維製品の取り扱い表示（JIS L 0001:2016年改正）や組成表示を参考にしながら，被服材料の特性や汚れの種類・程度に応じて判断していく必要がある．

　洗濯の方法には，水と洗剤で洗う湿式洗濯（ランドリー）と有機溶剤で洗う乾式洗濯（ドライクリーニング）がある．家庭での洗濯は湿式洗濯であり，多くの家庭では洗浄や脱水を全自動洗濯機で行っている．機械で行うものの，被服に適した洗剤を選ぶこと，洗剤の使用量のめやすを守ること，洗濯物の量や洗濯時間を設定することなど，人の手で調節していかなくてはならない．一方，乾式洗濯は資格をもったクリーニング店に依頼するものであり，水洗いができない繊維製品に使用する．クリーニング店に衣類を持ちこむ前には，しみや汚れの位置を確認すること，ポケット中を確認すること，ボタンなどの付属品を確認することが必要となる．また，衣類が戻ってきたときには，しみや汚れの確認をすること，付属品の有無を確認すること，有機溶剤を取り除くために包装をはずして日陰の風通しの良い場所に干すことなどが必要となる．

　自然乾燥とアイロン仕上げは，繊維製品の取り扱い表示を確認することが必要となる．自然乾燥の表示には，つり干し，日かげのつり干し，平干し，日かげの平干しの4種類がある．アイロン仕上げの表示には底面温度の低温から高温までの4段階とアイロン仕上げ禁止の5つの種類がある．被服材料や衣服のデザインによって異なるため，衣服を長く着られるよう，一つひとつの衣服に合わせて変える必要がある．

　収納の際には，カビや虫害に気をつける．カビや虫害は適度な温度・湿度，栄養があれ

表12-4　繊維製品の取り扱い表示[12]（筆者作成）

5つの基本記号		付加記号		付記用語（例）
		強さ	温度	
洗濯のしかた		線なし通常	● 低温	「洗濯ネット使用」「裏返しにして洗う」「弱く絞る」「あて布使用」「飾り部分アイロン禁止」
漂白のしかた	+	─ 弱い	●●	
乾燥のしかた		═ 非常に弱い	●●●	+
アイロンのかけかた			●●●● 高温	
クリーニングの種類		✕ 禁止記号		

ば発生する．特に，動物系の天然繊維はたんぱく質であるため虫害を受けやすいため，防虫剤と一緒に収納する必要がある．また，収納前に汚れを落とし，よく乾燥させ，型崩れしないように，風通しの良い場所に収納する．

4．衣生活の計画について

資源や環境に配慮した衣生活を営むためには，衣生活の計画を立てることが重要である．衣生活の計画は，調べて分類する，入手する，管理する，処分するの4つの段階に分けることができる．管理方法については前項で述べたため割愛する．

まず，自分がどのような被服をどれだけもっているか調べ，被服の種類や着用頻度などに応じて分類する．春夏用と秋冬用に分けると管理がしやすくなるため，収納ケースなどを利用して適切に保管する．1シーズン中に着用していない服があれば処分方法を考え，死蔵被服を蓄えないよう注意する．

次に，入手する方法として，購入する，レンタルする，人からもらう，自分でつくるなどが考えられる．購入する場合は，デパート，専門店，通信販売，古着などから適する商品を選択する．特に，通信販売は試着ができないため，サイズが合わなかったり，思っていたデザインと違ったりするトラブルが発生することが多いので注意する．入手する際は，デザイン，サイズ，価格など様々な条件を考え，適切な被服を選択することが重要である．

最後に，処分する方法としては，人に譲る（リユース），別のデザインの被服に仕立てる（リフォーム），ジーンズからバッグをつくる（リサイクル）などの3Rを積極的に行うことが重要となる．着なくなったらすぐに捨てるのではなく，消費者一人ひとりが活用方法を考えることで，環境に配慮した衣生活を推進することができるのである．

第4節　授業実践（高等学校）

1．題材名「和服を世界に発信するキャッチコピーを考えよう」

2．題材の目標

日本および世界の衣生活文化に関心をもち，各地域の衣服の特徴や伝統的な衣服について説明できるようにする．また，日本の衣生活文化の良さを世界に発信できるようにする．

3. 題材の評価規準

知識及び技能	思考力・判断力・表現力等	主体的に学習に取り組む態度
日本及び世界の衣生活文化に関する知識を身につけ，日本の衣生活文化の良さを説明することができる	日本及び世界の衣生活文化について必要な情報を収集・整理し，その違いを説明することができる	日本及び世界の衣生活文化に関心をもち，よりよい衣生活を実践しようとしている

4. 指導と評価の計画（4時間）

時間	○パフォーマンス課題 ・学習活動	評価規準		
		知識及び技能	思考力・判断力・表現力等	主体的に学習に取り組む態度
1	○和服を世界に発信するキャッチコピーを考えよう ・グループに分かれて，世界各地の特徴的な衣生活文化に関する情報を収集する ・集めた情報をまとめる		日本及び世界の衣生活文化について必要な情報を収集・整理することができる	日本及び世界の衣生活文化に関心をもち，授業に参加している．
2	・前時に調べてまとめた内容を，グループごとに発表し，共有する． ・日本と世界の衣生活文化の共通点と相違点をグループで考え，整理する	日本及び世界の衣生活文化に関する知識を身につけている	日本及び世界の衣生活文化について，その違いを説明することができる	
3	・前時で挙げた違いから，和服のよさを考え，世界で販売するならどのように売るかグループで企画を立てる		日本の衣生活文化の良さを考え，どのように伝えればよいか表現を工夫している	
4 本時	・前時に立てた企画をもとに和服のキャッチコピーを考え，グループごとに発表する	日本の衣生活文化の良さを説明することができる	日本の衣生活文化の良さを世界に発信できるよう，キャッチコピーを工夫して考えている	

5. 本時の目標

日本の衣生活文化の良さを説明することができる．

6. 過程（全50分）

時間	●指導上の留意点	◆評価場面（評価方法）
2分	【導入】 ●前時の振り返りと本ときの目標を提示する．	
10分 30分	【展開】 ●各グループで考えた和服の良さを一文にまとめ，キャッチコピーをつくる． ・簡潔に短くまとめるよう指導する ・日本語だけではなく，外国語を用いても良い ・個人思考→グループ共有の流れで行う ●各グループで考えたキャッチコピーと販売方法を発表する．3分×10班 ・発表者は3分以内に内容をまとめる ・聞き手は発表内容をメモする	◆簡潔に伝えられるよう工夫しているか（ワークシート） ◆聞き手の時に発表内容をメモしているか（ワークシート）
8分	【まとめ】 ●各班の発表を聞き，良いと思ったキャッチコピーに一人一票を投票し，クラスで一番良いキャッチコピーを決める． ・なぜ良いと思ったか理由も記述する ・自分ならどのように伝えるか再考する	◆他者の発表を聞き，自分の考えをまとめているか（ワークシート）

準備するもの：パソコン，プロジェクター，スクリーン

アクティビティ

1. 自分がどのくらいの衣服を持っているのか調べよう．また，「1年以上着ていない服」（死蔵被服）があれば，処分方法を考えよう
2. あなたが自分に似合うと思う色と他者があなたに似合う色を比較して，パーソナルカラーを見つけよう

注・文献番号

1) 伊波富久美，『「分かったつもり」を問い直す家庭科での学び ― "自らにとっての意味" の確定をめざして ―』，あいり出版，2014，pp.20-22
2) 福田公子・山下智恵子・林未和子編著，『生活実践と結ぶ家庭科教育の発展』，大学教育出版，2004，pp.218-231
3) 佐藤文子ほか49名，『家庭総合豊かな生活をともにつくる』，大修館書店，2015，p.152
4) 大修館書店家庭科編集部，『家庭総合豊かな生活をともにつくる教授用参考資料』，2015，pp.128-129
5) 山下梢・佐藤文子，「着装における価値意識 ― 個人・社会志向性の視点から ―」，第46回日本家庭科教育学会大会・例会・セミナー研究発表要旨集，2003

6) 安永明智・野口京子,「ファッションへの関心と着装行動に関する基礎的調査研究：性別，年齢，主観的経済状況，性格による差の検討」,ファッションビジネス学会論文誌 17（3）,2012,pp.129-137
7) 松原詩緒,「着装基準に関する研究 ― 性別，年代，着装場面に着目して ― 」,繊維製品消費科会誌 59（2）,2018,pp.115-122
8) 細谷佳菜子・服部由美子・浅野尚美・柘植泰子・森透,「児童生徒の服装に対する意識と着装行動」,福井大学教育実践研究（32）,2008,pp.157-165
9) 鈴木明子,『平成 29 年版小学校新学習指導要領ポイント総整理家庭』,東洋館出版,2017,pp.49-50
10) 多々納道子・福田公子,『教育実践力をつける家庭科教育法［第 3 版］』,大学教育出版,2011,pp.139-141
11) 佐藤文子ほか 40 名,『新家庭基礎　主体的に人生をつくる』,大修館書店,2017,pp.162-163
12) 消費者庁ホームページ「洗濯表示（平成 28 年 12 月 1 日以降）」
    http://www.caa.go.jp/policies/policy/representation/household_goods/guide/wash_01.html
13) 文部科学省,『小学校学習指導要領解説家庭編』,東洋館出版,2018
14) 文部科学省,『中学校学習指導要領解説技術・家庭編』,開隆堂出版,2018
15) 文部科学省,「高等学校学習指導要領」,2018

第13章 住まう
― 住生活と自立 ―

第1節　子どもを取り巻く状況と課題

1. 住まいの歴史と文化

　日本は海に囲まれた島国であり，湿気が多いという自然条件の中で暮らすために，それぞれの時代の技術を駆使してきた．夏は涼しく，冬は雪や風を防いで室内を温かく保つことを目的に工夫された住居が日本の住まいの歴史である．表13-1で見るように，自然災害・人災等との闘いの歴史であったと言っても過言ではない[1]．

表13-1　健康・安全・快適の視点で見た日本の住まいの歴史

時代	住居の名前	特徴	健康	快適	安全
縄文	竪穴住居	1200年前から紀元前3世紀まで続き，円錐形の形をしていた．	地面まで屋根をふき下ろし，半地下式住居のため，夏は涼しく，冬は雪や風を防いで室内を暖かく保った．	床の中央に石で囲んだ炉があり，料理・暖房・除湿・照明に使われた．	茅でふかれており，外敵を防ぎつつ炉の煙で虫よけにもなった．
弥生	高床式倉庫	稲作が伝わり，米を保存した．	湿気を防いで米を長持ちさせた．		ネズミの侵入を防ぐためのネズミ返し，はしごを取り外し外敵を防ぐ．
古墳	平地式住居・高床式住居	4世紀ごろから豪族が回炉を堀や柵，土塁で囲んだ．	高い壁と屋根により，より気温の調節が可能になった．	板床が張られ，寒暖から身を守りつつ快適となった．	柵によって外敵を防いだ．
奈良	貴族の邸宅・庶民の家	710年から，奈良の平城京に都ができた．貴族と庶民で大きな違いができた．	貴族の邸宅には，板ぶき・檜皮ぶきの屋根．庶民はかやぶき屋根だが，このあたりから食寝分離の原型として，寝床を別の場所にむしろを敷いていた．		
平安	寝殿造	794年から，京都に都が遷った．寝殿造は貴族のためのもの．	家の中には便所は無く，貴族たちは「樋箱」と言われた箱で用をたし，後で農地や川に捨てた．入浴や洗髪の記録もある．	御帳台と言われるベッドを置き，しとみ戸と言われる雨戸で天候に合わせて室内を調節した．	

鎌倉	武家造	武士は地方の領地に住み，農民を指図して土地を開墾した．	寝殿造りを質素にしたもので，畳が使われたが，すべてが戦いに備えたものとなった．		戦いに備え，周りを塀で囲み，土塁を築き，塀をめぐらし，櫓門には弓矢や武器を用いた．
室町	書院造	禅宗の精神を取り入れた武士の気風と貴族の暮らしを繋いだもの．	建物の中を壁，障子，ふすまで小部屋に分け，天井を張って固定した部屋として使った．	床の間を作り，掛け軸を鑑賞した．	
江戸	武家屋敷・土蔵造	士農工商により家も違う．		農家でも裕福な家は，客を迎える玄関・座敷・仏間が作られた．	火事になっても燃えにくいように，土蔵造・瓦屋根が普及した．
明治	洋館	文明開化の政策で，横浜・神戸・長崎などの洋館をまねた建築が出現．	椅子座で，より健康的なスタイルで食事を摂るようになった．	一般の家でも，洋風の書斎や応接間．	レンガ造・石造で火事に強い．
大正〜平成	文化住宅・高層住宅	ガス・水道・電気がひかれ，能率的に．	居間・寝室・書斎・台所・食堂・風呂・トイレで健康的になった．	客の接待よりも家族の生活を考えた居間中心の作りに変化した．	関東大震災以降，鉄筋コンクリート造で耐火・耐震設計が導入された．

出所） 佐藤和彦監修『住まいの歴史』ポプラ社　1994．を参考に筆者作成

2. 生きる力を育む防災学習

　日本地震学会「過去の災害」[2]によると，日本では西暦599年から2015年までの間に500回以上，被害のある地震を経験している．過去30年を振り返ると，阪神淡路大震災（兵庫県南部地震1995年），東日本大震災（東北地方太平洋地震2011年），熊本地震（2016年）などの地震や豪雨を中心に胸を痛めるような災害が続いた．

　文部科学省は，「防災教育には，防災に関する基礎的・基本的事項を系統的に理解し，思考力，判断力を高め，働かせることによって防災について適切な意思決定ができるようにすることをねらいとする側面がある．また，一方で，当面している，あるいは近い将来予測される防災に関する問題を中心に取り上げ，安全の保持増進に関する実践的な能力や態度，さらには望ましい習慣の形成を目指して行う側面もある」[3]としている．本稿の授業実践においては，「防災学習」という言葉をあえて使い，児童・生徒が主体的に学習すべき生きる力の一貫としての防災とは何かを考えたい．

3. 持続可能な社会・環境に配慮して住まうことの課題

　学習指導要領総則において,「豊かな創造性を備え持続可能な社会の創り手となることが期待される生徒に,生きる力を育むことをめざすに当たっては,学校教育全体並びに各教科・道徳科・総合的な学習の時間及び特別活動の指導を通してどのような資質・能力の育成を目指すのかを明確にしながら,教育活動の充実を図るものとする」[4)]とある.

　また,同じく総説には,「今の子どもたちやこれから誕生する子どもたちが,成人して社会で活躍する頃には,我が国は厳しい挑戦の時代を迎えていると予想される.生産年齢人口の減少,グローバル化の進展や絶え間ない技術革新等により,社会構造や雇用環境は大きく,また急速に変化しており,予想が困難な時代となっている.…(略)…一人一人が持続可能な社会の担い手として,その多様性を原動力とし,質的な豊かさを伴った個人と社会の成長につながる新たな価値を生み出していくことが期待される」[5)]としている.

　「持続可能な社会」といいつつも,その社会は「先が見えない社会」であり,誰にも予測が困難な時代を切り開いていかざるを得ない中で,誰もが担い手となって「新たな価値」の創造をしていく必要があるということである.持続可能な社会とは,ある意味大人たちにも見えていないが,今ある様々なものが維持される仕組みを大人も子どもも一緒にみんなで考えぬこう,という発想である.

　これだけだと,大人も子どもも見えていない課題に向けて,何をどこから考えればよいのか,路頭に迷いそうになるが,ここで,ESD が Education for Sustainable Development であることの意義をかみしめる必要がある."for" は,「〜に向けて」という意味であり,まずは未来図を力を合わせて想像する.そしてそこから逆向きに遡って教育課程を再構成するという手順が見えてくる.新たなことを生み出すというよりは,今まで行ってきた取り組みを持続可能な発展(サスティナブル・デベロップメント＝以下 SD)を念頭に置きながら再検討するという意味であると受け取ることができる.

4. 家庭科で住生活を学ぶ意義

　住生活領域では,従来の住まいの主な働きや季節の変化に合わせた健康・快適な住まい方,家族とのかかわりを大切にした生活空間の整え方の学びに加え,今日の社会の中で幼児や高齢者の家庭内での事故を防ぎ,地震などの自然災害に備えるための安全な住まい方,住生活の科学と文化を学ぶ意義は大きい.それらの意義を踏まえて,学習指導要領の総説に示されたように,未来が見えにくい時代を生きるべく,ESD(持続可能な社会の構

築）をゴールの一つとした「逆向き設計」の教育課程を構想したい．

季節の変化や家族とのかかわりを大切にした生活空間の整え方を考えるときにも，家族の安全を考え，日本の風土・文化に合わせた未来の住まい方を創っていくときにも，ゴールを設定して逆向きに授業を設計していく方法は，住生活領域にも親和的である．また，住生活のみではなく，「逆向き設計」の方法を学ぶことで，他の家庭科の領域や他の教科でも応用ができると思われる．

第2節　生活実践に必要となる能力と内容

1. 健康・快適・安全な生活のための能力

住生活領域でもっとも配慮すべき点は，家族が健康で快適に過ごせるための住生活であることを忘れないことである．少子高齢化社会の進展の中で家族生活は成人にとっては仕事に偏りがちであり，高齢者や児童を含めた家族員が健康や快適に暮らすために，どのよ

表 13-2　学習指導要領の住生活の内容

小学校　家庭	中学校　家庭分野	高等学校（家庭基礎）	高等学校（家庭総合）
快適な住まい方	住居の機能と安全な住まい方	住生活と住環境	住生活の科学と文化
ア（ア）　住まいの主な働き，季節の変化に合わせた生活の大切さや住まい方	ア（ア）　家族の生活と住空間との関わり，住居の基本的な機能	ア　ライフステージに応じた住生活の特徴，防災などの安全や環境に配慮した住居の機能，適切な住居の計画・管理に必要な技能	ア（ア）　住生活を取り巻く課題，日本と世界の住文化など，住まいと人との関わりについて理解を深めること。
（イ）　住まいの整理・整頓や清掃の仕方	（イ）　家族の安全を考えた住空間の整え方		（イ）　ライフステージの特徴や課題に着目し，住生活の特徴，防災などの安全や環境に配慮した住居の機能について科学的に理解し，住生活の計画・管理に必要な技能を身に付けること。
			（ウ）　家族の生活やライフスタイルに応じた持続可能な住居の計画について科学的に理解し，快適で安全な住空間を計画するために必要な情報を収集・整理できること。
イ　季節の変化に合わせた住まい方，整理整頓や清掃の仕方の工夫	イ　家族の安全を考えた住空間の整え方の工夫	イ　住居の機能性や快適性，住居と地域社会との関わり，防災などの安全や環境に配慮した住生活や住環境の工夫	イ　主体的に住生活を営むことができるようライフステージと住環境に応じた住居の計画，防災などの安全や環境に配慮した住生活とまちづくり，日本の住文化の継承・創造について考察し，工夫すること。

出所）　文部科学省『小学校学習指導要領解説家庭編』2017．同『中学校学習指導要領解説技術・家庭編』2017，同『高等学校学習指導要領』文部科学省HP　2018年5月閲覧

うな住空間が望ましいのか，住居の基本的な機能を理解する必要がある．

また，家族の安全を考えた住空間の整え方について理解し，考え工夫することが大切である．これらの点を小学校・中学校・高等学校学習指導要領では，表13-2のように記述している．

2. 新しい防災学習の考え方と備える力

1995年1月17日に6,000人以上の犠牲者を出した阪神淡路大震災が起こった．当時いわれていた予測の範囲にはなく，「地震が来るはずがない」と思われていた中で，多大な被害を出したこの災害は日本中に改めて防災について考えさせるきっかけとなった．防災学習（教育）の必要性や学校の防災機能，心のケアについて問われ，重要視されるようになった．その後，被災地兵庫県は兵庫の教育の復興に向けて，防災教育に取り組むこととなり今日の防災学習の発展に影響を与えてきた．諏訪清二によれば，阪神淡路大震災以降の防災学習は，従来の緊急対応型から備え型へとシフトしてきている．「地震が来るはずがない」と根付いていた意識が，阪神淡路大震災を契機にどこに住んでいても「来るべき災害」に備える考え方に変化してきている．図13-1は，阪神淡路大震災以降「備え」＝防災学習が定着し，災害が低減する（ことが期待される）仕組みである．

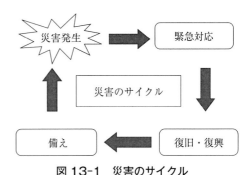

図13-1　災害のサイクル
出所）諏訪清二「第1章防災を学ぶということ」立田慶裕編『増補改訂版教師のための防災教育ハンドブック』学文社　2013．

文部科学省からは防災教育のねらい及び目標等が提示されているが，実際にはどのような防災学習がなされているのだろうか．矢守，舩木，諏訪は，ぼうさい甲子園や防災教育チャレンジプランの実践事例を表13-3のようにいくつかの特徴的な活動に分類している[6]．

第3節　授業づくりのための基礎知識

住まいを学習するときの課題とは何だろうか．第一には，健康，快適のため一人ひとりが清潔に暮らすための清掃や，できるだけ安価で環境に負荷をかけないで寒暖を防ぐ工夫が求められる．また，少子高齢化の進展，自然災害への対策が求められる中で，安全のための住空間の整え方・住まい方の学習が必要である．また，社会の変化の中で，住領域で扱う内容は，広がり・深まりを求められているが，家族・家庭の基本的な機能と関連させながら健康・快適・安全・生活文化の継承などの視点をもって取り組みたい．

表 13-3 防災学習の実践事例

	大項目		小項目	具体的活動
1	訓練・体験・サバイバルによるアプローチ	1-1	自助の精神を重視した実習や訓練	避難訓練，起震車体験，煙体験
		1-2	共助の精神を重視した実習や訓練	災害直後を想定した訓練（消火・放水訓練，バケツリレー，応急処置等）
				災害が長期化することを想定した訓練（避難所対応，サバイバルクッキング等）
				災害時の被害の拡大を防ぐことを目的とする訓練（小学生道案内，119）
				幼い子どもを守るための訓練
				災害時要援護者を助ける・守る
		1-3	様々な訓練，体験を取り入れた複合型プログラム	（週末や夏休みを利用）
2	既存のプログラムや防災教育ツールを体験して学ぶアプローチ	2-1	講話・講義を聞く	専門的な知識の講義，体験者・語り部の講話
		2-2	防災関連施設等の見学	（社会見学）
		2-3	実験	
		2-4	調査・インタビュー	
		2-5	ワークショップ	
		2-6	ゲームを通じて	
3	成果物を作成する過程で学ぶアプローチ（作って学ぶ）	3-1	地域への情報発信につながるものを作る	防災マップ，防災新聞，紙芝居など
		3-2	人が学ぶための教材を作る	
4	教えながら学ぶアプローチ			年少の子どもたちに教える

出所）矢守克也，諏訪清二，舩木伸江『夢みる防災教育』晃明書房　2007．より筆者作成

　具体的に，小・中・高等学校の住生活の基礎知識として，次のような要点を押さえる必要がある．

① 住まいの基本的な機能：歴史と文化の中で築き上げてきた住まいの様式は，その時代の中で居住者の健康・安全・快適を追求しながら日々の取り組みが行われてきた．その認識を大切に伝えていくことを心掛けたい．また，家族がどのような生活を重視するかによって住空間の使い方は異なる．海外の住まい方も学習の参考にしながら，児童・生徒のプライバシーに配慮して住居の機能を学習する．

② 住まいの安全と整え方：家族が安心して住まうためには，家庭内の事故を防ぎ，安全な状態に整える必要がある．小さな子どもや高齢者・障害を持つ方の住まいは，とりわけそれぞれの心身の状態に配慮しながら安全なあり方についても学習をする．自然災害については，地域の実態に応じて過去の災害等から危険を予測し，対策を講じることで予防的な整え方を学ぶ．

③ 住まいと健康：欠陥住宅などの知識や，清潔で快適な暮らし方について，防音や採

光の知識を含め，様々な科学的な知識や技能とともに，気持ちよく暮らす態度も身に付けるよう心掛ける．
④　住まいの条件：家族の志向・ライフステージの特徴や課題に着目し，住生活の特徴，防災などの安全，環境に配慮した住居の機能を理解し，住生活の計画・管理に必要な技能を身に付ける．
⑤　住まいの平面計画：日本の住宅事情についても検討しながら，主体的に住生活を営むことができるよう，日本の住文化の継承・創造の上に立ち平面計画を作図することができるようにする．
⑥　まちづくり―コミュニティ・生活環境：家族の快適・健康・安全な住空間の延長として，近隣や市町単位での活性化のために，多様な人々とのコミュニケーションを大切にする．

具体的に「逆向き設計」を住生活領域で生かすためには，家族との関係を育みつつ季節ごとに何によって気温の調節を行うことができるか，高齢者や幼児などにも配慮して安全な住まいをめざすための家内や教室のリスクポイントを探すにはどうするか，掃除を工夫するための家内の点検表を作る，掃除がしたくなる方法を探す，などをパフォーマンス課題として，逆向きに家族への問いかけや提案，掃除の方法の共有など児童・生徒と課題を共有しながら授業の設計を行っていくような授業展開が考えられる．

第4節　授業実践

本節で扱う授業計画は，学習指導要領における「快適な住まい方」の内容のうち，ア（ア）住まいの主な働き，（イ）住まいの整理・整頓や清掃の仕方に関連している．ベースとなる概念は，①日本の住まいの歴史から見た健康・安全・快適の追求の中で，現代求められている「防災学習」を行う．②現在確立されてきている防災学習のなかで，「既存のプログラムや防災教育ツールを体験して学ぶアプローチ」から「専門的な知識の講義，体験者・語り部の講話」を，「成果物を作成する過程で学ぶアプローチ」から「地域への情報発信につながるものを作る」の2つのアプローチを使う．③ESDの目的は，持続可能な社会の担い手づくりであるので，担い手としての適切な姿を将来にわたって見ることができるかどうかも担保されなければならない．そのために，将来へのベクトルが見えるか？という問いを立てる．④方法として，児童とパフォーマンス課題を共有しながらウィギンズとマクタイによる「逆向き設計」[7)]に乗せて授業を構想していく．

「逆向き設計」とは，目的のゴールを教師と児童，また児童同士が共有し，本質的な問

いを立てる．本質的な問いに対しては，パフォーマンス課題によってその答えが見える形にしていく．そしてその目的（パフォーマンス課題）に向かって何から学んでいくべきか考えて授業を進めていく．この時の本質的な問いは，「①持続不可能性に気づき，②それが問題であると思い，③解決策を考え，④実行するか」である．

小学校　家庭科　住まう　学習指導案

日　時	2018年●月◎日
学　年	6年生
場　所	福山市立〇〇小学校
指導者	▲▲▲▲

【題材の学習指導】
1. 題材名
   クラスの防災マニュアル作り
2. 題材について（題材観，児童／生徒観，指導観）
   題材観：小学校の住領域における「快適な住まい方」の内容のうち，ア（ア）住まいの主な働き，（イ）住まいの整理・整頓や清掃の仕方に関連しているが，オリジナルの教材となる．近年防災学習に必要性が言われているが小学校段階から主体的にしっかりと学んでおく必要がある．
   児童観：防災に関しては，地域によって学校・家庭とも危機感の捉え方が異なっている．福山市は比較的災害の少ない場所であるが西日本豪雨災害をへて，防災意識が芽ばえているようである．
   指導観：防災に関して，児童が持続可能な社会の担い手としての適切な姿が将来にわたって続くよう，パフォーマンス課題を工夫する．
3. 題材の目標
   一人ひとりが家族の人と話し合い，クラス全員で協力して防災マニュアルを作る．
4. 題材の指導と評価の計画（全　3　時間）

時間	ねらい 学習活動	評価規準・評価方法		
		知識及び技能	思考力・判断力・表現力等	主体的に学習に取り組む態度
1	『語りつぎお話絵本2　3月11日　にげろ津波だ！』を使って体験の聞き取りと避難をするときに大切なことを考える．	・東日本大震災のことを知ることができたか．・警報と注意報の違いや対処の仕方を知ることができたか．	・自分のこととして考え，グループで意見を出し合いまとめ，発表することができたか．	・この後，クラスの防災マニュアルと自宅の防災マニュアルを作っていくことについての取り組みを表明する．
2	もしも学校にいて地震に遭ったら，何ができただろうか．どう逃げるか．学校での避難生活は？	・学校の内外の地図，食料は？　トイレは？　寒いときは？　暑いときは？　実情を知ることができたか．	・グループで学校内の地図作り，危険個所を見つけ，防ぐことができたか．	・主体的に活動をし，提案をしてけたか．
3	クラスのマニュアル作り．宿題として，家族のマニュアル作り．	・クラス全員の認識の一致ができたか．	・マニュアル作りができたか．・家族のマニュアルができたか．	・マニュアル作りの役割分担をして役割が果たせたか．・家族への働きかけができたか．

【本時の学習指導】2／3
1. 本時の目標：もしも学校にいて地震に遭ったら，何ができるだろうか．
2. 過程（全　45　分）

時間	学習活動	指導上の留意点	評価場面・評価方法
10分	○前時の絵本の内容を思い出し，自分だったら何ができただろう	○グループに分かれ，グループごとに意見を交わしあい，まと	○自分のこととして考えることができたか．

時間	学習活動	指導上の留意点	評価
	か，考える．	まった意見を発表する．	○グループでしっかり話し合えたか．
	\multicolumn{3}{c}{もしも学校で地震に遭ったら，何ができるだろうか．}	
10分	○もしも学校にいて地震に遭ったら． ・避難所はどこかを知る． ・逃げる方法を知る．	○学校側のマニュアルとは別に，クラスで安全点検をしてマニュアルを作成していくための材料を自分たちで作っていけるよう，サポートを行う．	○積極的に避難所を知り，逃げる方法を考えたか．注意事項を考えたか．
20分	○学校の安全点検をする． ○危険個所をチェックし，地図に落とす． ○その他のチェックポイントを検討する． ・トイレに困ったらどうするか． ・暑さ寒さに困ったらどうするか．	○学校の地図を使って，避難経路をたどりながら，危険個所があれば地図に落とす． ○水が流れなくなった時のための工夫を促す． ○寒い日に学校が避難場所だった時に寒さをしのぐ方法を一緒に考える． ○暑い日に学校が避難場所だった時に暑さをしのぐ方法を一緒に考える． ○学校の食料の備蓄リストについて知らせ，その後のことも考えるよう促す．	○もしものことを想像しながら真剣にチェックを行ったか． ○トイレが流れなくなった時にどうしたらいいか，真剣に考え，工夫ができたか． ○寒さ，暑さをしのぐ方法をグループで話し合えたか．
	・食料に困ったらどうするか．		○食料の備蓄リストに基づいて，学校で何人が何日間避難生活を送ることができるか，計算しその後どんな方法で助けを求めることができるか，想像してみることができたか．
5分	○まとめ 　シートへの記入	○次時は本時で調べ，考えたことを頼りに，クラスの防災マニュアルを作ることを知らせる．	

準備するもの：『語りつぎお話絵本2　3月11日　にげろ津波だ！』[8]，学校内・学区内地図

アクティビティ

1. 小さな子どもや高齢者・障害を持つ方の住まいには，どんな配慮が必要だろうか．それぞれ，家庭内での事故について調べたうえで安全に配慮すべき点を話し合ってみよう．
2. 自分の教室が避難所になったとしたら，どのように寒さや暑さを防ぐことができるか，話し合ってみよう．

注

1) 佐藤和彦監修『住まいの歴史』ポプラ社，1994．
2) 日本地震学会「過去の災害」国立天文台三冬社編集部『災害と防災・防犯統計データ集』三冬社，2016．
3) 文部科学省『学校防災のための参考資料「生きる力」を育む防災教育の展開』2013．
4) 文部科学省『学習指導要領』総則　第1の3　2017．
5) 文部科学省『小学校学習指導要領』家庭編　第1章　総説　2017．
6) 矢守克也，諏訪清二，舩木伸江『夢みる防災教育』晃明書房，2007．
7) グランド・ウィキンズ，ジェイ・マクタイ西岡加名恵訳『理解をもたらすカリキュラム設計 ―「逆向き設計」の理論と方法』日本標準，2012．
8) 片岡弘子「海が黒い水になった日」WILL子ども知育研究所発行『語りつぎお話絵本2　3月11日　にげろ津波だ！』学研，2013．

第14章　持続可能な暮らし
― 消費と環境 ―

第1節　子どもを取り巻く状況と課題

1. 消費生活の問題と課題

　子どもを取り巻く経済市場は，人口減少や少子高齢化などの人口動態問題，AI（Artificial Intelligence：人工知能）やIoT（Internet of Things：モノのインターネット）による技術革新，グローバル化など，複雑化している．そのため，消費者と事業者間における情報の量や質，交渉力の格差やICT（Information and Communication Technology：情報通信技術）の利用で生じるデジタルデバイド（digital divide：情報格差）が拡大している．消費者は合理的な意思決定をすることが困難な状況となり，消費生活上の不利益を受けることも少なくない．

　生活物資の購入では，無人店舗や無人レジの出現，インターネットショッピングの拡大，電子マネーやスマートフォンを利用した現金以外での支払い方法など，多様化が進んでいる．今後もキャッシュレス決済が進み，商品の購入方法，金銭の使い方が生活の質を左右すると考えられる．

　法制度においては，消費者保護基本法が2004（平成16）年に消費者保護法に改正されて以降，消費者は"自立した存在"として捉えられ，自主的で合理的な行動をとることが求められるようになった．2018（平成30）年6月には成年年齢を18歳に引き下げる改正民法が成立し，2022年4月から施行される．18歳から契約の主体となる若年者は，保護者の同意を得ることなく単独でクレジットカードを作ったりローンなどの契約を結んだりできるようになる．子どもたちは，十分な知識を持たないまま社会に出ることで，悪質商法などの消費者トラブルに遭いやすくなることが懸念される．

2. 環境問題の特徴と課題

　私たちは，豊かで便利な生活を実現するために大量の資源・エネルギーを消費してきた．大量生産・大量消費は，大量廃棄や資源の枯渇をもたらし，大気汚染や地球温暖化などの気候変動に影響を与え，生物種の絶滅など，環境に大きな負荷を与えている．

　IPCC (Intergovernmental Panel on Climate Change：気候変動に関する政府間パネル）は，2011（平成23）年に異常気象が人間起源の温室効果ガスによって引き起こされていることを認め[1]，経済産業省は，温室効果ガスの排出量と資源消費量について，大幅削減の取組を発表した[2]．2015（平成27）年，国連サミットではSDGs (Sustainable Development Goals：持続可能な開発目標）が採択され，貧困，環境，男女平等，持続可能な消費と生産など，17のゴールと169のターゲットが示された[3]．SDGsは，子や孫に安心して渡せるように経済・環境・社会を地球レベルで変えていこうとする取組であり，2030（平成42）年までにすべての国で完全実施されることがコミットされた．

　森林，生物種，生態系などの自然資本の増殖を図り，枯渇性資源や環境汚染を減少させ持続可能な社会とするために，一人ひとりがゴールに向かって"今の自分にできることを始める"ことが求められている．

　このような変化の激しい経済社会や環境の中で，子どもたちは，予測できない未来への期待と不安を感じながら生き方を模索している．未来を担う子どもたちには，自立した消費者として，適切な意思決定に基づいて行動し，持続可能な社会を目指したライフスタイルを構築できる力が今以上に求められることから，家庭科教育の果たすべき役割は大きい．

　世界は過去に類例がないほどの異常気象が頻発し，経済情勢も激変している．このような社会の中で，目先の利益を考えるのではなく，普段の生活（例えば電気や水道などの使用など）にどれだけのコストが払われて恩恵を受けているか，ものの価値について見極め，その価値をどのように維持していくかを考える生活者の育成が必要である．

第2節　生活実践に必要な能力と内容

1. 児童・生徒につけたい能力

（1）持続可能な消費生活を送る力

　2012（平成24）年に「消費者教育の推進に関する法律」[4]（消費者教育推進法）が制定され，消費者教育は「消費者の自立を支援するために行われる消費生活に関する教育（消

費者が主体的に消費者市民社会の形成に参画することの重要性について理解及び関心を深める教育を含む）およびこれに準ずる啓発活動」（第2条）と定義された．ここで，消費者市民社会とは，「自らの消費生活に関する行動が現在および将来の世代にわたって内外の社会経済情勢および地球環境に影響を及ぼすものであることを自覚して，公正かつ持続可能な社会の形成に積極的に参画する社会」（第2条2項 一部抜粋）のことである．

そこで，自立した消費者となるためには，賢い消費者はもちろんのこと，持続可能な社会の発展に積極的に関与する者（消費者市民社会の形成者）としての力をつけること，すなわち自分の行動が他者や社会，環境に及ぼす影響を知り，経済，社会，環境のバランスを考慮しつつ社会を変えていくために協働する行動力を身につけることが重要である．

例えば，食品ロスの削減では，日本をはじめ多くの国で食品ロスが出る一方，世界の9人に1人が栄養不足という統計（FAO, Food and Agriculture Organization：国際連合食糧農業機関，2012〜2014年）から，世界規模で考えていくことが提案されている[5]．これは，SDGs12の「つくる責任つかう責任：持続可能な消費と生産パターンを確保する」にあたり，どのような行動をとるかの意思決定をする際には，判断力の質を高めることが重要である．立場が違えばものごとの見え方も異なり，背景にある文化や環境が違えば自分の価値観が必ずしも正しいとはいえなくなる．児童・生徒には，「自分ならどうするか」と主体的に考え，多数の選択肢の中から何を選ぶかを判断，選んだ根拠は何かを自分のことばで表現し，行動できる力をつけたい．

（2）環境に配慮した生活を送る力

持続可能性の教育では，1997（平成9）年の「環境と社会に関する国際会議」で採択された「テサロニキ宣言」[8]により，持続可能な社会を目指して，限りある資源の有効利用や環境を破壊しないライフスタイルなど，地球環境に配慮した消費行動を身につける必要性が示された．

持続可能な社会は，資源やエネルギーの大量消費を見直し，資源調達から生産・流通・消費・廃棄に至るそれぞれの段階で環境負荷を減らし，廃棄物の再資源化を図る循環型社会を目指し，環境保全に配慮した消費行動をとることのできる力を身につけることで初めて実現する．そこで，消費と環境には密接なつながりがあることを意識し，消費社会の矛盾に気づき生活文化を豊かにする力，人間の尊厳，貧困の撲滅等のため，消費者一人ひとりが社会と環境を考慮した倫理的消費（エシカル消費，以下エシカル消費と示す）を取り入れ，生活をエコロジカルかつトータルに考える力を身に付ける必要がある．

学校における環境教育では，「環境教育指導資料 幼稚園・小学校編」[6]（2012年），同「中学校編」[7]（2016年）に，持続可能な開発のためには，地球上で暮らすわれわれ一人ひとり

が，環境問題や開発問題等の理解を深め，日常生活や経済活動の場で自らの行動を変革し，社会に働きかけていくことの必要性が示されている．

2. 消費生活・環境に関する学習内容

　従来の消費者教育では，経済的な価値，健康，安全などの価値を擁護する立場から政策や法律を活用し，自立的な消費生活を営むことができる消費者の育成を目指してきた．そのため，消費者教育の内容は，悪質商法の被害を未然に防ぐ教育，家庭生活に必要な法律の知識を与えること，金融商品市場のシミュレーションを意図することなど，人によって含める内容が異なっていた．

　しかし，今回の改正で「消費者教育」「消費者市民社会」の定義が明確になり，消費者教育は消費生活に関する知識や情報を活用し，多様化する市場において合理的かつ倫理的な消費行動ができる自立した消費者を育成すると示されたことから，社会的な価値を創造できる消費者の育成を目指さなければならない．そこで，消費者市民社会に参画する一員として「生きる力」をはぐくむ内容が重要であり，食育，環境教育，金融教育，法教育をすべて包含した視点が必要である．また，公正で持続可能な消費者市民社会の形成に向け，生徒自身が価値の転換をはかったり，新たな価値を創造できたりする内容を取り入れることも重要である．

（1） 消費生活に関する内容

　小・中・高等学校の学習内容は，学習指導要領[8)-10)]において，小・中学校での「C 消費生活・環境」の学習を基盤として，高等学校の「C 持続可能な消費生活・環境」へと発展的な学習につながるよう体系化されている．各学校段階における消費生活・環境に関わる内容は，表14-1に示す．

　小学校では，「(1) 物や金銭の使い方と買い物」に「買い物の仕組みや消費者の役割」が新設され，中学校における「売買契約の仕組み」や「消費者の基本的な権利と責任」「消費者被害の背景とその対応」の基礎となる学習ができるように組み入れられている．中学校では，キャッシュレス化の進行に伴って，従来まで高等学校で学習していた内容が「(1) 金銭の管理と購入」として新設された．また，消費者被害の低年齢化に伴い，消費者被害の回避や適切な対応が一層重視されることから，売買契約の仕組みと関連させて消費者被害に関する学習が追加された．これらの内容は，今後の生活を展望し，工夫し創造しようとする実践的態度を養うことをねらいとしているため，「A 家族・家庭生活」「B 衣食住の生活」の各項目と関連づけながら，主体的な消費行動ができるように工夫する．

表 14-1 消費・環境に関わる学習内容（学習指導要領）

小学校	中学校	高等学校「家庭基礎」	高等学校「家庭総合」
C　消費生活・環境	C　消費生活・環境	C　持続可能な消費生活・環境	C　持続可能な消費生活・環境
(1) 物や金銭の使い方と買物 ア　次のような知識及び技能を身に付けること． （ア）買物の仕組みや消費者の役割が分かり，物や金銭の大切さと計画的な使い方について理解すること． （イ）身近な物の選び方，買い方を理解し，購入するために必要な情報の収集・整理が適切にできること． イ　購入に必要な情報を活用し，身近な物の選び方，買い方を考え，工夫すること．	(1) 金銭の管理と購入 ア　次のような知識及び技能を身に付けること． （ア）購入方法や支払い方法の特徴が分かり，計画的な金銭管理の必要性について理解すること． （イ）売買契約の仕組み，消費者被害の背景とその対応について理解し，物資・サービスの選択に必要な情報の収集・整理が適切にできること． イ　物資・サービスの選択に必要な情報を活用して購入について考え，工夫すること．	(1) 生活における経済の計画 ア　家計の構造や生活における経済と社会との関わり，家計管理について理解すること． イ　生涯を見通した生活における経済の管理や計画の重要性について，ライフステージや社会保障制度などと関連付けて考察すること．	(1) 生活における経済の計画 ア　次のような知識及び技能を身に付けること． （ア）家計の構造について理解するとともに生活における経済と社会との関わりについて理解を深めること． （イ）生涯を見通した生活における経済の管理や計画，リスク管理の考え方について理解を深め，情報の収集・整理が適切にできること． イ　生涯を見通した生活における経済の管理や計画の重要性について，ライフステージごとの課題や社会保障制度などと関連付けて考察し，工夫すること．
	(2) 消費者の権利と責任 ア　消費者の基本的な権利と責任，自分や家族の消費生活が環境や社会に及ぼす影響について理解すること． イ　身近な消費生活について，自立した消費者としての責任ある消費行動を考え，工夫する	(2) 消費行動と意思決定 ア　消費者の権利と責任を自覚して行動できるよう消費生活の現状と課題，消費行動における意思決定や契約の重要性，消費者保護の仕組みについて理解するとともに，生活情報を適切に収集・整理できること． イ　自立した消費者として，生活情報を活用し，適切な意思決定に基づいて行動することや責	(2) 消費行動と意思決定 ア　次のような知識及び技能を身に付けること． （ア）消費生活の現状と課題，消費行動における意思決定や責任ある消費の重要性について理解を深めるとともに，生活情報の収集・整理が適切にできること． （イ）消費者の権利と責任を自覚して行動できるよう，消費者問題や消費者の自立と支援などについて理解するとともに，契約の重要性や消費者保護の仕組みについて理解を深めること． イ　自立した消費者として，生活情報を活用し，適切な意思決定に基づいて行動できるよ

		任ある消費について考察し，工夫すること．	う考察し，責任ある消費について工夫すること．
(2) 環境に配慮した生活 ア　自分の生活と身近な環境との関わりや環境に配慮した物の使い方などについて理解すること． イ　環境に配慮した生活について物の使い方などを考え，工夫すること．	(3) 消費生活・環境についての課題と実践 ア　自分や家族の消費生活の中から問題を見いだして課題を設定し，その解決に向けて環境に配慮した消費生活を考え，計画を立てて実践できること．	(3) 持続可能なライフスタイルと環境 ア　生活と環境との関わりや持続可能な消費について理解するとともに，持続可能な社会へ参画することの意義について理解すること． イ　持続可能な社会を目指して主体的に行動できるよう，安全で安心な生活と消費について考察し，ライフスタイルを工夫すること．	(3) 持続可能なライフスタイルと環境 ア　生活と環境との関わりや持続可能な消費について理解するとともに，持続可能な社会へ参画することの意義について理解を深めること． イ　持続可能な社会を目指して主体的に行動できるよう，安全で安心な生活と消費及び生活文化について考察し，ライフスタイルを工夫すること．

出所）　文部科学省，小学校学習指導要領（平成 29 年告示）解説 家庭編，東洋館出版社，2017．
　　　　文部科学省，中学校学習指導要領（平成 29 年告示）解説 技術・家庭編，開隆堂出版，2017．
　　　　文部科学省，高等学校学習指導要領解説 家庭編，2018

　新設された小学校の「契約」に関する学習では，買い物はもちろんのこと日々の生活における電気や水道水の使用なども契約によって成り立っていることを加えたい．中学校では，インターネットを介した無店舗販売における購入やキャッシュレス化した支払い，実態が把握しにくいサービスの購入に関する知識や販売信用のしくみを理解できるようにする．売買契約では，「契約」は単なる約束ではなく，法律上の権利・義務が生じる約束であり，店舗，訪問販売，通信販売，電話勧誘販売，電子商取引（インターネットショッピング）などで当事者間の意思の一致（合意）により成立することを理解させる．

　特に，インターネット上での契約は，注文ボタンをクリック（タップ）した時ではなく，事業者からの承諾が送られた時に成立することに注目させる．また，いったん契約が成立するとどちらか一方の都合によって解除できないのが原則であることにも触れる．契約書を受け取った日から一定期間さかのぼって無条件で解除できるクーリング・オフ（Cooling off）制度はあるものの通信販売や電子商取引は除外されていることも知らせる（返品特約はある）．

　高等学校では，持続可能な社会の構築のために，生涯を見通した経済の計画や管理に加え，従来は「家庭総合」にのみ位置づけられていた「(2) 消費行動と意思決定」が「家庭基礎」にも加えられた．内容の取り扱いでは，「A 人の一生と家族・家庭及び福祉」「B 衣食住の生活の自立と設計」（家庭基礎）あるいは「B 衣食住の生活の科学と文化」（家庭基礎）の内容と相互に関連を図る工夫が求められている．

（2）環境に関する内容

小学校では，自らが課題をもって，自分の生活と身近な環境との関わりを理解し，物の使い方などの知識を身に付け，環境に配慮した生活の仕方を工夫するという内容となっている．題材の構成には，物や金銭の使い方，買物，衣食住の生活と関連させて，購入した物の活用について振り返り，環境に配慮した物の使い方を見直すことなどが示されている．中学校では，「消費者教育の推進に関する法律」（消費者教育推進法）の定義から，消費者市民社会の担い手としての自覚をもって，環境に配慮したライフスタイルの確立の基礎を培い，持続可能な社会の構築に向けて，環境と消費生活を一層関連させて学習する内容を重視している．

高等学校では，「(3) 持続可能なライフスタイルと環境」において，生活と環境との関わりや持続可能な消費について理解するとともに，持続可能な社会へ参画することの意義について理解を深めることになっている．また，持続可能な社会を目指して主体的に行動できるよう，安全で安心な生活と消費及び生活文化について考察し，ライフスタイルを工夫することも求められている．

そこで，環境に配慮した日常生活を主体的に送るためには，リデュース（Reduce 廃棄物の発生抑制），リユース（Reuse 再使用），リサイクル（Recycle 再資源化）の3R，これにリフューズ（Refuse 不要なものは断る）を加えた4R，さらにはリペア（Repair 修理）を加えた5Rを取り上げる．生徒は，地域の取組状況を調査し，対処方法に加えグリーンコンシューマー（Green consumer：環境に調和した消費生活を営む消費者）として環境負荷の小さい商品を選択・購入するライフスタイルを考える力を養う．

表14-2 消費者市民社会の構築に向けて消費者が身に付けたい力

	各期の特徴	重点領域		
		消費がもつ影響力の理解	持続可能な消費の実践	消費者の参画・協働
小学生期	主体的な行動，社会や環境への興味を通して，消費者としての素地の形成が望まれる時期	消費をめぐる物と金銭の流れを考えよう	身近な消費者問題に目を向けよう	自分の生活と身近な環境とのかかわりに気づき，物の使い方などを工夫しよう
中学生期	行動の範囲が広がり，権利と責任を理解し，トラブル解決方法の理解が望まれる時期	消費者の行動が環境や経済に与える影響を考えよう	身近な消費者問題及び社会課題の解決や，公正な社会の形成について考えよう	消費生活が環境に与える影響を考え，環境に配慮した生活を実践しよう
高校生期	生涯を見通した生活の管理や計画の重要性，社会的責任を理解し，主体的な判断が望まれる時期	生産・流通・消費・廃棄が環境，経済や社会に与える影響を考えよう	身近な消費者問題及び社会課題の解決や，公正な社会の形成に協働して取り組むことの重要性を理解しよう	持続可能な社会を目指して，ライフスタイルを考えよう

出所）消費者庁，消費者教育の体系イメージマップ，2013

なお，消費生活・環境に関する学習内容について，理解されやすい形で表現したものが，「消費者教育の体系イメージマップ」[11]である（表14-2）．これは，ライフステージのどの時期にどのような内容を身に付けていくことが必要かについて示したものである．小・中・高等学校の発達段階ごとに教育内容（学習目標）が示されており，授業内容を検討していくめやすとなるため，系統的な学習の一助にもなる．

第3節　授業づくりのための基礎知識

1．持続可能な消費生活・環境の基礎知識

持続可能な社会の構築を目指した授業づくりでは，消費生活について価値の転換をはかり，新たな価値を創造できる知識が求められる．

商品やサービス（役務）を購入する場合，意思決定のプロセスは，①ニーズ（needs）とウォンツ（wants）に分けて優先順位をつける，②購入する商品の表示や法制度，行政・公的機関からの生活情報を活用し，情報の真偽や質を確認し取捨選択する，③自己の生活資源，購入方法や支払い方法を考え検討する，④自分の価値に基づき最終的に一つに決める，である．その行程で，消費者は，安全・安心，品質，機能，デザイン，価格等の個人的な経済利益だけではなく，環境に配慮されたものを選ぶ責任と役割，すなわちエシカル消費の尺度から意思決定する．

商品やサービスを購入する行為は契約であり，約束とは異なり，成立すると権利（債権）と義務（債務）を負う．契約には事業者と消費者との二者間契約および信販会社や銀行が介在する三者間契約があり，いずれの場合も，契約当事者の一方が義務（債務）を実行しないと，債務不履行として法的（民法415条）に制裁を受ける．契約をめぐる問題，安全や表示など，商品の取引から生じる消費者問題は多く，悪質な問題商法（キャッチセールス，マルチ商法など）も後を絶たない．問題商法への対処は，特定商取引法や割賦販売法で定められているクーリング・オフ制度を利用する方法があるが，全ての事例に適用されるとは限らず，適用期間（一般的には8日間）も販売方法によって異なっている．

購入する商品・サービスの支払い（決済）には，現金の他にプリペイドカード（前払い），デビッドカード（即時払い），クレジットカード（後払い）を使う方法がある．プリペイドカード決済は，消費者が代金を支払った後に商品を受け取るため，商品の未着や延着のリスクが発生する．デビッドカード決済は，購入と同時に自分の預金口座から利用代金が引き落とされる仕組みであるため，口座残高分までの利用となりリスクは低い．クレジットカード決済は，商品到着後に代金を支払うため，現金を持ち歩く危険が回避できる．

また，この決済は，契約書面を作成して支払う販売信用取引に比べて手続きが，簡単なため利便性も高い．その一方，カードを使いすぎる危険性は高く，多重債務に陥るケースもみられる．利便性が高いとリスクも高いことを意識した上での利用が重要であり，カードの保管にも十分気をつけることが大切である．

　消費者のあり方は，1983（昭和58）年にCI（Consumers International：国際消費者機構）から「消費者の8の権利と5つの責任」[12] としてまとめられた．これからの消費者は，安全・安心な生活を送るために，商品やサービスについて直接問い合わせたり，消費生活センターなどの公的機関に相談したりするなど事業者や行政に意見を伝え，商品やサービスの向上に貢献していく行動力を備えることが求められる．消費行動は経済的投票行動と呼ばれているように，買い物を通して事業者に一票を投じることで持続可能な消費につながることを意識したい．

　持続可能な社会の構築のためには，環境への負荷ができる限り低減される循環型社会を形成することが必要である．2000（平成12）年に循環型社会形成推進基本法が制定され，環境省（2010年）からは日常生活でできる循環型社会形成に向けた取り組み[13] が提案された．内容は，衣服，食，住，余暇の過ごし方，もの，についての取り組みの具体的な提案である．食では消費期限や賞味期限が先にくる商品の購入・使用，住ではすだれや打ち水の活用，ものでは長寿命（ロングライフ）製品の購入などが示されている．

　環境に調和した消費生活を営むことのできるグリーンコンシューマーとして，環境負荷の小さい商品を選択・購入するためには，環境に関するマークや表示が役に立つ．商品に表示されているエコマークやグリーンマーク，再生紙使用マーク，家電製品に付けられている統一省エネラベルなどを参考に選択・購入をする．このように，日常生活のなかで価値の転換をはかり，よりよい意思決定の基礎づくりをすることで，持続可能な社会の構築に向けて，環境に配慮したライフスタイルを根付かせたい．

第4節　授業実践

1．授業づくりの視点

　消費生活・環境の学習では，持続可能な社会を構築する担い手として，主体的に対応できる力の育成が重視されている．また，学習指導要領に「生活の中から問題を見いだしその課題を解決する過程を重視すること」（家庭基礎），「生徒が自分の生活に結びつけて学習できるように課題を設定し解決する学習を充実すること」（家庭総合）とある．

　そこで，身近なフェアトレード（fair trade）[14] 商品をとりあげ，持続可能な社会の構

築を目指したエシカル消費について考えることとする．実践事例として，「チョコレートからエシカル消費を考えよう」（高等学校）について示す．

2．授業の実際

（1） 題材について
題材は「(3) 持続可能なライフスタイルと環境」であり，目的は人的資源や社会的資源・環境に配慮した消費生活について自ら考え，持続可能な社会を構築するために公正な判断力を持ったライフスタイルを工夫することとする．

（2） 題材の指導計画（3時間）
題材は3時間で扱い，第1時「生活と環境との関わりを考える」第2時「持続可能な社会へ参画することの意義」，第3時「持続可能な社会を目指した行動とライフスタイルの工夫」とする．本時は，第2時で扱う題材とする．

（3） 本時の学習指導
1) 本時の目標　「チョコレートからエシカル消費を考えよう」
2) 授業の過程（全50分）表14-3に示す．

（4） 評　価
本授業（第2時）では，フェアトレードの商品から児童労働の問題について知り，自分たちができるエシカル消費について話し合った．生徒の評価からは，「商品やサービスの選択にあたって，価格だけでなく，エシカル消費を考えて行動するように気をつけたい」「役に立つなら，たまには買おうと思った」という意見が得られた．持続可能な社会の構築を目指した消費生活・環境の授業では，一人ひとりがエシカル消費の必要性を理解し，すすんで具体的な行動に移そうとする態度について評価していくことが必要であろう．

表 14-3 本時の過程

時配	学習活動	指導上の留意点（○）評価（◇）	備考
導入 （5分）	○チョレートのパッケージの表示を確認する． ○本時の学習内容を知る．	○表示のなかでも，特に原材料とフェアトレード認証マークに着目させる．	フェアトレードチョコレート
展開 （40分）	○日本のチョコレート消費量を知る． ○チョコレートの原材料と生産国を知る． ○カカオの生産の背景には児童労働の問題があることを理解する． ○カカオの流通経路を知る． ○フェアトレードについて理解する． ○エシカル消費について理解する． ○自分たちができるエシカル消費についてグループで話し合う ○発表する．	○日本は有数のチョコレート消費量国であることを知らせる． ○チョコレートの製造工程を示す． ・原材料であるカカオの実物を見せる，あるいはカカオニブを試食させることで関心を持たせる． ○カカオを収穫している児童の写真を示し，児童労働の実態を説明する． ◇児童労働の問題について理解する． （知識・技能） ○カカオが加工されて消費者に届くまでの流通経路を通常の貿易とフェアトレードを比較して説明する． ○フェアトレードとは公正な貿易という意味であり，その製品には認証マークが表示されていることを示す． ○フェアトレードは社会を配慮の対象としたエシカル消費の一つであることを知らせる． ◇フェアトレードと児童労働の関係を理解する．（知識・技能） ○エシカル消費は，社会，人，環境，地域，生物多様性を対象としていることを理解させ，「ものを買うことは一票を投じる（投票する）こと」と同じであり，持続可能な社会の構築につながる意識を持たせる． ◇みずからの行動について考え，積極的に意見を述べる．　　　　　　　　　（思考・判断・表現） ○各自が取り組むことのできるエシカル消費を発表させる． ◇すすんで取り組むことのできるエシカル消費を発表できる．他者の意見を聞き，自己の生活に取り入れることができる． （主体的態度）	プレゼンテーション，ワークプリント カカオ・カカオニブ 写真 プレゼンテーション ワークプリント 商品実物 ワークプリント ワークプリント ワークプリント
まとめ （5分）	○本時を振り返る．	○小さな消費行動が積み重なり持続可能な社会となることを意識させる．	ワークプリント

出所）　三宅元子，平成30年度名古屋女子高等学校との高大連携授業で用いた指導案を一部修正

アクティビティ

1. 決済時期の違いによる支払い方法の利点と問題点をまとめてみよう．
2. 身近な生活のなかで取り入れることのできるエシカル消費行動を考えてみよう．

引用文献

1) 国土交通省 気象庁,「IPCC 第 5 次評価報告書」, 2013
2) 経済産業省 資源エネルギー庁,「エネルギー白書」, 2009
3) 日能研教務部,『SDGs 2030 年までのゴール』, みくに出版, 2017
4) 消費者教育の推進に関する法律, 2012
5) 国連 WFP（World Food Programme）, 飢餓をゼロに, 2018
   http://ja1.wfp.org/zero-hunger（最終検索日 2018.5.1）
6) 国立教育政策研究所教育課程研究センター,『環境教育指導資料［幼稚園・小学校編］』, 2014
7) 国立教育政策研究所教育課程研究センター,『環境教育指導資料［中学校編］』, 2014
8) 文部科学省,『小学校学習指導要領（平成 29 年告示）解説家庭編』, 東洋館出版社, 2017
9) 文部科学省,『中学校学習指導要領（平成 29 年告示）解説技術・家庭編』, 開隆堂出版, 2017
10) 文部科学省,『高等学校学習指導要領解説 家庭編』, 2018
11) 消費者庁, 消費者教育の体系イメージマップ, 2013
    http://www.caa.go.jp/kportal/search/pdf/imagemap.pdf（最終検索日：2018.5.1）
12) 吉田良子・藤井昭子・山田幸子・好光陽子,『消費者問題入門第 3 版』, 建帛社, 2013, p.5
13) 環境省編,「平成 22 年版環境白書・循環型社会白書・生物多様性白書」, 2010
14) 渡辺龍也,『フェアトレード学』, 新評論, 2010, p.3

※フェアトレード（fair tradc）とは, より公正な国際貿易の実現を目指す, 対話・透明性・敬意の精神に根ざした貿易パートナーシップのことをいう.

注

1) エシカル消費とは,「消費者それぞれが各自にとっての社会の課題の解決を考慮したり, そうした課題に取り組む事業者を応援しながら消費活動を行うことである」（消費者庁）.
   http://www.mext.go.jp/component/a_menu/education/micro_detail/_icsFiles/afieldfile/2018/07/17/1407073_10.pdf
   （最終検索日：2018.8.30）

資　　料

学校教育法（抄）
学校教育法施行規則（抄）
学習指導要領
　　　小学校学習指導要領（抄）
　　　中学校学習指導要領（抄）
　　　高等学校学習指導要領（抄）
学習指導要領の変遷

学校教育法（抄）

（昭和 22 年 3 月 31 日法律第 26 号）
一部改正：平成 30 年 6 月 1 日法律第 39 号

第 1 章　　総則

第 1 条（学校の範囲）この法律で，学校とは，幼稚園，小学校，中学校，義務教育学校，高等学校，中等教育学校，特別支援学校，大学及び高等専門学校とする．

第 2 章　　義務教育

第 16 条（保護者の義務）保護者（子に対して親権を行う者（親権を行う者のないときは，未成年後見人）をいう．以下同じ．）は，次条に定めるところにより，子に 9 年の普通教育を受けさせる義務を負う．

第 21 条（義務教育の目標）義務教育として行われる普通教育は，教育基本法（平成 18 年法律第 120 号）第 5 条第 2 項に規定する目的を実現するため，次に掲げる目標を達成するよう行われるものとする．
　1　学校内外における社会的活動を促進し，自主，自律及び協同の精神，規範意識，公正な判断力並びに公共の精神に基づき主体的に社会の形成に参画し，その発展に寄与する態度を養うこと．
　2　学校内外における自然体験活動を促進し，生命及び自然を尊重する精神並びに環境の保全に寄与する態度を養うこと．
　3　我が国と郷土の現状と歴史について，正しい理解に導き，伝統と文化を尊重し，それらをはぐくんできた我が国と郷土を愛する態度を養うとともに，進んで外国の文化の理解を通じて，他国を尊重し，国際社会の平和と発展に寄与する態度を養うこと．
　4　家族と家庭の役割，生活に必要な衣，食，住，情報，産業その他の事項について基礎的な理解と技能を養うこと．
　5　読書に親しませ，生活に必要な国語を正しく理解し，使用する基礎的な能力を養うこと．
　6　生活に必要な数量的な関係を正しく理解し，処理する基礎的な能力を養うこと．
　7　生活にかかわる自然現象について，観察及び実験を通じて，科学的に理解し，処理する基礎的な能力を養うこと．
　8　健康，安全で幸福な生活のために必要な習慣を養うとともに，運動を通じて体力を養い，心身の調和的発達を図ること．
　9　生活を明るく豊かにする音楽，美術，文芸その他の芸術について基礎的な理解と技能を養うこと．
　10　職業についての基礎的な知識と技能，勤労を重んずる態度及び個性に応じて将来の進路を選択する能力を養うこと．

第 4 章　　小学校

第 29 条（小学校の目的）小学校は，心身の発達に応じて，義務教育として行われる普通教育のうち基礎的なものを施すことを目的とする．

第30条（**小学校教育の目標**）小学校における教育は，前条に規定する目的を実現するために必要な程度において第21条各号に掲げる目標を達成するよう行われるものとする．

② 前項の場合においては，生涯にわたり学習する基盤が培われるよう，基礎的な知識及び技能を習得させるとともに，これらを活用して課題を解決するために必要な思考力，判断力，表現力その他の能力をはぐくみ，主体的に学習に取り組む態度を養うことに，特に意を用いなければならない

第5章　中学校

第45条（**中学校の目的**）中学校は，小学校における教育の基礎の上に，心身の発達に応じて，義務教育として行われる普通教育を施すことを目的とする．

第46条（**中学校教育の目標**）中学校における教育は，前条に規定する目的を実現するため，第21条各号に掲げる目標を達成するよう行われるものとする．

第6章　高等学校

第50条（**高等学校の目的**）高等学校は，中学校における教育の基礎の上に，心身の発達及び進路に応じて，高度な普通教育及び専門教育を施すことを目的とする．

第51条（**高等学校教育の目標**）高等学校における教育は，前条に規定する目的を実現するため，次に掲げる目標を達成するよう行われるものとする．

1　義務教育として行われる普通教育の成果を更に発展充実させて，豊かな人間性，創造性及び健やかな身体を養い，国家及び社会の形成者として必要な資質を養うこと．

2　社会において果たさなければらない使命の自覚に基づき，個性に応じて将来の進路を決定させ，一般的な教養を高め，専門的な知識，技術及び技能を習得させること．

3　個性の確立に努めるとともに，社会について，広く深い理解と健全な批判力を養い，社会の発展に寄与する態度を養うこと．

第7章　中等教育学校

第63条（**中等教育学校の目的**）中等教育学校は，小学校における教育の基礎の上に，心身の発達及び進路に応じて，義務教育として行われる普通教育並びに高度な普通教育及び専門教育を一貫して施すことを目的とする．

第8章　特別支援教育

第72条（**特別支援学校の目的**）特別支援学校は，視覚障害者，聴覚障害者，知的障害者，肢体不自由者又は病弱者（身体虚弱者を含む．以下同じ．）に対して，幼稚園，小学校，中学校又は高等学校に準ずる教育を施すとともに，障害による学習上又は生活上の困難を克服し自立を図るために必要な知識技能を授けることを目的とする．

学校教育法施行規則（抄）

●平成二十九年三月三十一日文部科学省令第20号

1 小学校の教科等の授業時数

別表第一（第五十一条関係）

区　分		第1学年	第2学年	第3学年	第4学年	第5学年	第6学年
各教科の授業時数	国　語	306	315	245	245	175	175
	社　会			70	90	100	105
	算　数	136	175	175	175	175	175
	理　科			90	105	105	105
	生　活	102	105				
	音　楽	68	70	60	60	50	50
	図画工作	68	70	60	60	50	50
	家　庭					60	55
	体　育	102	105	105	105	90	90
	外 国 語					70	70
特別の教科である道徳の授業時数		34	35	35	35	35	35
外国語活動の授業時数				35	35		
総合的な学習の時間の授業時数				70	70	70	70
特別活動の授業時数		34	35	35	35	35	35
総授業時数		850	910	980	1,015	1,015	1,015

備考　一　この表の授業時数の一単位時間は，四十五分とする．
　　　二　特別活動の授業時数は，小学校学習指導要領で定める学級活動（学校給食に係るものを除く．）に充てるものとする．
　　　三　第五十条第二項の場合において，特別の教科である道徳のほかに宗教を加えるときは，宗教の授業時数をもつてこの表の特別の教科である道徳の授業時数の一部に代えることができる．（別表第二及び別表第四の場合においても同様とする．）

2 中学校の教科等の授業時数

別表第二（第七十三条関係）

区　分		第1学年	第2学年	第3学年
各教科の授業時数	国　　語	140	140	105
	社　　会	105	105	140
	数　　学	140	105	140
	理　　科	105	140	140
	音　　楽	45	35	35
	美　　術	45	35	35
	保健体育	105	105	105
	技術・家庭	70	70	35
	外　国　語	140	140	140
特別の教科である道徳の授業時数		35	35	35
総合的な学習の時間の授業時数		50	70	70
特別活動の授業時数		35	35	35
総授業時数		1,015	1,015	1,015

備考　一　この表の授業時数の一単位時間は，五十分とする．
　　　二　特別活動の授業時数は，中学校学習指導要領で定める学級活動（学校給食に係るものを除く．）に充てるものとする．

小学校学習指導要領（抄）

● 2017（平成29）年3月31日告示

第8節　家　庭

第1　目　標

生活の営みに係る見方・考え方を働かせ，衣食住などに関する実践的・体験的な活動を通して，生活をよりよくしようと工夫する資質・能力を次のとおり育成することを目指す．

(1) 家族や家庭，衣食住，消費や環境などについて，日常生活に必要な基礎的な理解を図るとともに，それらに係る技能を身に付けるようにする．

(2) 日常生活の中から問題を見いだして課題を設定し，様々な解決方法を考え，実践を評価・改善し，考えたことを表現するなど，課題を解決する力を養う．

(3) 家庭生活を大切にする心情を育み，家族や地域の人々との関わりを考え，家族の一員として，生活をよりよくしようと工夫する実践的な態度を養う．

第2　各学年の内容

［第5学年及び第6学年］

1　内　容

A　家族・家庭生活

次の(1)から(4)までの項目について，課題をもって，家族や地域の人々と協力し，よりよい家庭生活に向けて考え，工夫する活動を通して，次の事項を身に付けることができるよう指導する．

(1) 自分の成長と家族・家庭生活

ア　自分の成長を自覚し，家庭生活と家族の大切さや家庭生活が家族の協力によって営まれていることに気付くこと．

(2) 家庭生活と仕事

ア　家庭には，家庭生活を支える仕事があり，互いに協力し分担する必要があることや生活時間の有効な使い方について理解すること．

イ　家庭の仕事の計画を考え，工夫すること．

(3) 家族や地域の人々との関わり

ア　次のような知識を身に付けること．

(ｱ) 家族との触れ合いや団らんの大切さについて理解すること．

(ｲ) 家庭生活は地域の人々との関わりで成り立っていることが分かり，地域の人々との協力が大切であることを理解すること．

イ　家族や地域の人々とのよりよい関わりについて考え，工夫すること．

(4) 家族・家庭生活についての課題と実践

ア　日常生活の中から問題を見いだして課題を設定し，よりよい生活を考え，計画を立てて実践でき

ること.
B 衣食住の生活
　次の(1)から(6)までの項目について，課題をもって，健康・快適・安全で豊かな食生活，衣生活，住生活に向けて考え，工夫する活動を通して，次の事項を身に付けることができるよう指導する.
(1) 食事の役割
　ア　食事の役割が分かり，日常の食事の大切さと食事の仕方について理解すること.
　イ　楽しく食べるために日常の食事の仕方を考え，工夫すること.
(2) 調理の基礎
　ア　次のような知識及び技能を身に付けること.
　　(ｱ)　調理に必要な材料の分量や手順が分かり，調理計画について理解すること.
　　(ｲ)　調理に必要な用具や食器の安全で衛生的な取扱い及び加熱用調理器具の安全な取扱いについて理解し，適切に使用できること.
　　(ｳ)　材料に応じた洗い方，調理に適した切り方，味の付け方，盛り付け，配膳及び後片付けを理解し，適切にできること.
　　(ｴ)　材料に適したゆで方，いため方を理解し，適切にできること.
　　(ｵ)　伝統的な日常食である米飯及びみそ汁の調理の仕方を理解し，適切にできること.
　イ　おいしく食べるために調理計画を考え，調理の仕方を工夫すること.
(3) 栄養を考えた食事
　ア　次のような知識を身に付けること.
　　(ｱ)　体に必要な栄養素の種類と主な働きについて理解すること.
　　(ｲ)　食品の栄養的な特徴が分かり，料理や食品を組み合わせてとる必要があることを理解すること
　　(ｳ)　献立を構成する要素が分かり，1食分の献立作成の方法について理解すること.
　イ　1食分の献立について栄養のバランスを考え，工夫すること.
(4) 衣服の着用と手入れ
　ア　次のような知識及び技能を身に付けること.
　　(ｱ)　衣服の主な働きが分かり，季節や状況に応じた日常着の快適な着方について理解すること.
　　(ｲ)　日常着の手入れが必要であることや，ボタンの付け方及び洗濯の仕方を理解し，適切にできること.
　イ　日常着の快適な着方や手入れの仕方を考え，工夫すること.
(5) 生活を豊かにするための布を用いた製作
　ア　次のような知識及び技能を身に付けること.
　　(ｱ)　製作に必要な材料や手順が分かり，製作計画について理解すること.
　　(ｲ)　手縫いやミシン縫いによる目的に応じた縫い方及び用具の安全な取扱いについて理解し，適切にできること.
　イ　生活を豊かにするために布を用いた物の製作計画を考え，製作を工夫すること.
(6) 快適な住まい方
　ア　次のような知識及び技能を身に付けること.
　　(ｱ)　住まいの主な働きが分かり，季節の変化に合わせた生活の大切さや住まい方について理解すること.
　　(ｲ)　住まいの整理・整頓や清掃の仕方を理解し，適切にできること.
　イ　季節の変化に合わせた住まい方，整理・整頓や清掃の仕方を考え，快適な住まい方を工夫すること.

C 消費生活・環境
　次の(1)及び(2)の項目について，課題をもって，持続可能な社会の構築に向けて身近な消費生活と環境を考え，工夫する活動を通して，次の事項を身に付けることができるよう指導する．
(1) 物や金銭の使い方と買物
　ア　次のような知識及び技能を身に付けること．
　　(ｱ)　買物の仕組みや消費者の役割が分かり，物や金銭の大切さと計画的な使い方について理解すること．
　　(ｲ)　身近な物の選び方，買い方を理解し，購入するために必要な情報の収集・整理が適切にできること．
　イ　購入に必要な情報を活用し，身近な物の選び方，買い方を考え，工夫すること．
(2) 環境に配慮した生活
　ア　自分の生活と身近な環境との関わりや環境に配慮した物の使い方などについて理解すること．
　イ　環境に配慮した生活について物の使い方などを考え，工夫すること．
2　内容の取扱い
(1) 内容の「A家族・家庭生活」については，次のとおり取り扱うこと．
　ア　(1)のアについては，AからCまでの各内容の学習と関連を図り，日常生活における様々な問題について，家族や地域の人々との協力，健康・快適・安全，持続可能な社会の構築等を視点として考え，解決に向けて工夫することが大切であることに気付かせるようにすること．
　イ　(2)のイについては，内容の「B衣食住の生活」と関連を図り，衣食住に関わる仕事を具体的に実践できるよう配慮すること．
　ウ　(3)については，幼児又は低学年の児童や高齢者など異なる世代の人々との関わりについても扱うこと．また，イについては，他教科等における学習との関連を図るよう配慮すること．
(2) 内容の「B衣食住の生活」については，次のとおり取り扱うこと．
　ア　日本の伝統的な生活についても扱い，生活文化に気付くことができるよう配慮すること．
　イ　(2)のアの(ｴ)については，ゆでる材料として青菜やじゃがいもなどを扱うこと．(ｵ)については，和食の基本となるだしの役割についても触れること．
　ウ　(3)のアの(ｱ)については，五大栄養素と食品の体内での主な働きを中心に扱うこと．(ｳ)については，献立を構成する要素として主食，主菜，副菜について扱うこと．
　エ　食に関する指導については，家庭科の特質に応じて，食育の充実に資するよう配慮すること．また，第4学年までの食に関する学習との関連を図ること．
　オ　(5)については，日常生活で使用する物を入れる袋などの製作を扱うこと．
　カ　(6)のアの(ｱ)については，主として暑さ・寒さ，通風・換気，採光，及び音を取り上げること．暑さ・寒さについては，(4)のアの(ｱ)の日常着の快適な着方と関連を図ること．
(3) 内容の「C消費生活・環境」については，次のとおり取り扱うこと．
　ア　(1)については，内容の「A家族・家庭生活」の(3)，「B衣食住の生活」の(2)，(5)及び(6)で扱う用具や実習材料などの身近な物を取り上げること．
　イ　(1)のアの(ｱ)については，売買契約の基礎について触れること．
　ウ　(2)については，内容の「B衣食住の生活」との関連を図り，実践的に学習できるようにすること．
第3　指導計画の作成と内容の取扱い
1　指導計画の作成に当たっては，次の事項に配慮するものとする．
(1) 題材など内容や時間のまとまりを見通して，その中で育む資質・能力の育成に向けて，児童の主体的・対話的で深い学びの実現を図るようにすること．その際，生活の営みに係る見方・考え方を働かせ，

知識を生活体験等と関連付けてより深く理解するとともに，日常生活の中から問題を見いだして様々な解決方法を考え，他者と意見交流し，実践を評価・改善して，新たな課題を見いだす過程を重視した学習の充実を図ること．
(2) 第2の内容の「A家族・家庭生活」から「C消費生活・環境」までの各項目に配当する授業時数及び各項目の履修学年については，児童や学校，地域の実態等に応じて各学校において適切に定めること．その際，「A家族・家庭生活」の(1)のアについては，第4学年までの学習を踏まえ，2学年間の学習の見通しをもたせるために，第5学年の最初に履修させるとともに，「A家族・家庭生活」，「B衣食住の生活」，「C消費生活・環境」の学習と関連させるようにすること．
(3) 第2の内容の「A家族・家庭生活」の(4)については，実践的な活動を家庭や地域などで行うことができるよう配慮し，2学年間で一つ又は二つの課題を設定して履修させること．その際，「A家族・家庭生活」の(2)又は(3)，「B衣食住の生活」，「C消費生活・環境」で学習した内容との関連を図り，課題を設定できるようにすること．
(4) 第2の内容の「B衣食住の生活」の(2)及び(5)については，学習の効果を高めるため，2学年間にわたって取り扱い，平易なものから段階的に学習できるよう計画すること．
(5) 題材の構成に当たっては，児童や学校，地域の実態を的確に捉えるとともに，内容相互の関連を図り，指導の効果を高めるようにすること．その際，他教科等との関連を明確にするとともに，中学校の学習を見据え，系統的に指導ができるようにすること．
(6) 障害のある児童などについては，学習活動を行う場合に生じる困難さに応じた指導内容や指導方法の工夫を計画的，組織的に行うこと．
(7) 第1章総則の第1の2の(2)に示す道徳教育の目標に基づき，道徳科などとの関連を考慮しながら，第3章特別の教科道徳の第2に示す内容について，家庭科の特質に応じて適切な指導をすること．
2 第2の内容の取扱いについては，次の事項に配慮するものとする．
(1) 指導に当たっては，衣食住など生活の中の様々な言葉を実感を伴って理解する学習活動や，自分の生活における課題を解決するために言葉や図表などを用いて生活をよりよくする方法を考えたり，説明したりするなどの学習活動の充実を図ること．
(2) 指導に当たっては，コンピュータや情報通信ネットワークを積極的に活用して，実習等における情報の収集・整理や，実践結果の発表などを行うことができるように工夫すること．
(3) 生活の自立の基礎を培う基礎的・基本的な知識及び技能を習得するために，調理や製作等の手順の根拠について考えたり，実践する喜びを味わったりするなどの実践的・体験的な活動を充実すること．
(4) 学習内容の定着を図り，一人一人の個性を生かし伸ばすよう，児童の特性や生活体験などを把握し，技能の習得状況に応じた少人数指導や教材・教具の工夫など個に応じた指導の充実に努めること．
(5) 家庭や地域との連携を図り，児童が身に付けた知識及び技能などを日常生活に活用できるよう配慮すること．
3 実習の指導に当たっては，次の事項に配慮するものとする．
(1) 施設・設備の安全管理に配慮し，学習環境を整備するとともに，熱源や用具，機械などの取扱いに注意して事故防止の指導を徹底すること．
(2) 服装を整え，衛生に留意して用具の手入れや保管を適切に行うこと．
(3) 調理に用いる食品については，生の魚や肉は扱わないなど，安全・衛生に留意すること．また，食物アレルギーについても配慮すること．

中学校学習指導要領（抄）

● 2017（平成29）年3月31日告示

第8節　技術・家庭

第1　目　標

　生活の営みに係る見方・考え方や技術の見方・考え方を働かせ，生活や技術に関する実践的・体験的な活動を通して，よりよい生活の実現や持続可能な社会の構築に向けて，生活を工夫し創造する資質・能力を次のとおり育成することを目指す．

(1) 生活と技術についての基礎的な理解を図るとともに，それらに係る技能を身に付けるようにする．

(2) 生活や社会の中から問題を見いだして課題を設定し，解決策を構想し，実践を評価・改善し，表現するなど，課題を解決する力を養う．

(3) よりよい生活の実現や持続可能な社会の構築に向けて，生活を工夫し創造しようとする実践的な態度を養う．

第2　各分野の目標及び内容

　　［技術分野］

1　目　標

　技術の見方・考え方を働かせ，ものづくりなどの技術に関する実践的・体験的な活動を通して，技術によってよりよい生活や持続可能な社会を構築する資質・能力を次のとおり育成することを目指す．

(1) 生活や社会で利用されている材料，加工，生物育成，エネルギー変換及び情報の技術についての基礎的な理解を図るとともに，それらに係る技能を身に付け，技術と生活や社会，環境との関わりについて理解を深める．

(2) 生活や社会の中から技術に関わる問題を見いだして課題を設定し，解決策を構想し，製作図等に表現し，試作等を通じて具体化し，実践を評価・改善するなど，課題を解決する力を養う．

(3) よりよい生活の実現や持続可能な社会の構築に向けて，適切かつ誠実に技術を工夫し創造しようとする実践的な態度を養う．

2　内　容

A　材料と加工の技術

(1) 生活や社会を支える材料と加工の技術について調べる活動などを通して，次の事項を身に付けることができるよう指導する．

　ア　材料や加工の特性等の原理・法則と，材料の製造・加工方法等の基礎的な技術の仕組みについて理解すること．

　イ　技術に込められた問題解決の工夫について考えること．

(2) 生活や社会における問題を，材料と加工の技術によって解決する活動を通して，次の事項を身に付けることができるよう指導する．

ア　製作に必要な図をかき，安全・適切な製作や検査・点検等ができること．
　　　イ　問題を見いだして課題を設定し，材料の選択や成形の方法等を構想して設計を具体化するとともに，製作の過程や結果の評価，改善及び修正について考えること．
　(3)　これからの社会の発展と材料と加工の技術の在り方を考える活動などを通して，次の事項を身に付けることができるよう指導する．
　　　ア　生活や社会，環境との関わりを踏まえて，技術の概念を理解すること．
　　　イ　技術を評価し，適切な選択と管理・運用の在り方や，新たな発想に基づく改良と応用について考えること．
B　生物育成の技術
　(1)　生活や社会を支える生物育成の技術について調べる活動などを通して，次の事項を身に付けることができるよう指導する．
　　　ア　育成する生物の成長，生態の特性等の原理・法則と，育成環境の調節方法等の基礎的な技術の仕組みについて理解すること．
　　　イ　技術に込められた問題解決の工夫について考えること．
　(2)　生活や社会における問題を，生物育成の技術によって解決する活動を通して，次の事項を身に付けることができるよう指導する．
　　　ア　安全・適切な栽培又は飼育，検査等ができること．
　　　イ　問題を見いだして課題を設定し，育成環境の調節方法を構想して育成計画を立てるとともに，栽培又は飼育の過程や結果の評価，改善及び修正について考えること．
　(3)　これからの社会の発展と生物育成の技術の在り方を考える活動などを通して，次の事項を身に付けることができるよう指導する．
　　　ア　生活や社会，環境との関わりを踏まえて，技術の概念を理解すること．
　　　イ　技術を評価し，適切な選択と管理・運用の在り方や，新たな発想に基づく改良と応用について考えること．
C　エネルギー変換の技術
　(1)　生活や社会を支えるエネルギー変換の技術について調べる活動などを通して，次の事項を身に付けることができるよう指導する．
　　　ア　電気，運動，熱の特性等の原理・法則と，エネルギーの変換や伝達等に関わる基礎的な技術の仕組み及び保守点検の必要性について理解すること．
　　　イ　技術に込められた問題解決の工夫について考えること．
　(2)　生活や社会における問題を，エネルギー変換の技術によって解決する活動を通して，次の事項を身に付けることができるよう指導する．
　　　ア　安全・適切な製作，実装，点検及び調整等ができること．
　　　イ　問題を見いだして課題を設定し，電気回路又は力学的な機構等を構想して設計を具体化するとともに，製作の過程や結果の評価，改善及び修正について考えること．
　(3)　これからの社会の発展とエネルギー変換の技術の在り方を考える活動などを通して，次の事項を身に付けることができるよう指導する．
　　　ア　生活や社会，環境との関わりを踏まえて，技術の概念を理解すること．
　　　イ　技術を評価し，適切な選択と管理・運用の在り方や，新たな発想に基づく改良と応用について考えること．
D　情報の技術
　(1)　生活や社会を支える情報の技術について調べる活動などを通して，次の事項を身に付けることがで

きるよう指導する．
  ア　情報の表現，記録，計算，通信の特性等の原理・法則と，情報のデジタル化や処理の自動化，システム化，情報セキュリティ等に関わる基礎的な技術の仕組み及び情報モラルの必要性について理解すること．
  イ　技術に込められた問題解決の工夫について考えること．
 (2) 生活や社会における問題を，ネットワークを利用した双方向性のあるコンテンツのプログラミングによって解決する活動を通して，次の事項を身に付けることができるよう指導する．
  ア　情報通信ネットワークの構成と，情報を利用するための基本的な仕組みを理解し，安全・適切なプログラムの制作，動作の確認及びデバッグ等ができること．
  イ　問題を見いだして課題を設定し，使用するメディアを複合する方法とその効果的な利用方法等を構想して情報処理の手順を具体化するとともに，制作の過程や結果の評価，改善及び修正について考えること．
 (3) 生活や社会における問題を，計測・制御のプログラミングによって解決する活動を通して，次の事項を身に付けることができるよう指導する．
  ア　計測・制御システムの仕組みを理解し，安全・適切なプログラムの制作，動作の確認及びデバッグ等ができること．
  イ　問題を見いだして課題を設定し，入出力されるデータの流れを元に計測・制御システムを構想して情報処理の手順を具体化するとともに，制作の過程や結果の評価，改善及び修正について考えること．
 (4) これからの社会の発展と情報の技術の在り方を考える活動などを通して，次の事項を身に付けることができるよう指導する．
  ア　生活や社会，環境との関わりを踏まえて，技術の概念を理解すること．
  イ　技術を評価し，適切な選択と管理・運用の在り方や，新たな発想に基づく改良と応用について考えること．
3　内容の取扱い
 (1) 内容の「A材料と加工の技術」については，次のとおり取り扱うものとする．
  ア　(1)については，我が国の伝統的な技術についても扱い，緻密なものづくりの技などが我が国の伝統や文化を支えてきたことに気付かせること．
  イ　(2)の製作に必要な図については，主として等角図及び第三角法による図法を扱うこと．
 (2) 内容の「B生物育成の技術」については，次のとおり取り扱うものとする．
  ア　(1)については，作物の栽培，動物の飼育及び水産生物の栽培のいずれも扱うこと．
  イ　(2)については，地域固有の生態系に影響を及ぼすことのないよう留意するとともに，薬品を使用する場合には，使用上の基準及び注意事項を遵守させること．
 (3) 内容の「Cエネルギー変換の技術」の(1)については，電気機器や屋内配線等の生活の中で使用する製品やシステムの安全な使用についても扱うものとする．
 (4) 内容の「D情報の技術」については，次のとおり取り扱うものとする．
  ア　(1)については，情報のデジタル化の方法と情報の量，著作権を含めた知的財産権，発信した情報に対する責任，及び社会におけるサイバーセキュリティが重要であることについても扱うこと．
  イ　(2)については，コンテンツに用いる各種メディアの基本的な特徴や，個人情報の保護の必要性についても扱うこと．
 (5) 各内容における(1)については，次のとおり取り扱うものとする．
  ア　アで取り上げる原理や法則に関しては，関係する教科との連携を図ること．

イ　イでは，社会からの要求，安全性，環境負荷や経済性などに着目し，技術が最適化されてきたことに気付かせること．
ウ　第1学年の最初に扱う内容では，3年間の技術分野の学習の見通しを立てさせるために，内容の「A 材料と加工の技術」から「D 情報の技術」までに示す技術について触れること．
(6)　各内容における(2)及び内容の「D 情報の技術」の(3)については，次のとおり取り扱うものとする．
ア　イでは，各内容の(1)のイで気付かせた見方・考え方により問題を見いだして課題を設定し，自分なりの解決策を構想させること．
イ　知的財産を創造，保護及び活用しようとする態度，技術に関わる倫理観，並びに他者と協働して粘り強く物事を前に進める態度を養うことを目指すこと．
ウ　第3学年で取り上げる内容では，これまでの学習を踏まえた統合的な問題について扱うこと．
エ　製作・制作・育成場面で使用する工具・機器や材料等については，図画工作科等の学習経験を踏まえるとともに，安全や健康に十分に配慮して選択すること．
(7)　内容の「A 材料と加工の技術」，「B 生物育成の技術」，「C エネルギー変換の技術」の(3)及び内容の「D 情報の技術」の(4)については，技術が生活の向上や産業の継承と発展，資源やエネルギーの有効利用，自然環境の保全等に貢献していることについても扱うものとする．

〔家庭分野〕
1　目　標
　　生活の営みに係る見方・考え方を働かせ，衣食住などに関する実践的・体験的な活動を通して，よりよい生活の実現に向けて，生活を工夫し創造する資質・能力を次のとおり育成することを目指す．
(1)　家族・家庭の機能について理解を深め，家族・家庭，衣食住，消費や環境などについて，生活の自立に必要な基礎的な理解を図るとともに，それらに係る技能を身に付けるようにする．
(2)　家族・家庭や地域における生活の中から問題を見いだして課題を設定し，解決策を構想し，実践を評価・改善し，考察したことを論理的に表現するなど，これからの生活を展望して課題を解決する力を養う．
(3)　自分と家族，家庭生活と地域との関わりを考え，家族や地域の人々と協働し，よりよい生活の実現に向けて，生活を工夫し創造しようとする実践的な態度を養う．
2　内　容
A　家族・家庭生活
　　次の(1)から(4)までの項目について，課題をもって，家族や地域の人々と協力・協働し，よりよい家庭生活に向けて考え，工夫する活動を通して，次の事項を身に付けることができるよう指導する．
(1)　自分の成長と家族・家庭生活
　ア　自分の成長と家族や家庭生活との関わりが分かり，家族・家庭の基本的な機能について理解するとともに，家族や地域の人々と協力・協働して家庭生活を営む必要があることに気付くこと．
(2)　幼児の生活と家族
　ア　次のような知識を身に付けること．
　　(ア)　幼児の発達と生活の特徴が分かり，子供が育つ環境としての家族の役割について理解すること．
　　(イ)　幼児にとっての遊びの意義や幼児との関わり方について理解すること．
　イ　幼児とのよりよい関わり方について考え，工夫すること．
(3)　家族・家庭や地域との関わり
　ア　次のような知識を身に付けること．
　　(ア)　家族の互いの立場や役割が分かり，協力することによって家族関係をよりよくできることにつ

いて理解すること。
　　　(イ)　家庭生活は地域との相互の関わりで成り立っていることが分かり，高齢者など地域の人々と協働する必要があることや介護など高齢者との関わり方について理解すること。
　　イ　家族関係をよりよくする方法及び高齢者など地域の人々と関わり，協働する方法について考え，工夫すること。
　(4)　家族・家庭生活についての課題と実践
　　ア　家族，幼児の生活又は地域の生活の中から問題を見いだして課題を設定し，その解決に向けてよりよい生活を考え，計画を立てて実践できること。
B　衣食住の生活
　次の(1)から(7)までの項目について，課題をもって，健康・快適・安全で豊かな食生活，衣生活，住生活に向けて考え，工夫する活動を通して，次の事項を身に付けることができるよう指導する。
　(1)　食事の役割と中学生の栄養の特徴
　　ア　次のような知識を身に付けること。
　　　(ア)　生活の中で食事が果たす役割について理解すること。
　　　(イ)　中学生に必要な栄養の特徴が分かり，健康によい食習慣について理解すること。
　　イ　健康によい食習慣について考え，工夫すること。
　(2)　中学生に必要な栄養を満たす食事
　　ア　次のような知識を身に付けること。
　　　(ア)　栄養素の種類と働きが分かり，食品の栄養的な特質について理解すること。
　　　(イ)　中学生の1日に必要な食品の種類と概量が分かり，1日分の献立作成の方法について理解すること。
　　イ　中学生の1日分の献立について考え，工夫すること。
　(3)　日常食の調理と地域の食文化
　　ア　次のような知識及び技能を身に付けること。
　　　(ア)　日常生活と関連付け，用途に応じた食品の選択について理解し，適切にできること。
　　　(イ)　食品や調理用具等の安全と衛生に留意した管理について理解し，適切にできること。
　　　(ウ)　材料に適した加熱調理の仕方について理解し，基礎的な日常食の調理が適切にできること。
　　　(エ)　地域の食文化について理解し，地域の食材を用いた和食の調理が適切にできること。
　　イ　日常の1食分の調理について，食品の選択や調理の仕方，調理計画を考え，工夫すること。
　(4)　衣服の選択と手入れ
　　ア　次のような知識及び技能を身に付けること。
　　　(ア)　衣服と社会生活との関わりが分かり，目的に応じた着用，個性を生かす着用及び衣服の適切な選択について理解すること。
　　　(イ)　衣服の計画的な活用の必要性，衣服の材料や状態に応じた日常着の手入れについて理解し，適切にできること。
　　イ　衣服の選択，材料や状態に応じた日常着の手入れの仕方を考え，工夫すること。
　(5)　生活を豊かにするための布を用いた製作
　　ア　製作する物に適した材料や縫い方について理解し，用具を安全に取り扱い，製作が適切にできること。
　　イ　資源や環境に配慮し，生活を豊かにするために布を用いた物の製作計画を考え，製作を工夫すること。

(6) 住居の機能と安全な住まい方
　ア　次のような知識を身に付けること．
　　(ｱ)　家族の生活と住空間との関わりが分かり，住居の基本的な機能について理解すること．
　　(ｲ)　家庭内の事故の防ぎ方など家族の安全を考えた住空間の整え方について理解すること．
　イ　家族の安全を考えた住空間の整え方について考え，工夫すること．
(7) 衣食住の生活についての課題と実践
　ア　食生活，衣生活，住生活の中から問題を見いだして課題を設定し，その解決に向けてよりよい生活を考え，計画を立てて実践できること．
C　消費生活・環境
　次の(1)から(3)までの項目について，課題をもって，持続可能な社会の構築に向けて考え，工夫する活動を通して，次の事項を身に付けることができるよう指導する．
(1) 金銭の管理と購入
　ア　次のような知識及び技能を身に付けること．
　　(ｱ)　購入方法や支払い方法の特徴が分かり，計画的な金銭管理の必要性について理解すること．
　　(ｲ)　売買契約の仕組み，消費者被害の背景とその対応について理解し，物資・サービスの選択に必要な情報の収集・整理が適切にできること．
　イ　物資・サービスの選択に必要な情報を活用して購入について考え，工夫すること．
(2) 消費者の権利と責任
　ア　消費者の基本的な権利と責任，自分や家族の消費生活が環境や社会に及ぼす影響について理解すること．
　イ　身近な消費生活について，自立した消費者としての責任ある消費行動を考え，工夫すること．
(3) 消費生活・環境についての課題と実践
　ア　自分や家族の消費生活の中から問題を見いだして課題を設定し，その解決に向けて環境に配慮した消費生活を考え，計画を立てて実践できること．
3　内容の取扱い
(1) 各内容については，生活の科学的な理解を深めるための実践的・体験的な活動を充実すること．
(2) 内容の「A家族・家庭生活」については，次のとおり取り扱うものとする．
　ア　(1)のアについては，家族・家庭の基本的な機能がAからCまでの各内容に関わっていることや，家族・家庭や地域における様々な問題について，協力・協働，健康・快適・安全，生活文化の継承，持続可能な社会の構築等を視点として考え，解決に向けて工夫することが大切であることに気付かせるようにすること．
　イ　(1)，(2)及び(3)については，相互に関連を図り，実習や観察，ロールプレイングなどの学習活動を中心とするよう留意すること．
　ウ　(2)については，幼稚園，保育所，認定こども園などの幼児の観察や幼児との触れ合いができるよう留意すること．アの(ｱ)については，幼児期における周囲との基本的な信頼関係や生活習慣の形成の重要性についても扱うこと．
　エ　(3)のアの(ｲ)については，高齢者の身体の特徴についても触れること．また，高齢者の介護の基礎に関する体験的な活動ができるよう留意すること．イについては，地域の活動や行事などを取り上げたり，他教科等における学習との関連を図ったりするよう配慮すること．
(3) 内容の「B衣食住の生活」については，次のとおり取り扱うものとする．
　ア　日本の伝統的な生活についても扱い，生活文化を継承する大切さに気付くことができるよう配慮すること．

イ　(1)のアの(ア)については，食事を共にする意義や食文化を継承することについても扱うこと．
　ウ　(2)のアの(ア)については，水の働きや食物繊維についても触れること．
　エ　(3)のアの(ア)については，主として調理実習で用いる生鮮食品と加工食品の表示を扱うこと．(ウ)については，煮る，焼く，蒸す等を扱うこと．また，魚，肉，野菜を中心として扱い，基礎的な題材を取り上げること．(エ)については，だしを用いた煮物又は汁物を取り上げること．また，地域の伝統的な行事食や郷土料理を扱うこともできること．
　オ　食に関する指導については，技術・家庭科の特質に応じて，食育の充実に資するよう配慮すること．
　カ　(4)のアの(ア)については，日本の伝統的な衣服である和服について触れること．また，和服の基本的な着装を扱うこともできること．さらに，既製服の表示と選択に当たっての留意事項を扱うこと．(イ)については，日常着の手入れは主として洗濯と補修を扱うこと．
　キ　(5)のアについては，衣服等の再利用の方法についても触れること．
　ク　(6)のアについては，簡単な図などによる住空間の構想を扱うこと．また，ア及びイについては，内容の「A家族・家庭生活」の(2)及び(3)との関連を図ること．さらに，アの(イ)(エ)及びイについては，自然災害に備えた住空間の整え方についても扱うこと．
(4) 内容の「C消費生活・環境」については，次のとおり取り扱うものとする．
　ア　(1)及び(2)については，内容の「A家族・家庭生活」又は「B衣食住の生活」の学習との関連を図り，実践的に学習できるようにすること．
　イ　(1)については，中学生の身近な消費行動と関連を図った物資・サービスや消費者被害を扱うこと．アの(ア)については，クレジットなどの三者間契約についても扱うこと．

第3　指導計画の作成と内容の取扱い
1　指導計画の作成に当たっては，次の事項に配慮するものとする．
(1) 題材など内容や時間のまとまりを見通して，その中で育む資質・能力の育成に向けて，生徒の主体的・対話的で深い学びの実現を図るようにすること．その際，生活の営みに係る見方・考え方や技術の見方・考え方を働かせ，知識を相互に関連付けてより深く理解するとともに，生活や社会の中から問題を見いだして解決策を構想し，実践を評価・改善して，新たな課題の解決に向かう過程を重視した学習の充実を図ること．
(2) 技術分野及び家庭分野の授業時数については，3学年間を見通した全体的な指導計画に基づき，いずれかの分野に偏ることなく配当して履修させること．その際，各学年において，技術分野及び家庭分野のいずれも履修させること．
　　家庭分野の内容の「A家族・家庭生活」の(4)，「B衣食住の生活」の(7)及び「C消費生活・環境」の(3)については，これら三項目のうち，一以上を選択し履修させること．その際，他の内容と関連を図り，実践的な活動を家庭や地域などで行うことができるよう配慮すること．
(3) 技術分野の内容の「A材料と加工の技術」から「D情報の技術」まで，及び家庭分野の内容の「A家族・家庭生活」から「C消費生活・環境」までの各項目に配当する授業時数及び各項目の履修学年については，生徒や学校，地域の実態等に応じて，各学校において適切に定めること．その際，家庭分野の内容の「A家族・家庭生活」の(1)については，小学校家庭科の学習を踏まえ，中学校における学習の見通しを立てさせるために，第1学年の最初に履修させること．
(4) 各項目及び各項目に示す事項については，相互に有機的な関連を図り，総合的に展開されるよう適切な題材を設定して計画を作成すること．その際，生徒や学校，地域の実態を的確に捉え，指導の効果を高めるようにすること．また，小学校における学習を踏まえるとともに，高等学校における学習を見据え，他教科等との関連を明確にして系統的・発展的に指導ができるようにすること．さらに，

持続可能な開発のための教育を推進する視点から他教科等との連携も図ること．
　(5)　障害のある生徒などについては，学習活動を行う場合に生じる困難さに応じた指導内容や指導方法の工夫を計画的，組織的に行うこと．
　(6)　第1章総則の第1の2の(2)に示す道徳教育の目標に基づき，道徳科などとの関連を考慮しながら，第3章特別の教科道徳の第2に示す内容について，技術・家庭科の特質に応じて適切な指導をすること．
2　第2の内容の取扱いについては，次の事項に配慮するものとする．
　(1)　指導に当たっては，衣食住やものづくりなどに関する実習等の結果を整理し考察する学習活動や，生活や社会における課題を解決するために言葉や図表，概念などを用いて考えたり，説明したりするなどの学習活動の充実を図ること．
　(2)　指導に当たっては，コンピュータや情報通信ネットワークを積極的に活用して，実習等における情報の収集・整理や，実践結果の発表などを行うことができるように工夫すること．
　(3)　基礎的・基本的な知識及び技能を習得し，基本的な概念などの理解を深めるとともに，仕事の楽しさや完成の喜びを体得させるよう，実践的・体験的な活動を充実すること．また，生徒のキャリア発達を踏まえて学習内容と将来の職業の選択や生き方との関わりについても扱うこと．
　(4)　資質・能力の育成を図り，一人一人の個性を生かし伸ばすよう，生徒の興味・関心を踏まえた学習課題の設定，技能の習得状況に応じた少人数指導や教材・教具の工夫など個に応じた指導の充実に努めること．
　(5)　生徒が，学習した知識及び技能を生活に活用したり，生活や社会の変化に対応したりすることができるよう，生活や社会の中から問題を見いだして課題を設定し解決する学習活動を充実するとともに，家庭や地域社会，企業などとの連携を図るよう配慮すること．
3　実習の指導に当たっては，施設・設備の安全管理に配慮し，学習環境を整備するとともに，火気，用具，材料などの取扱いに注意して事故防止の指導を徹底し，安全と衛生に十分留意するものとする．
　その際，技術分野においては，正しい機器の操作や作業環境の整備等につい指導するとともに，適切な服装や防護眼鏡・防塵マスクの着用，作業後の手洗いの実施等による安全の確保に努めることとする．
　家庭分野においては，幼児や高齢者と関わるなど校外での学習について，事故の防止策及び事故発生時の対応策等を綿密に計画するとともに，相手に対する配慮にも十分留意するものとする．また，調理実習については，食物アレルギーにも配慮するものとする．

高等学校学習指導要領（抄）

（2018（平成30）年3月31日告示）

第1章　総　則

高等学校の各教科・科目及び単位数等

教科等	科　目	標準単位数	教科等	科　目	標準単位数
国語	現代の国語	2	保健体育	体育	7〜8
	言語文化	2		保健	2
	論理国語	4	芸術	音楽Ⅰ	2
	文学国語	4		音楽Ⅱ	2
	国語表現	4		音楽Ⅲ	2
	古典探究	4		美術Ⅰ	2
地理歴史	地理総合	2		美術Ⅱ	2
	地理探究	3		美術Ⅲ	2
	歴史総合	2		工芸Ⅰ	2
	日本史探究	3		工芸Ⅱ	2
	世界史探究	3		工芸Ⅲ	2
公民	公共	2		書道Ⅰ	2
	倫理	2		書道Ⅱ	2
	政治・経済	2		書道Ⅲ	2
数学	数学Ⅰ	3	外国語	英語コミュニケーションⅠ	3
	数学Ⅱ	4		英語コミュニケーションⅡ	4
	数学Ⅲ	3		英語コミュニケーションⅢ	4
	数学A	2		論理・表現Ⅰ	2
	数学B	2		論理・表現Ⅱ	2
	数学C	2		論理・表現Ⅲ	2
理科	科学と人間生活	2	家庭	家庭基礎	2
	物理基礎	2		家庭総合	4
	物理	4	情報	情報Ⅰ	2
	化学基礎	2		情報Ⅱ	2
	化学	4	理数	理数探究基礎	1
	生物基礎	2		理数探究	2〜5
	生物	4	総合的な探究の時間		3〜6
	地学基礎	2			
	地学	4			

第2章　各学年に共通する各教科

第9節　家　庭

第1款　目　標

　生活の営みに係る見方・考え方を働かせ，実践的・体験的な学習活動を通して，様々な人々と協働し，よりよい社会の構築に向けて，男女が協力して主体的に家庭や地域の生活を創造する資質・能力を次のとおり育成することを目指す．
(1)　人間の生涯にわたる発達と生活の営みを総合的に捉え，家族・家庭の意義，家族・家庭と社会との関わりについて理解を深め，家族・家庭，衣食住，消費や環境などについて，生活を主体的に営むために必要な理解を図るとともに，それらに係る技能を身に付けるようにする．
(2)　家庭や地域及び社会における生活の中から問題を見いだして課題を設定し，解決策を構想し，実践を評価・改善し，考察したことを根拠に基づいて論理的に表現するなど，生涯を見通して生活の課題を解決する力を養う．
(3)　様々な人々と協働し，よりよい社会の構築に向けて，地域社会に参画しようとするとともに，自分や家庭，地域の生活を主体的に創造しようとする実践的な態度を養う．

第2款　各　科　目

第1　家庭基礎

1　目　標

　　生活の営みに係る見方・考え方を働かせ，実践的・体験的な学習活動を通して，様々な人々と協働し，よりよい社会の構築に向けて，男女が協力して主体的に家庭や地域の生活を創造する資質・能力を次のとおり育成することを目指す．
(1)　人の一生と家族・家庭及び福祉，衣食住，消費生活・環境などについて，生活を主体的に営むために必要な基礎的な理解を図るとともに，それらに係る技能を身に付けるようにする．
(2)　家庭や地域及び社会における生活の中から問題を見いだして課題を設定し，解決策を構想し，実践を評価・改善し，考察したことを根拠に基づいて論理的に表現するなど，生涯を見通して課題を解決する力を養う．
(3)　様々な人々と協働し，よりよい社会の構築に向けて，地域社会に参画しようとするとともに，自分や家庭，地域の生活の充実向上を図ろうとする実践的な態度を養う．

2　内　容
A　人の一生と家族・家庭及び福祉
　　次の(1)から(5)までの項目について，生涯を見通し主体的に生活するために，家族や地域社会の人々と協力・協働し，実践的・体験的な学習活動を通して，次の事項を身に付けることができるよう指導する．
(1)　生涯の生活設計
　　ア　人の一生について，自己と他者，社会との関わりから様々な生き方があることを理解するとともに，自立した生活を営むために必要な情報の収集・整理を行い，生涯を見通して，生活課題に対応し意思決定をしていくことの重要性について理解を深めること．

イ　生涯を見通した自己の生活について主体的に考え，ライフスタイルと将来の家庭生活及び職業生活について考察し，生活設計を工夫すること．
　(2)　青年期の自立と家族・家庭
　　ア　生涯発達の視点で青年期の課題を理解するとともに，家族・家庭の機能と家族関係，家族・家庭生活を取り巻く社会環境の変化や課題，家族・家庭と社会との関わりについて理解を深めること．
　　イ　家庭や地域のよりよい生活を創造するために，自己の意思決定に基づき，責任をもって行動することや，男女が協力して，家族の一員としての役割を果たし家庭を築くことの重要性について考察すること．
　(3)　子供の生活と保育
　　ア　乳幼児期の心身の発達と生活，親の役割と保育，子供を取り巻く社会環境，子育て支援について理解するとともに，乳幼児と適切に関わるための基礎的な技能を身に付けること．
　　イ　子供を生み育てることの意義について考えるとともに，子供の健やかな発達のために親や家族及び地域や社会の果たす役割の重要性について考察すること．
　(4)　高齢期の生活と福祉
　　ア　高齢期の心身の特徴，高齢者を取り巻く社会環境，高齢者の尊厳と自立生活の支援や介護について理解するとともに，生活支援に関する基礎的な技能を身に付けること．
　　イ　高齢者の自立生活を支えるために，家族や地域及び社会の果たす役割の重要性について考察すること．
　(5)　共生社会と福祉
　　ア　生涯を通して家族・家庭の生活を支える福祉や社会的支援について理解すること．
　　イ　家庭や地域及び社会の一員としての自覚をもって共に支え合って生活することの重要性について考察すること．
　B　衣食住の生活の自立と設計
　　次の(1)から(3)までの項目について，健康・快適・安全な衣食住の生活を主体的に営むために，実践的・体験的な学習活動を通して，次の事項を身に付けることができるよう指導する．
　(1)　食生活と健康
　　ア　次のような知識及び技能を身に付けること．
　　　(ア)　ライフステージに応じた栄養の特徴や食品の栄養的特質，健康や環境に配慮した食生活について理解し，自己や家族の食生活の計画・管理に必要な技能を身に付けること．
　　　(イ)　おいしさの構成要素や食品の調理上の性質，食品衛生について理解し，目的に応じた調理に必要な技能を身に付けること．
　　イ　食の安全や食品の調理上の性質，食文化の継承を考慮した献立作成や調理計画，健康や環境に配慮した食生活について考察し，自己や家族の食事を工夫すること．
　(2)　衣生活と健康
　　ア　次のような知識及び技能を身に付けること．
　　　(ア)　ライフステージや目的に応じた被服の機能と着装について理解し，健康で快適な衣生活に必要な情報の収集・整理ができること．
　　　(イ)　被服材料，被服構成及び被服衛生について理解し，被服の計画・管理に必要な技能を身に付けること．
　　イ　被服の機能性や快適性について考察し，安全で健康や環境に配慮した被服の管理や目的に応じた着装を工夫すること．

(3) 住生活と住環境
　ア　ライフステージに応じた住生活の特徴，防災などの安全や環境に配慮した住居の機能について理解し，適切な住居の計画・管理に必要な技能を身に付けること．
　イ　住居の機能性や快適性，住居と地域社会との関わりについて考察し，防災などの安全や環境に配慮した住生活や住環境を工夫すること．

C　持続可能な消費生活・環境
　次の(1)から(3)までの項目について，持続可能な社会を構築するために実践的・体験的な学習活動を通して，次の事項を身に付けることができるよう指導する．
(1) 生活における経済の計画
　ア　家計の構造や生活における経済と社会との関わり，家計管理について理解すること．
　イ　生涯を見通した生活における経済の管理や計画の重要性について，ライフステージや社会保障制度などと関連付けて考察すること．
(2) 消費行動と意思決定
　ア　消費者の権利と責任を自覚して行動できるよう消費生活の現状と課題，消費行動における意思決定や契約の重要性，消費者保護の仕組みについて理解するとともに，生活情報を適切に収集・整理できること．
　イ　自立した消費者として，生活情報を活用し，適切な意思決定に基づいて行動することや責任ある消費について考察し，工夫すること．
(3) 持続可能なライフスタイルと環境
　ア　生活と環境との関わりや持続可能な消費について理解するとともに，持続可能な社会へ参画することの意義について理解すること．
　イ　持続可能な社会を目指して主体的に行動できるよう，安全で安心な生活と消費について考察し，ライフスタイルを工夫すること．

D　ホームプロジェクトと学校家庭クラブ活動
　生活上の課題を設定し，解決に向けて生活を科学的に探究したり，創造したりすることができるよう次の事項を指導する．
　ア　ホームプロジェクト及び学校家庭クラブ活動の意義と実施方法について理解すること．
　イ　自己の家庭生活や地域の生活と関連付けて生活上の課題を設定し，解決方法を考え，計画を立てて実践すること．

3　内容の取扱い
(1) 内容の取扱いに当たっては，次の事項に配慮するものとする．
　ア　内容のAからCまでについては，生活の科学的な理解を深めるための実践的・体験的な学習活動を充実するとともに，生活の中から問題を見いだしその課題を解決する過程を重視すること．また，現在を起点に将来を見通したり，自己や家族を起点に地域や社会へ視野を広げたりして，生活を時間的・空間的な視点から捉えることができるよう指導を工夫すること．
　イ　内容のAの(1)については，人の一生を生涯発達の視点で捉え，各ライフステージの特徴などと関連を図ることができるよう，この科目の学習の導入として扱うこと．また，AからCまでの内容と関連付けるとともにこの科目のまとめとしても扱うこと．
　ウ　内容のAの(3)及び(4)については，学校や地域の実態等に応じて，学校家庭クラブ活動などとの関連を図り，乳幼児や高齢者との触れ合いや交流などの実践的な活動を取り入れるよう努めること．
　(5)については，自助，共助及び公助の重要性について理解できるよう指導を工夫すること．

エ　内容のBについては，実験・実習を中心とした指導を行うこと．なお，(1)については，栄養，食品，調理及び食品衛生との関連を図って扱うようにすること．また，調理実習については食物アレルギーにも配慮すること．

　　オ　内容のCの指導に当たっては，A及びBの内容と相互に関連を図ることができるよう工夫すること．

　　カ　内容のDの指導に当たっては，AからCまでの学習の発展として実践的な活動を家庭や地域などで行うこと．

　(2)　内容の範囲や程度については，次の事項に配慮するものとする．

　　ア　内容のAの(2)のアについては，関係法規についても触れること．(3)から(5)までについては，生涯にわたって家族・家庭の生活を支える福祉の基本的な理念に重点を置くこと．(4)については，認知症などにも触れること．アについては，生活支援に関する基礎的な技能を身に付けることができるよう体験的に学習を行うこと．

　　イ　内容のBの(1)のア，(2)のア及び(3)のアについては，日本と世界の衣食住に関わる文化についても触れること．その際，日本の伝統的な和食，和服及び和室などを取り上げ，生活文化の継承・創造の重要性に気付くことができるよう留意すること．

　　ウ　内容のCの(1)のイについては，将来にわたるリスクを想定して，不測の事態に備えた対応などについても触れること．(2)のアについては，多様な契約やその義務と権利について取り上げるとともに，消費者信用及びそれらをめぐる問題などを扱うこと．(3)については，環境負荷の少ない衣食住の生活の工夫に重点を置くこと．

第2　家庭総合

1　目標

生活の営みに係る見方・考え方を働かせ，実践的・体験的な学習活動を通して，様々な人々と協働し，よりよい社会の構築に向けて，男女が協力して主体的に家庭や地域の生活を創造する資質・能力を次のとおり育成することを目指す．

(1) 人の一生と家族・家庭及び福祉，衣食住，消費生活・環境などについて，生活を主体的に営むために必要な科学的な理解を図るとともに，それらに係る技能を体験的・総合的に身に付けるようにする．

(2) 家庭や地域及び社会における生活の中から問題を見いだして課題を設定し，解決策を構想し，実践を評価・改善し，考察したことを科学的な根拠に基づいて論理的に表現するなど，生涯を見通して課題を解決する力を養う．

(3) 様々な人々と協働し，よりよい社会の構築に向けて，地域社会に参画しようとするとともに，生活文化を継承し，自分や家庭，地域の生活の充実向上を図ろうとする実践的な態度を養う．

2　内　容

A　人の一生と家族・家庭及び福祉

次の(1)から(5)までの項目について，生涯を見通し主体的に生活するために，家族や地域社会の人々と協力・協働し，実践的・体験的な学習活動を通して，次の事項を身に付けることができるよう指導する．

(1)　生涯の生活設計

　ア　次のような知識及び技能を身に付けること．

　　(ア)　人の一生について，自己と他者，社会との関わりから様々な生き方があることを理解するとともに，自立した生活を営むために，生涯を見通して，生活課題に対応し意思決定をしていくこと

の重要性について理解を深めること．
　　　(イ)　生活の営みに必要な金銭，生活時間などの生活資源について理解し，情報の収集・整理が適切にできること．
　　イ　生涯を見通した自己の生活について主体的に考え，ライフスタイルと将来の家庭生活及び職業生活について考察するとともに，生活資源を活用して生活設計を工夫すること．
　(2)　青年期の自立と家族・家庭及び社会
　　ア　次のような知識を身に付けること．
　　　(ア)　生涯発達の視点から各ライフステージの特徴と課題について理解するとともに，青年期の課題である自立や男女の平等と協力，意思決定の重要性について理解を深めること．
　　　(イ)　家族・家庭の機能と家族関係，家族・家庭と法律，家庭生活と福祉などについて理解するとともに，家族・家庭の意義，家族・家庭と社会との関わり，家族・家庭を取り巻く社会環境の変化や課題について理解を深めること．
　　イ　家庭や地域のよりよい生活を創造するために，自己の意思決定に基づき，責任をもって行動することや，男女が協力して，家族の一員としての役割を果たし家庭を築くことの重要性について考察すること．
　(3)　子供との関わりと保育・福祉
　　ア　次のような知識及び技能を身に付けること．
　　　(ア)　乳幼児期の心身の発達と生活，子供の遊びと文化，親の役割と保育，子育て支援について理解を深め，子供の発達に応じて適切に関わるための技能を身に付けること．
　　　(イ)　子供を取り巻く社会環境の変化や課題及び子供の福祉について理解を深めること．
　　イ　子供を生み育てることの意義や，保育の重要性について考え，子供の健やかな発達を支えるために親や家族及び地域や社会の果たす役割の重要性を考察するとともに，子供との適切な関わり方を工夫すること．
　(4)　高齢者との関わりと福祉
　　ア　次のような知識及び技能を身に付けること．
　　　(ア)　高齢期の心身の特徴，高齢者の尊厳と自立生活の支援や介護について理解を深め，高齢者の心身の状況に応じて適切に関わるための生活支援に関する技能を身に付けること．
　　　(イ)　高齢者を取り巻く社会環境の変化や課題及び高齢者福祉について理解を深めること．
　　イ　高齢者の自立生活を支えるために，家族や地域及び社会の果たす役割の重要性について考察し，高齢者の心身の状況に応じた適切な支援の方法や関わり方を工夫すること．
　(5)　共生社会と福祉
　　ア　次のような知識を身に付けること．
　　　(ア)　生涯を通して家族・家庭の生活を支える福祉や社会的支援について理解すること．
　　　(イ)　家庭と地域との関わりについて理解するとともに，高齢者や障害のある人々など様々な人々が共に支え合って生きることの意義について理解を深めること．
　　イ　家庭や地域及び社会の一員としての自覚をもって共に支え合って生活することの重要性について考察し，様々な人々との関わり方を工夫すること．
B　衣食住の生活の科学と文化
　次の(1)から(3)までの項目について，健康・快適・安全な衣食住の生活を主体的に営むために，実践的・体験的な学習活動を通して，次の事項を身に付けることができるよう指導する．
　(1)　食生活の科学と文化
　　ア　次のような知識及び技能を身に付けること．

(ｱ) 食生活を取り巻く課題，食の安全と衛生，日本と世界の食文化など，食と人との関わりについて理解すること．

(ｲ) ライフステージの特徴や課題に着目し，栄養の特徴，食品の栄養的特質，健康や環境に配慮した食生活について理解するとともに，自己と家族の食生活の計画・管理に必要な技能を身に付けること．

(ｳ) おいしさの構成要素や食品の調理上の性質，食品衛生について科学的に理解し，目的に応じた調理に必要な技能を身に付けること．

イ 主体的に食生活を営むことができるよう健康及び環境に配慮した自己と家族の食事，日本の食文化の継承・創造について考察し，工夫すること．

(2) 衣生活の科学と文化

ア 次のような知識及び技能を身に付けること．

(ｱ) 衣生活を取り巻く課題，日本と世界の衣文化など，被服と人との関わりについて理解を深めること．

(ｲ) ライフステージの特徴や課題に着目し，身体特性と被服の機能及び着装について理解するとともに，健康と安全，環境に配慮した自己と家族の衣生活の計画・管理に必要な情報の収集・整理ができること．

(ｳ) 被服材料，被服構成，被服製作，被服衛生及び被服管理について科学的に理解し，衣生活の自立に必要な技能を身に付けること．

イ 主体的に衣生活を営むことができるよう目的や個性に応じた健康で快適，機能的な着装や日本の衣文化の継承・創造について考察し，工夫すること．

(3) 住生活の科学と文化

ア 次のような知識及び技能を身に付けること．

(ｱ) 住生活を取り巻く課題，日本と世界の住文化など，住まいと人との関わりについて理解を深めること．

(ｲ) ライフステージの特徴や課題に着目し，住生活の特徴，防災などの安全や環境に配慮した住居の機能について科学的に理解し，住生活の計画・管理に必要な技能を身に付けること．

(ｳ) 家族の生活やライフスタイルに応じた持続可能な住居の計画について理解し，快適で安全な住空間を計画するために必要な情報を収集・整理できること．

イ 主体的に住生活を営むことができるようライフステージと住環境に応じた住居の計画，防災などの安全や環境に配慮した住生活とまちづくり，日本の住文化の継承・創造について考察し，工夫すること．

C 持続可能な消費生活・環境

次の(1)から(3)までの項目について，持続可能な社会を構築するために実践的・体験的な学習活動を通して，次の事項を身に付けることができるよう指導する．

(1) 生活における経済の計画

ア 次のような知識及び技能を身に付けること．

(ｱ) 家計の構造について理解するとともに生活における経済と社会との関わりについて理解を深めること．

(ｲ) 生涯を見通した生活における経済の管理や計画，リスク管理の考え方について理解を深め，情報の収集・整理が適切にできること．

イ 生涯を見通した生活における経済の管理や計画の重要性について，ライフステージごとの課題や社会保障制度などと関連付けて考察し，工夫すること．

(2) 消費行動と意思決定
　ア　次のような知識及び技能を身に付けること．
　　(ｱ)　消費生活の現状と課題，消費行動における意思決定や責任ある消費の重要性について理解を深めるとともに，生活情報の収集・整理が適切にできること．
　　(ｲ)　消費者の権利と責任を自覚して行動できるよう，消費者問題や消費者の自立と支援などについて理解するとともに，契約の重要性や消費者保護の仕組みについて理解を深めること．
　イ　自立した消費者として，生活情報を活用し，適切な意思決定に基づいて行動できるよう考察し，責任ある消費について工夫すること．
(3) 持続可能なライフスタイルと環境
　ア　生活と環境との関わりや持続可能な消費について理解するとともに，持続可能な社会へ参画することの意義について理解を深めること．
　イ　持続可能な社会を目指して主体的に行動できるよう，安全で安心な生活と消費及び生活文化について考察し，ライフスタイルを工夫すること．
D　ホームプロジェクトと学校家庭クラブ活動
　生活上の課題を設定し，解決に向けて生活を科学的に探究したり，創造したりすることができるよう次の事項を指導する．
　　ア　ホームプロジェクト及び学校家庭クラブ活動の意義と実施方法について理解すること．
　　イ　自己の家庭生活や地域の生活と関連付けて生活上の課題を設定し，解決方法を考え，計画を立てて実践すること．

3　内容の取扱い
(1) 内容の取扱いに当たっては，次の事項に配慮するものとする．
　ア　内容のＡからＣまでについては，生活の科学的な理解を深めるための実践的・体験的な学習活動を充実するとともに，生活の中から問題を見いだしその課題を解決する過程を重視すること．また，現在を起点に将来を見通したり，自己や家族を起点に地域や社会へ視野を広げたりして，生活を時間的・空間的な視点から捉えることができるように指導を工夫すること．
　イ　内容のＡの(1)については，人の一生を生涯発達の視点で捉え，各ライフステージの特徴や課題と関連を図ることができるよう，この科目の学習の導入として扱うこと．また，ＡからＣまでの内容と関連付けるとともにこの科目のまとめとしても扱うこと．
　ウ　内容のＡの(3)については，学校や地域の実態等に応じて，学校家庭クラブ活動などとの関連を図り，幼稚園，保育所及び認定こども園などの乳幼児，近隣の小学校の低学年の児童との触れ合いや交流の機会をもつよう努めること．また，(4)については，学校家庭クラブ活動などとの関連を図り，福祉施設などの見学やボランティア活動への参加をはじめ，身近な高齢者との交流の機会をもつよう努めること．(5)については，自助，共助及び公助の重要性について理解を深めることができるよう指導を工夫すること．
　エ　内容のＢについては，実験・実習を中心とした指導を行うこと．なお，(1)については，栄養，食品，調理及び食品衛生との関連を図って指導すること．また，調理実習については食物アレルギーにも配慮すること．
　オ　内容のＣの指導に当たっては，Ａ及びＢの内容と相互に関連を図ることができるよう工夫すること．(2)については，消費生活に関する演習を取り入れるなど，理解を深めることができるよう努めること．
　カ　内容のＤの指導に当たっては，ＡからＣまでの学習の発展として実践的な活動を家庭や地域など

で行うこと．
(2) 内容の範囲や程度については，次の事項に配慮するものとする．
　ア　内容のAの(3)については，乳幼児期から小学校の低学年までの子供を中心に扱い，子供の発達を支える親の役割や子育てを支援する環境に重点を置くこと．また，アの(イ)については，子供の福祉の基本的な理念に重点を置くこと．(4)のアの(ア)については，食事，着脱衣，移動など高齢者の心身の状況に応じて工夫ができるよう実習を扱うこと．(イ)については，高齢者福祉の基本的な理念に重点を置くとともに，例えば，認知症などの事例を取り上げるなど具体的な支援方法についても扱うこと．
　イ　内容のBの(1)のアの(ア)，(2)のアの(ア)及び(3)のアの(ア)については，和食，和服及び和室などを取り上げ，日本の伝統的な衣食住に関わる生活文化やその継承・創造を扱うこと．(2)のアの(ウ)については，衣服を中心とした縫製技術が学習できる題材を扱うこと．
　ウ　内容のCの(1)のアの(ア)については，キャッシュレス社会が家計に与える利便性と問題点を扱うこと．(イ)については，将来にわたるリスクを想定して，不測の事態に備えた対応などについて具体的な事例にも触れること．(2)のアの(イ)については，多様な契約やその義務と権利を取り上げるとともに消費者信用及びそれらをめぐる問題などを扱うこと．(3)については，生活と環境との関わりを具体的に理解させることに重点を置くこと．

第3款　各科目にわたる指導計画の作成と内容の取扱い

1　指導計画の作成に当たっては，次の事項に配慮するものとする．
　(1)　単元など内容や時間のまとまりを見通して，その中で育む資質・能力の育成に向けて，生徒の主体的・対話的で深い学びの実現を図るようにすること．その際，生活の営みに係る見方・考え方を働かせ，知識を相互に関連付けてより深く理解するとともに，家庭や地域及び社会における生活の中から問題を見いだして解決策を構想し，実践を評価・改善して，新たな課題の解決に向かう過程を重視した学習の充実を図ること．
　(2)　「家庭基礎」及び「家庭総合」の各科目に配当する総授業時数のうち，原則として10分の5以上を実験・実習に配当すること．
　(3)　「家庭基礎」は，原則として，同一年次で履修させること．
　(4)　「家庭総合」を複数の年次にわたって分割して履修させる場合には，原則として連続する2か年において履修させること．
　(5)　地域や関係機関等との連携・交流を通じた実践的な学習活動を取り入れるとともに，外部人材を活用するなどの工夫に努めること．
　(6)　障害のある生徒などについては，学習活動を行う場合に生じる困難さに応じた指導内容や指導方法の工夫を計画的，組織的に行うこと．
　(7)　中学校技術・家庭科を踏まえた系統的な指導に留意すること．また，高等学校公民科，数学科，理科及び保健体育科などとの関連を図り，家庭科の目標に即した調和のとれた指導が行われるよう留意すること．

2　内容の取扱いに当たっては，次の事項に配慮するものとする．
　(1)　生徒が自分の生活に結び付けて学習できるよう，問題を見いだし課題を設定し解決する学習を充実すること．
　(2)　子供や高齢者など様々な人々と触れ合い，他者と関わる力を高める活動，衣食住などの生活におけ

る様々な事象を言葉や概念などを用いて考察する活動，判断が必要な場面を設けて理由や根拠を論述したり適切な解決方法を探究したりする活動などを充実すること．
(3) 食に関する指導については，家庭科の特質を生かして，食育の充実を図ること．
(4) 各科目の指導に当たっては，コンピュータや情報通信ネットワークなどの活用を図り，学習の効果を高めるようにすること．

3 実験・実習を行うに当たっては，関連する法規等に従い，施設・設備の安全管理に配慮し，学習環境を整備するとともに，火気，用具，材料などの取扱いに注意して事故防止の指導を徹底し，安全と衛生に十分留意するものとする．

〈学習指導要領の変遷〉

学習指導要領 一般編(試案) 1947年3月20日 翻刻発行 日本書籍他

- 小学校 家庭 第5学年 第6学年 各学年 週3時間
- 中学校 第7学年から第9学年 職業(農業,商業,水産,工業,家庭) 1〜数科目を選択 各学年 週4時間

学習指導要領 家庭科編(試案)昭和22年度 1947年5月15日 翻刻発行 日本書籍他

学年別単元

第5学年	第6学年
1 主婦の仕事の重要さ 2 家族の一員としての子供 3 自分のことは自分で 4 家庭における子供の仕事 5 自分のことは自分で 6 家事の手伝い	1 健康な日常生活 2 家庭と休養 3 簡単な食事の支度 4 老人の世話

学年別単元

第7学年	第8学年	第9学年
1 家庭生活 2 備えある生活 3 食物と栄養 4 備えある生活(続き) 5 幼い家族の世話(乳幼児の生活)	1 わが国住居の長所,短所 2 食物と健康及び保健献立 3 被服と活動 4 夏の生活 5 家庭の美しさ 6 秋の装い 7 上手な買物 8 冬の迎え方 9 簡単な病気の手当と病気の予防	1 家庭生活と能率 2 食生活の改善 3 被服と活動 4 乳幼児の保育 5 家庭の和楽 6 病人の看護 7 近所の交わり 8 帯と羽織,またはドレス 9 家事の経理

学習指導要領 一般編(試案)昭和26年(1951)改訂版 1951年7月10日 発行 明治図書

「教科についての時間配当の例」の表で,第5, 6学年の場合,家庭科は「主として創造的表現活動を発達させる教科(音楽・図画工作・家庭)」に含まれ,それらの教科には1年間の総時数1,050時間の25〜20%をあてるよう示された

「小学校における家庭生活指導の手引き」1951年11月20日 実施1951年〜1955年度 幼稚園〜小学校第5, 6学年

1. 家族の一員
2. 身なり
3. 食物
4. すまい
5. 時間・労力・金銭・物の使い方
6. 植物や動物の世話
7. 不時のできごとに対する予防と処置
8. レクリエーション

「一九四九年一二月八日『職業・家庭について』」

「一九四九年五月二八日『新制中学校の教科と時間数のおよび家庭』の改正について」

中学校学習指導要領 職業・家庭科編(試案)昭和26年(1951)改訂版 1951年12月25日発行 (財)日本職業指導協会 実施1951年度〜1956年度

1の「仕事」と2, 3の「技能および技術に関する知識・理解」の大項目

第1類	1 栽培 2 飼育 3 漁	家庭生活のあり方 家族関係 家庭経済
第2類	4 食品加工 5 手技工作 6 機械工作 7 製図	衣食住の計画・管理 家庭と保育 能率と休養
第3類	8 文書事務 9 経営記帳 10 計算	わが国の産業と職業 各種産業における職業人 雇用と職業の安定 個性と適職
第4類	11 調理 12 衛生保育	

4 「家庭生活・職業生活についての社会的,経済的な知識・理解」の項目

仕事は,さらに中項目30,小項目121.
第1学年で4分類6項目以上,第2学年と第3学年で各々2分類4項目以上を学ぶよう計画する.
地域別・性別に教育計画の例示あり.

「新制高等学校の教科課程に関する件」一九四七年四月七日

各学年別目標 第十ないし十二学年
一 家事経理
二 家事看護
四 被服
五 育児

学習指導要領 家庭編(中等学校四,五学年用)(試案)昭和22年度 1947年7月16日 翻刻発行 中等学校教科書株式会社

↓

学習指導要領 家庭編(高等学校用)(試案)昭和23年度 1947年11月17日再版発行 同日再版翻刻発行 中等学校教科書株式会社

1. 被服
2. 食物
3. 住居と家事経理
4. 家庭衛生
5. 家族関係と子供

「新制高等学校教科課程中職業教科の改正について」一九四八年一〇月一日

学習指導要領 家庭科編 高等学校用 昭和24年度 1949年8月29日発行 中等学校教科書株式会社 実施1949年度から1955年度

- 被服目録 ― 一般家庭/選択
- 家庭経済目録 ― 一般家庭/選択
- 家庭管理目録 ― 一般家庭/選択
- 家族目録 ― 一般家庭/選択
- 食物目録 ― 一般家庭/選択
- 衛生目録 ― 一般家庭
- 育児目録 ― 選択 一般家庭
- 住居目録 ― 一般家庭

(……男女にひとしく必要なことであるが,特に女子は………,家庭生活の一般に関する学習を,少なくとも14単位必修させることが望ましい)

学習指導要領 一般編(試案)昭和26年(1951)改訂版 1951年7月10日 発行 明治図書

高等学校の教科には,「家庭」と「家庭技芸」,「家庭」は7または14単位の「一般家庭」の他5科目からなり,「家庭技芸」には17科目があげられている.

高等学校指導要領 一般編 昭和31年改訂版 1955年12月5日発行 教育図書

「教科,科目および単位数(指導時間数)表」には,「家庭」は,「家庭一般」4単位の他23科目とその単位数(指導時間数)が示される.

出所) 朴木佳緒留,鈴木敏子編著『資料からみる戦後家庭科のあゆみ』学術図書出版,

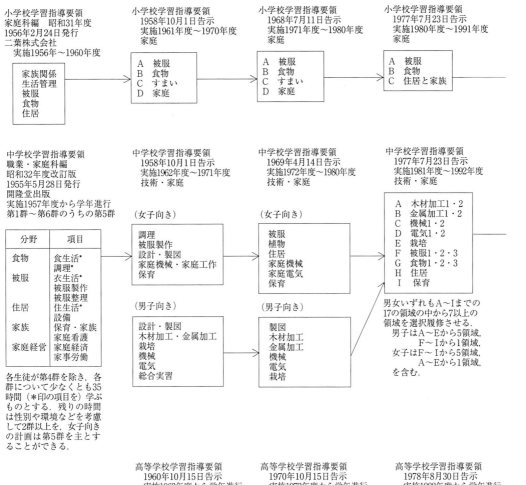

1990に加筆

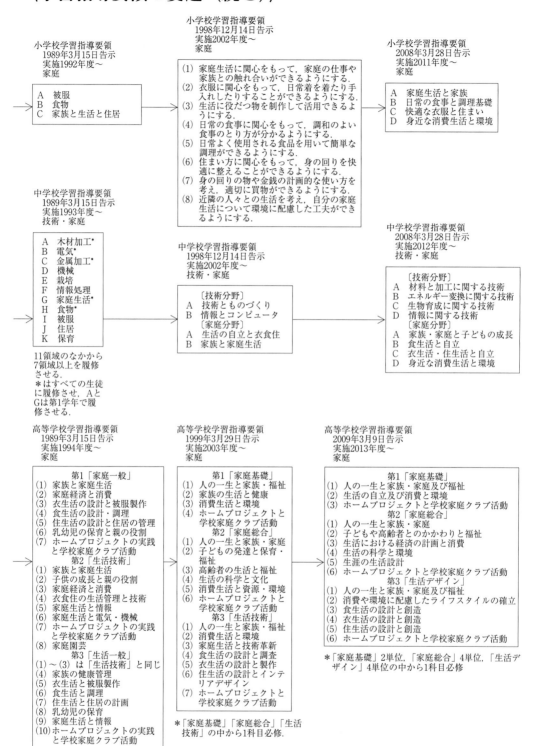

小学校学習指導要領
　2017年3月31日告示
　実施　2020年度～
　家庭

→
| A　家族・家庭生活 |
| B　衣食住の生活 |
| C　消費生活・環境 |

中学校学習指導要領
　2017年3月31日告示
　実施　2021年度～
　技術・家庭

→
| （技術分野） |
| A　材料と加工の技術 |
| B　生物育成の技術 |
| C　エネルギー変換の技術 |
| D　情報の技術 |
| （家庭分野） |
| A　家族・家庭生活 |
| B　衣食住の生活 |
| C　消費生活・環境 |

高等学校学習指導要領
　2018年3月31日告示
　実施　2022年度～
　家庭

→
| 第1「家庭基礎」 |
| A　人の一生と家族・家庭及び福祉 |
| B　衣食住の生活の自立と設計 |
| C　持続可能な消費生活・環境 |
| D　ホームプロジェクトと学校家庭クラブ活動 |
| 第2「家庭総合」 |
| A　人の一生と家族・家庭及び福祉 |
| B　衣食住の生活の科学と文化 |
| C　持続可能な消費生活・環境 |
| D　ホームプロジェクトと学校家庭クラブ活動 |

■執筆者一覧

氏名	所属	担当章
福田公子（ふくだきみこ）	広島大学名誉教授	第1章
多々納道子（たたのうみちこ）	島根大学名誉教授	第2章　第6章
鈴木明子（すずきあきこ）	広島大学大学院人間社会科学研究科	第3章
川邊淳子（かわべじゅんこ）	北海道教育大学旭川校	第4章
西　敦子（にしあつこ）	山口大学教育学部	第5章
齋藤紀子（さいとうのりこ）	広島県立黒瀬特別支援学校	第7章
伊藤圭子（いとうけいこ）	広島大学大学院人間社会科学研究科	第8章
河崎智恵（かわさきともえ）	奈良教育大学教職大学院	第9章
伊藤　優（いとうゆう）	島根大学教育学部	第10章
中村喜久江（なかむらきくえ）	元福山平成大学福祉健康学部	第11章
詫間千晴（たくまちはる）	広島県立尾道商業高等学校	第12章
正保正恵（しょうほまさえ）	福山市立大学教育学部	第13章
三宅元子（みやけもとこ）	名古屋女子大学家政学部	第14章

■編著者紹介

多々納 道子（たたの　みちこ）

広島県生まれ
広島大学大学院教育学研究科教科教育学専攻修士課程修了　教育学修士
現在　島根大学名誉教授

主な著書・論文（出版年順）
「家庭教育の基礎は、家庭科教育」日本家庭科教育学会編『生きる力をそなえた子どもたち』学文社　2013
「小学校家庭科におけるアクティブ・ラーニングを活用した食材を選ぶ力の育成 ― みそ汁づくりを題材にして ― 」（共著）島根大学教育学部紀要第49巻（教育科学）2015
「中学生の食生活の自立を目指した指導の工夫」日本家庭科教育学会中国地区会編『アクティブラーニングを活かした家庭科の授業開発「深い学び」に向けて』（共著）教育図書　2017

伊藤　圭子（いとう　けいこ）

広島県生まれ
広島大学大学院教育学研究科教科教育学専攻博士課程前期修了　教育学修士
博士（教育学）広島大学
現在　広島大学大学院人間社会科学研究科教授

主な著書・論文（出版年順）
「小学校における初任家庭科教員が直面する困難克服プロセスの検討」（共著）学習システム研究5巻　2017
「特別支援教育の研究」日本教科教育学会編『教科教育研究ハンドブック』教育出版　2017
『「気になる子ども」と共に学ぶ家庭科 ― 特別な支援に応じた授業づくり ― 』開隆堂　2017

実践的指導力をつける家庭科教育法

2018年10月10日　初版第1刷発行
2020年7月30日　初版第2刷発行

■編　著　者────多々納道子・伊藤圭子
■発　行　者────佐藤　守
■発　行　所────株式会社　大学教育出版
　　　　　　　　　〒700-0953　岡山市南区西市855-4
　　　　　　　　　電話（086）244-1268　FAX（086）246-0294
■印刷製本────モリモト印刷㈱

© Michiko Tatano, Keiko Ito 2018, Printed in Japan
検印省略　　落丁・乱丁本はお取り替えいたします。
本書のコピー・スキャン・デジタル化等の無断複製は著作権法上での例外を除き禁じられています。
本書を代行業者等の第三者に依頼してスキャンやデジタル化することは、たとえ個人や家庭内での利用でも著作権法違反です。
ISBN978-4-86429-988-6